G000061684

COLECCIÓN NOEMA

La amante revolucionaria de Simón Bolívar

MANUEL R. MORA

Manuelita

TURNER

Título:
  Manuelita
  La amante revolucionaria de Simón Bolívar
  © Manuel R. Mora, 2012

De esta edición:
  © Turner Publicaciones S. L., 2012
  Rafael Calvo, 42
  28010 Madrid
  www.turnerlibros.com
  Primera edición: marzo de 2012

ISBN: 978-84-7506-617-2

Diseño de la colección:
  Enric Satué
Ilustración de cubierta:
  Jaime Cruz

Depósito Legal: M–8441-2012
Impreso en España

La editorial agradece todos los comentarios y observaciones:
  turner@turnerlibros.com

ÍNDICE

PRIMERA PARTE

EN LOS ARENALES DE PAITA

I

*M*i señor Simón Bolívar lo tenía en mucho aprecio, siempre hablaba de él con cariño, yo creo que le recordaba su juventud, fue el primero que le hizo soñar la independencia de las Américas, y también, estoy segurísima, porque no lo traicionó. Tenía un alma grande y una cabeza en la que bailaban los imposibles con la fe de un enloquecido. Bolívar no olvidó nunca que delante de él, en el monte Sacro de Roma, juró por su honor y su patria que no daría descanso a su brazo ni reposo a su alma hasta no romper las cadenas de la opresión española. ¡Y qué bien cumplió su promesa! Qué lejos queda ahora todo: aquellos años de lucha para lograr la independencia, los sueños rotos de Bolívar, la tristeza con la que debió de morir al ver cómo desbarataban su obra los mismos que le habían acompañado en la larga guerra. ¿Y sabes, Juana Rosa?, a veces maldigo mi memoria, que tantas traiciones ha tenido que recordar, aunque sea lo único que hace que me sienta viva; y todavía me estremezco al recordar la carta de Bolívar en la que me decía que sus viejos años se reanimaban con mis bondades. ¡Yo aliviando su vejez! No podía vivir sin mí. Y ahora, el único testigo del juramento de Bolívar, uno de los pocos hombres que no lo traicionó, viene a morir aquí, como si el destino me enviara un indicio...

–Pero siempre te oí decir que ese hombre era un loco, mi ama.

–Sí, sí, estaba loquísimo, era un veleta, pero el aire ya ha dejado de soplar. Bolívar siempre lo supo; él le había enseñado las primeras letras. La última vez que nos vimos, va a hacer casi diez años, repetía que había querido hacer de la tierra un paraíso y se había convertido en un infierno para él, pero deseaba más la libertad que el bienestar, y me aseguró que había encontrado al fin un medio de recuperar su independencia económica y seguir alumbrando a América. ¡Quería fabricar velas con esperma de ballena! Yo me limité a sonreír, qué otra cosa podía hacer; vivía de sus sueños y me preguntaba cómo mi señor le prestaba tanta atención. No se le ocurrían más que locuras que solo le perjudicaban a él; a la gente la dejaba tranquila. Mira, Juana, él nunca me llamó ramera, ni adúltera, no como ese Francisco de Paula Santander y la facción de sus adictos, los que traicionaron a Bolívar, que me llamaban barragana y puta, y decían que yo mancillaba la República. ¿Te dijeron que hoy lo iban a enterrar?

–No, amita, el cura de Amotape lo enterró ayer y dicen que murió confesado. No tenía nada y los gastos del entierro los ha pagado el cónsul de Colombia, según he oído esta mañana en el puerto.

–¿Confesado? ¡Ya me extraña, era tan ateo como yo! Solo creía en la humanidad y en la naturaleza; la Iglesia era su enemiga, decía que estaba llena de oscurantismo y patrañas. Algunas de esas ideas se las contagió a Bolívar. Es verdad que el Libertador iba a misa los domingos y asistía por necesidad a los *Te Deum* que se celebraban en su honor, pero yo le oía repetir que los sacerdotes eran unos hipócritas y unos ignorantes. Bolívar los llamaba "charlatanes sagrados" y decía que los jerarcas del arzobispado de Bogotá, los monseñores Pey y Duquesne, le habían excomulgado, a él y a todo su ejército, con la acusación de que en la toma de Bogotá saqueaban iglesias, perseguían sacerdotes y violaban vírgenes. Diez días después de su entrada triunfal en la ciudad, aprobaron un decreto que no solo levantaba la excomunión, sino que lo declaraba buen católico. A mí me extrañaba que fuera a misa cuando todos sabían que Bolívar era masón. Un día me dijo que en París perteneció a una logia con el grado de maestre, pero pronto se dio cuenta de que junto a hombres honorables había muchos embusteros. Bueno, volviendo... Que muriera pobre no me extraña. Yo lo vi por primera vez en Lima el año 25, aunque le conocía desde que conocí a Bolívar. Siempre me hablaba de él. Quién me iba a decir a mí que un vagabundo como él, harto de viajar por Europa: Italia, Rusia, Francia, Inglaterra... Le gustaba recordar los veinte años pasados en aquellos países y los muchos oficios que había practicado; pero me llamaba la atención, yo creo que por lo raro, que hubiera sido maestro en un pueblecito de Rusia, ¡con lo lejos que está! Y mira, el azar le ha traído aquí, ha venido a morir casi a mi lado, en este desierto que parece de otro mundo y se traga nuestras vidas con absoluta indiferencia. Sí, a lo mejor tenía razón cuando vino a verme y me dejó bien triste con sus palabras de despedida, que se me hundieron en el corazón como cuchillos: dos soledades, dijo, no pueden hacerse compañía, ¡dos soledades!

–Mi niña Manuelita, no te pongas triste.

–No, no estoy triste. Pero hoy me acuerdo más que nunca de mi señor, tal vez porque con la muerte de este loco se aviva mi memoria, y parece que vuelvo a sentir las manos de Bolívar en mi piel. ¡Qué hermosas eran sus manos! Las sentía duras y frías como la plata, eran las manos de un guerrero que empuña con fuerza la espada, pero al acariciarme se volvían cálidas y suaves como el terciopelo, las manos del amante que no se cansa, y el olor de su piel con aquella colonia tan de hombre que usaba, que, por cierto, un día se armó un alboroto porque los peruanos se escandalizaron por los ocho mil pesos que mi señor se había gastado en frascos de colonia inglesa. ¡No iba a oler a cuadra de caballo! Además de sus hermosas manos, lo que más vivamente recuerdo de él era su mirada, que se te clavaba y te quemaba el alma. ¡Qué ojos más hechiceros tenía, grandes, negros, llenos de un extraño fuego! Todos hablaban de su mirada, a nadie le dejaban indiferente aquellos ojazos que miraban con una intensidad que te cortaba el aliento, y unas veces parecían de gato y otras de águila. Y cómo se estremecía todo mi cuerpo cuando decía que quería verme, reverme, tocarme y sentirme y unirse a mí... Sus ojos me conquistaron, aunque me rendí sin luchar. Yo había llegado a Quito unos días antes de aquel 16 de junio de 1822, sin saber qué iba a depararme el destino. Entonces yo vivía en Lima, con mi marido el inglés, y fui a Quito para solucionar algunos líos económicos con la familia de mi madre. ¿Cómo iba a saber yo que Bolívar haría en esos días su entrada triunfal en Quito? Bolívar entonces era para mí un sueño, un héroe hermoso y valiente como los de los cuentos, nunca creí que lo vería de cerca, ¡y aún menos que un día me acogería en sus brazos!

De pronto aquella calurosa mañana, como una aparición milagrosa, allí estaba el héroe, montado en un elegante caballo blanco llamado *Palomo*, que hacía saltar chispas del empedrado en medio de los gritos de júbilo de los quiteños. Y aquella misma noche, en el baile celebrado en su honor en casa de don Juan Larrea, me vi seducida por el magnetismo de sus ojos. Ahora echo de menos las frías noches de Quito, arrebujada bajo las cobijas, aquellas noches en que entrábamos desnudos, tiritando, en la fría cama de aquel cuarto desangelado del palacio, donde un braserillo daba un tibio calor. Mi señor me mandaba por el día las notas con su mayordomo José Palacios: "Ven, ven junto a mí, ven", decía, y yo me agitaba ansiando la noche, a la espera de que llegara Palacios, con el farol en la mano, y me llevara hasta el Libertador.

–Yo lo que más recuerdo son los dos perros que andaban con Palacios.

–Pues yo recuerdo la fidelidad que Palacios le tenía a Bolívar; no creo que hubiera hombre más leal al Libertador, y siempre estuvo a su lado, hasta en el lecho de muerte. Con sus ojos azules tan pequeñitos, y aquel pelo rubio encrespado que tan raro lucía entre tantos hombres morenos y negros, y siempre vestido de paisano, rodeado de uniformes, aunque él participó en muchos combates, pero nunca quiso vestir ropas militares, y sin probar una gota de alcohol, cuando a su alrededor tantísimo se bebía y... Pasados muchos años, me enteré de que había muerto en Cartagena por los excesos con la bebida. ¡Un hombre bien singular! Tenía las mejores bestias, aderezadas con riendas de plata; él calzaba espuelas de oro que le regalaba el Libertador, obsequio de los pueblos de Perú, y manejaba el dinero de Bolívar, sin saber leer ni escribir, con una cuidadosa exactitud y honradez. Y siempre se le veía escoltado por los dos perros, tan hermosos y obedientes. Uno se llamaba *Trabuco*, lo recuerdo bien, era de color barcino, como atigrado, y el otro, mira que es curioso que haya olvidado su nombre, era bayo, tirando a pajizo. Los perros habían pertenecido al general español Canterac, y fueron tomados como trofeos de guerra tras la batalla de Ayacucho; desde entonces se convirtieron en la sombra de Palacios, donde estaba Palacios estaban los perros. La noche de septiembre en que unos facinerosos, alentados por Santander, quisieron matar a mi señor, Palacios se hallaba enfermo y los perros encerrados en las caballerizas; no pudieron ayudar al Libertador, pero a partir de aquella noche, *Trabuco*, el más agresivo de los dos, se quedaba de guardia por la noche, delante de la puerta del palacio de Gobierno. ¡Ay, qué calor! Muéveme un poco hacia la puerta, a ver si siento la brisa y me refresca.

Juana Rosa se incorpora lentamente y empuja el tosco sillón de ruedas ocupado por el cuerpo voluminoso, casi inmóvil, de Manuela Sáenz. Las ruedas producen un quejido sordo, apagado en parte por la arena del pequeño porche. Al fondo de la larga calle, hacia el poniente, el océano Pacífico tiene un color ceniciento, como si se confundiera con el color perenne del pueblo, donde la arena es dueña y señora. Juana Rosa se sienta de nuevo en la estera tendida en el suelo, dejando un leve rastro de sudor ácido pronto engullido por el fuerte aroma a tabaco que sale de la casa, cuyas paredes de caña y barro permeabilizan todos los olores.

–¿Y no has oído si tenía algunas pertenencias? Cuando vino a verme me dijo que viajaba con un cajón lleno de cartas y papeles del Libertador.

–No, mi ama, no he oído nada de un cajón con papeles; a lo mejor el cura de Amotape lo sabe, habría que preguntarle a él.

–¡Yo sí que no! ¿Sabes, Juana?, he sentido a veces la muerte a mi lado como un escalofrío, no es nada solemne. Eso que cuentan..., no, solo sientes un breve escalofrío. No hay día de mi vida que no haya estado cerca de ella, es una vieja conocida. De niña vi ahorcados a los patriotas que se habían alzado en armas; después cortaron sus cabezas y las exhibieron en jaulas de hierro colgadas de los árboles a la salida de Quito, para advertencia, claro, aunque de poco sirvió esa advertencia, y allí expuestas las cabezas se secaron y se volvieron negras con los años, la piel pegada a los huesos, y luego esos relatos de las batallas que tanto me impresionaban; todavía algunas noches me despierto oyendo los gritos desgarradores de los soldados, y los relinchos de los caballos agonizando, desangrándose y coceando desesperados... ¡No tendría que extrañarme la muerte, he visto una buena cosecha de muertos!

Pero la muerte de este viejo conocido me ha inquietado mucho; venir aquí a morir, a este horrible desierto del que huye la gente, cuando podía haber muerto en Francia, en Inglaterra, o en Caracas; no, ha venido a morir aquí, solo, pobre y miserable, como yo me encuentro, y eso me hace sentir que mi tiempo tal vez ya se ha cumplido.

–No digas eso, mi niña.

–Algo quiere decir esta muerte... Quizá haya llegado la hora de dejar de sufrir, de estar aquí inmovilizada. Me vienen a la memoria las grandes cabalgadas en los magníficos caballos de Bolívar; recuerdo aquel corcel tan hermoso que le regaló el general San Martín después de la entrevista en Guayaquil. En este arenal de Paita, cuando aún podía moverme, tenía que montar en un humilde asno, ¿qué te parece? El tiempo nos ha vencido a todos, bueno, a unos más que a otros; ahí quedan esos generales de Bolívar que, por ansias de poder, a la primera oportunidad se apresuraron a deshacer lo que él había ensamblado, ese Páez, ese Obando, y el peor de ellos, Santander, valiente hombre de la Ley. Todo esto es muy triste. Apenas había abandonado Bolívar Perú, requerido por los mismos peruanos para arreglar el caos en que vivían, y ya un clérigo limeño deslenguado y calumniador decía que cambiar España por la independencia conseguida tras la batalla de Ayacucho había sido para Perú cambiar mocos por babas, y que el poder de Fernando VII se había traspasado a Simón Bolívar. Y el día en que el Libertador dejó Bogotá, hostigado por la muerte, enfermo y humillado, una turba de mozos y mujeres, incitados por el gobierno, le perseguía por la calle tirándole piedras e insultándole a gritos con el mote de "Longaniza". ¡Longaniza él, que los había salvado del yugo de los españoles! Y después de su muerte, el gobernador de Maracaibo declaró que al fin había desaparecido el genio del mal, la tea de la discordia, el opresor de la patria. ¡Con qué amargura debió de morir! También yo tendría que estar muerta, y no en este sillón de ruedas, sin poder moverme, viendo cómo pasan los días sin que ocurra nada en este desierto.

–Tienes que vivir, amita.

–¡Vivir con esta angustia! Cuántas veces no me habré arrepentido de no haberlo acompañado cuando salió de Bogotá. Mi corazón me decía que nunca lo volvería a ver, y verle partir así, tan enfermo y triste, abandonado por todos. Qué pronto habían olvidado su generosidad. Le debíamos la libertad y él se iba con el corazón destrozado, y también me lo destrozaba a mí. Mi corazón nunca lo abandonó. Cuando el general Sucre acudió a la casa para despedirse de Bolívar, él ya se había marchado; yo creo que no quería verlo, para evitarse el dolor del momento. ¡Cómo se querían esos grandes hombres! Y ya nunca volverían a verse: Sucre sería asesinado y Bolívar moriría poco después. Y allí mismo, Sucre le escribió una carta a Bolívar donde le decía que acaso había sido mejor no haberlo visto; así se había evitado el dolor de una penosa despedida y que viese las lágrimas que ahora derramaba por su partida. ¡Aquel 8 de mayo lo tengo clavado como una espina! Todo se derrumbaba a nuestro alrededor: el sueño de abandonar la política y retirarse a Londres, a llevar una vida tranquila los últimos años de su vida, y yo haciéndole compañía. Y meses después él estaba muerto, y yo desterrada por orden del maldito Santander, ¡maldito sea mil veces! ¿Sabes, Juana?, tres o cuatro días después de su partida, mi señor Bolívar me escribió una carta, ¡cuántas veces he leído esa carta! Han pasado muchos años, pero aún recuerdo cada una de sus palabras. Decía: "Mi amor, tengo el gusto de decirte que voy muy bien y lleno de pena por tu aflicción y la mía por nuestra separación, amor mío. Mucho te amo, pero más te amaré si tienes ahora más que nunca mucho juicio. Cuidado con lo que haces, pues si no, nos pierdes a ambos, perdiéndote tú. Soy tu más fiel amante". El hombre que me decía que yo era su amor y él mi fiel amante iba completamente derrotado, con una tristeza que no podía ocultar, y, aunque él no lo sabía, y bueno, tampoco lo sabíamos los demás, se encaminaba a la muerte, y aun así, yo lo sabría más tarde, cuando ya estaba muerto, y no pude contener mi rabia, pero con la tinta de su carta de amor aún fresca, el barco que le llevaba río Magdalena abajo paró en un sitio que llaman Punta Gorda y Bolívar mandó a un oficial que bajase a tierra y preguntara si allí seguía viviendo Anita Lenoit. ¡Anita Lenoit! Yo había oído hablar de ella a sus más allegados, de ella y de otras muchas, en especial de la que llamaban "la señorita Pepa", con la que anduvo enredado mucho tiempo, y la Soublette, sí, la hermana del general Carlos Soublette, quien a espaldas de Bolívar bochincheaba de que, por estar más pendiente de la señorita Pepa que de los soldados, había fracasado el desembarco en Ocumare. La Anita, la Pepa, la Soublette, la Cobier, Fanny, sobre todo Fanny, todas amantes de Bolívar. Yo entonces no conocía aún al Libertador, pero si oía sus nombres los celos me mataban. ¡Pero lo de la Lenoit!... Su familia había venido de Francia, y era muy joven cuando Bolívar la conoció; algo especial debió de sentir tras veinte años de no haberla visto. Quería verla, aunque se hallaba enfermo y miserable, y ya te digo, Juana, con la tinta de su carta de amor todavía fresca. ¡Cuántas veces me he querido morir! Mejor la muerte que verme así, pobre y paralítica.

Y así la encontrará dos años después, derrumbada en un sillón, el escritor peruano Ricardo Palma, gracias al cual tenemos la única y brevísima descripción de un testigo que nos llegado de la casa de Paita en la que vivió Manuela Sáenz: "En el sillón de ruedas, y con la majestad de una reina sobre su trono, estaba una anciana que me pareció representar sesenta años a lo sumo". Escribe Palma en sus *Tradiciones*:

El puerto de Paita, por los años de 1856 en que yo era contador a bordo de la corbeta de guerra *Loa*, no era, con toda la mansedumbre de su bahía y excelentes condiciones sanitarias, muy halagüeña estación naval para los oficiales de Marina. La sociedad de familias con quienes relacionarse decorosamente era reducidísima. En cambio, para el burdo marinero, Paita, con su barrio de Mintope, habitado una puerta si y otra también por proveedoras de hospitalidad (barata por el momento, pero carísima después por las consecuencias), era otro paraíso de Mahoma, complementado con los nauseabundos guisotes de la fonda o cocinería de don José Chepito, personaje de inmortal renombre en Paita... Una tarde, en unión de un joven francés dependiente de comercio, paseaba por calles que eran verdaderos arenales. Mi compañero se detuvo a inmediaciones de la iglesia y me dijo:

–¿Quiere usted, don Ricardo, conocer lo mejorcito que hay en Paita? Me encargo de presentárselo y le aseguro que será bien recibido.

Ocurrióme que se trataba de hacerme conocer alguna linda muchacha; y como a los veintitrés años el alma es retozona y el cuerpo pide jarana, contesté sin vacilar:

– –A lo que estamos, benedicamos, franchute. Andar y no tropezar.

–Pues *en route, mon cher.*

Avanzamos media cuadra de camino, y mi cicerone se detuvo a la puerta de una casita de humilde apariencia. Los muebles de la sala no desdecían en pobreza. Un ancho sillón de cuero con rodaje y manizuela, y vecino a este un escaño de roble con cojines forrados en lienzo; gran mesa cuadrada en el centro; una docena de silletas de estera, de las que algunas pedían inmediato reemplazo; en un extremo, tosco armario con platos y útiles de comedor, y en el opuesto, una cómoda hamaca de Guayaquil.

Sentada en el sillón estaba Manuela. Y continúa Palma:

Vestía pobremente, pero con aseo, y bien se adivinaba que ese cuerpo había usado en mejores tiempos raso y terciopelo. Era una señora de abundantes carnes, ojos negros y animadísimos, en los que parecía reconcentrado el resto de fuego vital que aún le quedaba, cara redonda y mano aristocrática.

–Mi señora doña Manuela –dijo mi acompañante– presento a usted este joven, marino y poeta, porque sé que tendrá usted gusto en hablar con él de versos.

–Sea usted, señor poeta, bienvenido a esta su pobre casa –contestó la anciana, dirigiéndose a mí con un tono tal de distinción que me hizo presentir a la dama que había vivido en alta esfera social.

Y con ademán lleno de cortesana naturalidad, me brindó asiento. En el acento de la señora había algo de la mujer superior acostumbrada al mando y a hacer imperar su voluntad. Era un perfecto tipo de la mujer altiva. Su palabra era fácil, correcta y nada presuntuosa, dominando en ella la ironía... Recuerdo también que me agasajaba con dulces, hechos por ella misma en un braserito de hierro que hacía colocar cerca del sillón. La pobre señora hacía muchos años que se encontraba tullida. Una fiel criada la vestía y la desnudaba, la sentaba en el sillón de ruedas y la conducía a la salita. Cuando yo llevaba la conversación a terreno de las reminiscencias históricas; cuando pretendía obtener de doña Manuela confidencias sobre Bolívar y Sucre, San Martín y Monteagudo, u otros personajes a quienes ella había conocido y tratado con llaneza, rehuía hábilmente la respuesta. No eran de su agrado las miradas retrospectivas, y aun sospecho que obedecía a calculado propósito evitar toda charla sobre el pasado.

Juana Rosa mira inquisitiva a su ama, que ha guardado un largo silencio, pero parece una estratagema de su memoria, en busca de más recuerdos. Y reanuda el soliloquio:

–Venir a morirse aquí, a este desierto que también se tragará mis huesos. Parece una burla del destino. El general Sucre nunca lo quiso, decía que era un hombre ingobernable, un manirroto, un soñador peligroso, y pronto se deshizo de él en el gobierno de Bolivia, a pesar de que se lo había recomendado vivamente mi señor. Sucre le encargó los asuntos de la educación nacional, y el muy loco de él, cuando daba lecciones a los niños en las escuelas, se desnudaba completamente delante de ellos para enseñarles anatomía, ¡habría mayor disparate! El "hombre natural", como le llamaban, pasó muchos años sin contacto con mi señor Bolívar, hasta que un día reapareció. El Libertador, que entonces se encontraba en Lima, se enteró de que andaba por Bogotá y le mandó llamar con una nota, en la que le decía que lo que necesitaba no era una querida, sino un filósofo, o sea, que no me necesitaba a mí, sino a él. Me enfadé muchísimo, aunque cuando Sucre lo echó de su lado obtuve mi venganza. Sucre, mi amigo del alma, ¡asesinado! Un héroe de Ayacucho, el general más valiente que he conocido, no traicionó a mi señor, y lo mataron a traición los enemigos de Bolívar. Cuando el Libertador se enteró del crimen, dijo: "¡Han derramado la sangre de otro Abel!". Y es bien extraño, pero en otra ocasión, cuando fusilaron al general Piar, a quien no llegué a conocer, también mi señor Bolívar dijo algo parecido, aunque más misterioso; al oír los disparos que acabaron con la vida de aquel patriota, dijo: "He derramado mi propia sangre". Años más tarde le oí decir que aquella muerte había sido necesaria. Pero a mi general Sucre, ¿cómo le voy a olvidar, si era la única persona que con respeto y cariño me llamaba "esposa del Libertador"? Lo imagino en la batalla de Ayacucho, peleando con la lanza empapada de sangre, que le chorrearía hasta las manos. Años después, don Juan el francés hizo correr el chisme de que en aquella batalla yo me había llevado como trofeo de guerra los bigotes de un soldado español muerto, y que con ellos me había hecho unos bigotes postizos en una fiesta en honor del Libertador. ¡Qué don Juan! El asesinato de Sucre era cosecha del miserable Francisco de Paula Santander, que nunca pudo soportar la gloria del Libertador, un mezquino envidioso. ¡Así arda eternamente en los infiernos!

–Al menos ardió su figura de trapo con las balas –farfulla Rosa.

–Pero debería haber ardido de verdad, no el saco de trapos con su figura que mandé fusilar en aquel cumpleaños de mi señor; tenía que haberle disparado con mis pistolas a quemarropa, y no me faltaron ganas. Al general Córdoba no le gustó aquel fusilamiento de mentirijillas, y mi señor también se puso bravo conmigo, pero luego, lo que son las cosas, Córdoba se sublevó contra mi señor y murió en la intentona, y su manera de morir fue... ¡Pensar que antes de su traición me tuvo encandilada! No lo he olvidado, y se me pone un nudo en la garganta cuando recuerdo la valentía de Córdoba en Ayacucho, fiero como un león, gritando con energía: "¡Adelante, soldados, armas a discreción!". Y cuando un capitán le gritó: "¿Con qué paso?", respondió: "¡A paso de vencedores!". Pero luego, luego... Santander era un miserable, me insultaba a mis espaldas llamándome puta, ramera, adúltera. Me insultaba para insultar a mi señor, porque era un cobarde y delante de él no se atrevía; a la horca debía haberlo enviado el día en que descubrió su traición, pero le perdonó la vida, y cuando ya había muerto mi señor llegó a presidente de la Republica de Colombia. ¡Presidente de Colombia, un cobarde como él! Hizo lo imposible para borrar la obra de Bolívar. ¡El hombre de la Ley! ¿Qué ley, la que permitió que el gran sueño de mi señor, la gran Colombia unida, se deshiciera en varias naciones, Venezuela, Colombia, Ecuador, Bolivia? Y allí estaba, al lado del traidor Santander, uno de los hombres más despreciables, Vicente Azuero, el mayor instigador de los insultos que me dedicaban en los papeluchos que aparecían a diario pegados por las paredes de Bogotá. Y suya fue la pantomima de hacer dos figuras, una representando a Bolívar, con un cartelón donde se leía "Despotismo", y otra mía con el cartel de "Tiranía", que querían quemar en la plaza Mayor de Bogotá, aunque les arruinamos la fiesta. ¡Los hombres de las Leyes! ¿Sabes cuándo me di cuenta de qué clase de hombre era Santander?

–No, mi amita, yo no...

–Después de la batalla de Junín, a mediados del año 24. Yo estaba con Bolívar, muy satisfecho él con el triunfo de Junín, en un pueblo de la sierra. Llegó un oficio del Congreso de Colombia cesándole las atribuciones que le habían otorgado cuando entró en Perú; y, casi al mismo tiempo, una carta de Santander anunciándole que había sido retirado del mando de las tropas colombianas en tierras peruanas, o sea, que el premio por haber ganado una batalla importante era quitarle el mando del ejército, que se traspasó a Sucre, aunque en esto sí hubo fortuna. Los oficiales del ejército colombiano recibieron la noticia con consternación, como declararon en un manifiesto. O'Leary no se recató en declarar la perfidia de Santander y dijo que era el golpe más doloroso que le daban al Libertador. ¡Y se lo dieron, bien que se lo dieron! Yo se lo dije a Bolívar, señor, le dije, mi instinto no me engaña, el general Santander es un traidor, tiene que hacer algo o la cosa irá a más. Y claro que fue a más, hasta querer asesinarle. ¡La envidia le corroía! No soportaba la fama del Libertador, que le aclamaran en todas partes, mientras él seguía en su oficina, maquinando y enriqueciéndose todo lo que podía de puro codicioso que era. ¿Tú no te acuerdas de Bernardo Monteagudo, verdad?

–No amita, no me acuerdo.

–¡Cómo te ibas a acordar, si eras una niñita cuando mataron a Monteagudo en Lima! Una niña muy linda; naciste esclava, hija de mi sirvienta María del Rosario, pero te di la libertad con poco más de un año, siempre has sido una mujer libre... Pero te hablaba de Monteagudo. A quien no le gustaba nada Monteagudo era a Jonatás. ¡Ay, mi Jonatás, cómo te recuerdo! Monteagudo era un argentino muy rígido, pero también muy justo, con la revolución de las Américas metida en la sangre, y por eso lo mataron. ¡Otro leal a Bolívar asesinado por los traidores! No lo querían en Lima, decían que era un sanguinario, y cuando lo asesinaron algunos decían que habían eliminado a un pestífero enemigo de la libertad y la paz. ¡No sabían lo que decían! Monteagudo defendía la independencia y la sangre que derramó era necesaria por la amenaza constante de los realistas, apoyados en la sombra por buena parte de la aristocracia limeña. Yo se lo dije al Libertador: "Quiera Dios que mueran esos malvados: Santander, Padilla, Páez, será un gran fiesta para Colombia el día en que mueran esos viles". Es más humano que mueran diez si se salvan millones de vidas. El Congreso de Panamá, organizando por Monteagudo, que iba a ser decisivo para la política de Bolívar, quedó prácticamente herido de muerte. Eso querían nuestros enemigos. Recuerdo las palabras de Bolívar ante su cadáver: "Monteagudo, Monteagudo, serás vengado". ¿Por qué después sus asesinos, en lugar de ir a la horca, fueron indultados? No lo comprendí. El día en que el general San Martín embarcaba en Lima rumbo a Guayaquil, para entrevistarse con el Libertador, unos sicarios del gobierno limeño apresaron a Monteagudo y lo encerraron en un barco rumbo a Panamá, con la advertencia de que si regresaba a Perú lo enviarían directamente a la horca. San Martín debió de enterarse en Guayaquil, y la pérdida de su estrecho colaborador, causada por gentes de su propio gobierno, debió de influir en la firme decisión que tomó entonces. Días antes de la entrevista, había confusión y nervios; el asunto más importante que se iba a discutir, si Guayaquil pertenecía a Perú o formaba parte de la gran Colombia, no estaba decidido. Yo aún no conocía bien a Bolívar y me deslumbró su estrategia, un verdadero golpe maestro. Recibió a San Martín con estas palabras: "Bienvenido, general, al territorio de la gran Colombia". San Martín no replicó, y así la disputa quedó definitivamente resuelta. Más de treinta horas después, con San Martín de regreso a Lima, todo se había zanjado con un éxito completo de mi señor: se descartaron las soluciones monárquicas que abanderaba San Martín, los pueblos americanos se regirían por constituciones republicanas y San Martín se exiliaría en Europa. En Perú, como dijo más tarde San Martín, no cabían juntos Bolívar y él. Yo me alegré mucho por el Libertador, pero me apené por mi amiga Rosita Campuzano, la amiga íntima de San Martín, que no era una adúltera como yo, pues no se casó nunca, pero quedó abandonada cuando el Protector, como lo llamaban, partió para Europa. El Libertador tenía ahora camino libre hacia el sur. Poco después de la entrevista, Monteagudo apareció en Quito para pedir la protección de Bolívar. Yo, que le conocía bien desde Lima, no vi al principio con buenos ojos aquel acercamiento, pero el Libertador reconoció enseguida al hombre que necesitaba para difundir su ideario político. Monteagudo no quería que se apagara la llama revolucionaria. Años más tarde, también yo fui a Ecuador en busca de sosiego, no como Monteagudo, pues yo regresaba a mi país para quedarme, pero Vicente Rocafuerte, otro enemigo de Bolívar, entonces presidente de Ecuador, que se había separado de la gran Colombia, me prohibió vivir en mi propia tierra, de donde fui expulsada al llegar a Guayaquil. No tenía ningún derecho, pero lo hizo a pesar de que la Constitución ecuatoriana prohibía expulsar del país a sus naturales. ¿No lo decía el artículo sesenta y tres de la Constitución, recién aprobada? ¿Sirvió de algo que me quejara de esa tremenda injusticia en la carta que le envié al ministro del Interior, el señor Miguel González? ¡De nada! Nunca, por muchos años que viva, se me olvidarán las palabras con las que firmó la orden de mi expulsión: "Por el carácter, talentos, vicios, ambición y prostitución de Manuela Sáenz, debe hacérsela salir del territorio ecuatoriano para evitar que avive la llama revolucionaria". ¡Cuántas veces me habrán llamado puta! Y, fíjate, Juana Rosa, el único que no me llamó puta en público fue el inglés, mi marido. ¡Así era de frío y aburrido! ¿Qué llama revolucionaria iba yo a avivar? La única revolución había sido la de Bolívar y ya habían acabado con ella. Rocafuerte y los suyos no se cansaban de repetir que yo quería vengar la muerte de mi hermano José María. ¿Cómo, con qué armas? El gobernador de Guayaquil me aconsejó que me hiciera a la mar y recalara en el primer puerto peruano que encontrara al sur. No tenía dinero; gracias a los trescientos pesos que me prestó el general Flores, pude hacer frente a los gastos que aquello me acarreó. Y así llegamos a Paita, ¿recuerdas, Juana?, hace más de veinte años.

–Sí, amita, y también recuerdo lo brava que estabas por lo de tu hermano.

–Era el hermano que más quería; acababa de enterarme de su muerte, y no había sucedido en un combate: lo que hicieron con él fue un asesinato. Una de las mayores alegrías de mi vida me la llevé en Lima, en el año 20, cuando José María, que era realista, como casi toda la familia de mi padre, se pasó con su batallón Numancia a las órdenes del general San Martín, y desde entonces se convirtió en un acérrimo defensor de las ideas de Bolívar. La familia de mi padre siempre me dio muchos disgustos. Mi padre era un godo intransigente y, tras la batalla de Pichincha, se marchó a España con dos de sus hijas. Murió allí, en el año 25. Su mujer y los otros hijos se quedaron en Quito. Un medio hermano mío, Ignacio, era un hombre terrible, se parecía a su padre, pero muy patriota, odiaba ferozmente a los realistas. Luchó contra el general Flores cuando el malvado de Obando lo convenció de que se pasara a sus filas, y tuvo la villanía de acusar a Flores del crimen del mariscal Sucre, cuando Flores no tuvo nada que ver, fue obra de Obando, y bien que se lo recompensó luego este criminal dándole un buen cargo. Ignacio me escribe con alguna frecuencia y yo siempre le he aconsejado y he tratado de amistarlo con el general Flores, a quien le remití una carta suya para que viera sus buenas intenciones. Si hubiera estado en Quito años atrás, algunas cosas en mi familia no habrían ocurrido. ¿Sabes, Juana Rosa?, he terminado reconciliada con el general Flores, pero durante un tiempo lo consideraba un enemigo, no enemigo personal, sino enemigo de las ideas de Bolívar, ¡y lo mismo sucedió con mi hermano José María! Cuando luchó por que Ecuador se separara de la gran Colombia, llegó a tal punto la enemistad entre los dos que Flores lo desterró. Primero vino aquí, a Perú, luego se fue a Colombia, y desde allí marchó al norte de Ecuador para intentar reconstruir la gran Colombia. El ejército de Flores le derrotó en la batalla de Pesillo. Las primeras noticias que me llegaron decían que había muerto en combate, pero después supe que mi hermano se había rendido y que un tal Cárdenas, un teniente, lo alanceó cobardemente, por orden del coronel Manuel Zubiría. El general Flores nada tuvo que ver con aquella infamia, absolutamente nada, él mismo me lo aseguró en aquellos tiempos amargos y dolorosos. ¿Qué podía hacer yo, sino creerle y considerarlo un amigo?

La fiel sirvienta Juana Rosa, que nunca quiso abandonarla, apenas asiente con un gesto. Desaparecidas Nathán, que se quedó en Jamaica en los brazos de un negro llamado Eucario, y Jonatás, muerta en Paita, que desde la niñez fueron inseparables de Manuela Sáenz, Juana es ahora lo que fue para Manuela la negra Jonatás: sus oídos, sus ojos, sus pies, la gaceta que le informa a diario de las historias del vecindario o de los visitantes esporádicos que llegan a Paita. Ella y otras dos negritas huérfanas, Dominga y Mendoza, a las que Manuela no quiso dejar abandonadas en Colombia, son ahora su compañía, además de unos cuantos perros y gatos que andan por la casa como reyes en su territorio y a los que llama con los nombres de los enemigos de Bolívar: *Santander, Córdoba* y *Páez.*

Juana Rosa ocupa el lugar de confidente fiel que no escarba en el alma de su ama y se limita a escucharla paciente y silenciosamente. Ya no puede hacer, como Jonatás, de celestina de sus amores. Jonatás ayudó a que Manuela fuera desflorada en la adolescencia, ocultó sus adulterios y, según decían las hablillas de los aristocráticos salones quiteños y limeños, fue su amante marimacho.

En 1822 llegó al puerto venezolano de La Guaira un joven francés de veinte años, que había recibido en París una rigurosa formación en ingeniería y química. Llegaba recomendado por Alexander von Humboldt, uno de los sabios europeos más prestigioso de su tiempo, y bajo los auspicios de Simón Bolívar, para realizar observaciones científicas en Venezuela, Colombia y Ecuador. Se ocupó en sus tareas científicas, pero las turbulencias revolucionarias le llevaron a unirse al equipo militar del Libertador, con el que participó en combates y alcanzó el grado de coronel. Aunque Jean Baptiste Boussingault atendía acaso con mayor interés la política que la ciencia, no le impidió ocuparse de la primera cátedra de mineralogía que se creó en Bogotá y realizar observaciones astronómicas de gran interés. Boussingault moriría muchos años después en Francia, con reconocido prestigio científico como gran innovador de la química aplicada a la agricultura. Pero, en su estancia de diez años en la gran Colombia, puso bajo la lupa de su pícara curiosidad a los hombres y mujeres que estaban viviendo la historia de la independencia. Y los observó con el punto de malicia necesaria para dejarnos una crónica desenfadada y escandalosa, que no ha dejado de irritar a los exégetas de las purezas patrias y a los héroes atufados de incienso.

El ingeniero, banquero e historiador venezolano Vicente Lecuna, uno de los mayores especialistas en Bolívar, no se sentía cómodo con los textos de Boussingault. En 1945, en el *Boletín de la Academia Nacional de la Historia de Venezuela*, a cuenta de si Bolívar tenía los brazos largos o cortos, Lecuna le ajusta las cuentas al cronista francés:

Boussingault era uno de esos espíritus morbosos, nacidos bajo el signo de Saturno, propensos a la crítica amarga y a la censura injusta, y rara vez dispuesto a expresar sentimientos generosos o nobles. Aunque físico insigne, de extraordinaria capacidad científica, como testigo o actor en la vida social no merece fe, por ese espíritu satánico revelado por él mismo en sus propias anécdotas. Entre otras, el sabio viperino, para ridiculizar a Bolívar, dice que tenía los brazos muy largos, se entiende con relación al cuerpo, y nosotros hemos comprobado, por medio del famoso sastre parisién Adolfo Argouet, midiendo la levita, chaleco y pantalones del héroe, existentes en el Museo Bolivariano de Caracas, que era perfectamente normal, fuera de que a brazos muy largos corresponden manos grandes y Bolívar las tenía pequeñas y bien formadas. Era de mediana estatura, bien proporcionado, fino, de aspecto marcial y elegante.

En una carta a su madre, relata Boussingault:

Y luego está Jonatás, la mulata esclava de la que Manuela nunca se separa. Es una muchacha negra de cabello ensortijado y una mujer impresionante, siempre vestida de soldado, salvo en las circunstancias de que te hablaré. Es realmente la sombra de su ama y, aunque esto no es más que murmuración, se dice que es también su amante, conforme a vicio corriente en Perú. Con unos cuantos compañeros he sido testigo de este vicio con mis propios ojos. En una tertulia formamos un grupo para asistir a esta ceremonia impura, pero muy divertida. Pero esta Jonatás es un ser singular, una comediante con un don asombroso para la mímica y la imitación. Su rostro es impasible y habla de las cosas más cómicas con una absoluta seriedad exterior... La mulata se puso las ropas de su sexo, el vestido para bailar las ñapangas de Quito. Ejecutó para nuestra gran satisfacción la danza más lasciva. Giró primeramente con gran rapidez, luego, parándose y bajándose, con las faldas hinchadas por el aire, hizo lo que los chicos de aquí llaman un "queso"; luego, con muchos retorcimientos y movimientos lascivos, se bajó hasta el piso durante un instante; luego se levantó y, haciendo giros, se alejó y se perdió de vista. Pero allí donde se había agachado, cabía ver el sitio donde su vulva desnuda había establecido contacto con el piso. Hubo grandes aplausos, pero fue una obscenidad asquerosa. Pronto volvió Jonatás, de nuevo con sus prendas militares, muy seria, como si nunca hubiera ofrecido esta escandalosa exhibición.

Paita, que en quechua quiere decir desierto, es un lugar sin árboles ni agua, arracimado a lo largo de una sola calle que al levante se corta frente a unos acantilados rocosos, del color de la arenisca, y al poniente, en un puerto con bahía de media luna, con el océano Pacífico refulgente, a veces de un azul intenso y otras confundido con la tonalidad de las arenas. Por aquí había pasado Francisco Pizarro, camino de la conquista del Imperio inca, y había establecido una colonia de avituallamiento. En siglos posteriores serviría para el mismo fin a buena parte de la flota ballenera del Pacífico, cuyos barcos se abastecían allí del agua potable que los indios nativos traían por el desierto, en toneles, a lomos de mula, tras jornadas agotadoras. También Paita fue refugio de huidos y desesperados, de marinos de cabotaje en declive, de perseguidos por la ley; y en la alternancia de revoluciones y guerras, el hogar transitorio de exiliados políticos, sobre todo ecuatorianos, lo que significaba para Manuela Sáenz, por su inextinguible instinto político, el escenario donde podía representar un papel activo en las secuelas de la revolución, no completamente finiquitada. Muy gráficamente escribió en una de sus cartas paiteñas: "No hay nada de particular en este miserable pueblo". A los ocho años de vivir en Paita, Manuela Sáenz se veía entorpecida, envilecida y pobre.

A los dos años de estar allí, Manuela escribe al general Flores: "¿Qué podría usted necesitar de mí en Paita?". Flores captó el mensaje, sabedor de que en Paita bullían los conspiradores de todas las facciones políticas ecuatorianas y que allí tomaban cuerpo los complots contra los gobiernos de Ecuador.

Pero lo primero es lo primero. La Sáenz quiere dejar constancia de dos cosas: la absoluta monotonía de Paita y su patriotismo. El 18 de mayo de 1837, le escribe a Flores: "¿Qué podría yo decirle de la guerra de Chile que usted no sepa? No hay nada de particular en este miserable puerto, lo más singular que ha habido son las dos funciones, una del entierro de Cristo y otra de un indiecito; le incluyo a usted los convites, por la copia puede usted conocer el original que los dictó, este sujeto es el capitán de este puerto, gobernador Miguel Urvina, que tuvo la avilantez de decir que en el Ecuador no hay dinero, ni hombres políticos, ni militares, que les estaban dando una importancia que no la merecía. ¿Ha oído usted semejante arrojo?".

Manuela Sáenz se va a convertir en esos años en una espía cauta y astuta: nada escapa a sus ojos y oídos. Está sumamente atenta a todo lo que ocurre en Perú, e intuye que los conflictos con Chile y Bolivia están retrasando la decisión peruana de extender sus fronteras hasta Guayaquil; en las cartas se lo va haciendo saber al general Flores.

Pero conviene ser cautelosos. El correo entre Paita y Ecuador se veía expuesto a muchos peligros y la valija diplomática había sido asaltada y robada en más de una ocasión. Manuela, quien se toma muy en serio ese juego tragicómico de espías y traidores, informa puntualmente al general Flores de lo que ocurre en Paita, pero para actuar sobre seguro le pide que firme con el pseudónimo "Ángel Calderón" y envíe las cartas, no a su nombre, sino al de "María de los Ángeles Calderón". El 12 de julio de 1840 insiste: "Cuando usted se digne escribirme, que no sea por el correo, pues aquí no hay seguridad ninguna. En días pasados robaron el correo once leguas antes de Piura, para decir que fueron santacrucistas, pero fue obra del gobierno [peruano]. Quien roba el ánfora, ¿por qué no una valija? Usted mande sus cartas a donde el señor Luzurraga, que este señor las pondrá bajo cubierta del señor don Alejandro Ruden, cónsul de los Estados Unidos, íntimo amigo mío y muy querendón de usted". Pero las precauciones son pocas, y el 1 de febrero de 1841 le insiste a su amigo: "Cuando usted se digne contestarme, no lo haga por el correo; tenga usted la bondad de remitir la carta al señor Carlos Luken a Guayaquil, que él la pondrá bajo cubierta del señor Ruden; solo la correspondencia de él es segura; hay una vigilancia intensa por mar y tierra, resultado del temor que tienen por haber quedado la provincia de Piura sin tropa, pues el escuadrón que había ya vino la barca limeña por él y salió de este puerto el 29 para El Callao".

Conforme corren los años se incrementa en Manuela Sáenz la enfermedad que ha aquejado a muchos espías: el pánico a ser descubiertos y creerse rodeados de enemigos. El 11 de junio de 1843, la quiteña desterrada muestra claramente estos temores. Le escribe al general Flores: "Las cartas que usted reciba mías, no debe verlas ni Dios; usted mismo no sabe entre quiénes vive, y cuando me escriba no me conteste sobre nada de esto; contráigase solo a mis intereses. Si encuentra algo útil en mi carta, aprovéchelo y rómpalas; y si no, rómpalas también, pero exclamando: estos no son chismes, sino advertencias de mi buena amiga".

No se libró Manuela de ver espías por todas partes. En carta a su amigo fechada el 28 de abril de 1842, dice: "Llegaron aquí de Guayaquil tres o cuatro frailes para irse a Trujillo y aquí los han tomado como espías y los mandaron a Piura. Estos malditos por vindicarse están diciendo tanta necedad; dicen que usted aborrece a los frailes; que por ellos no hubo Congreso, porque usted y el señor Rocafuerte iban a dar al país la religión inglesa, y otros desatinos por el estilo. Yo no sé, señor, porque dejan venir a estos vagabundos; en meses pasados vinieron dos y andaban de mendigos; desde que estoy aquí he visto tanto fraile que da vergüenza; ya vienen de Guayaquil, ya de Loja, y todos quiteños, que es lo que más vergüenza me da. ¡Hágalos soldados! Tengan allá mucha vigilancia con el espionaje y, lo que es más, con su persona: de estos todo se puede esperar y temer".

El epistolario que ha sobrevivido de Manuela Sáenz muestra que la quiteña se tomó muy en serio su trabajo. Entre 1830 y 1846 envió al general Flores un total de sesenta cartas, de difícil lectura, pues como ella misma decía: "Usted dará al diablo mi letra y peor mi ortografía". El contenido de esas cartas, en su mayor parte, tiene un carácter político, lo que en esos años de intereses convulsos entre Colombia, Ecuador y Perú, denotan el vivo interés y la fina intención con que Manuela observaba el tráfago de exiliados y el cruce de informaciones de todo tipo que pasaban por Paita. Así, el 9 de agosto de 1842, le escribe al general Flores: "Ya no tengo ganas de escribirle a usted porque usted no me contesta; ahora mismo incluyo una que hace tiempo le tenía escrita a usted y no había persona segura [para mandarla]: aprovecho la salida de un amigo para Guayaquil para remitirla y prevenirle a usted que ya dicen que han descubierto su política por un espía que le tienen puesto a usted y muy inmediato". Meses después, le manda este aviso: "¡Cuidado, señor, por Dios! Ya le he dicho a usted lo más importante, diré a usted que en Piura recibieron no sé qué comunicaciones para el señor Rocafuerte y Avendaño que fueron a llevar en persona ayer a Lima. No he podido saber qué ni de quiénes son, si lo descubro lo diré a usted oportunamente". En julio de 1844 hay un mensaje de valor militar: "Prevenirle que sé que por el Pailón van a llevar clandestinamente fusiles, y así se precisa mucha vigilancia, ya por el indicado puerto como por Esmeralda. A mí me han dicho que algunos han sido ya introducidos".

II

*L*os historiadores del postindependentismo ecuatoriano han señalado dos periodos claramente distintos, tras los cuatro años del primer mandato del general Flores, que finalizó el 10 de septiembre de 1834, cuando tomó el poder Rocafuerte. el primero, de 1837 a 1842, fue de una cierta paz interna turbada por pequeños conflictos diplomáticos para fijar las fronteras con Colombia; el segundo, de 1842 a 1845, tuvo tres hechos destacados: Constitución de 1843; nombramiento del general Flores como presidente de la República por un tiempo de ocho años, y ruptura de Flores con Vicente Rocafuerte, que emigra a Perú para promover una revuelta armada contra su antiguo amigo.

En los primeros años del Ecuador independiente, una palabra, con resonancia mexicana, hizo fortuna en el argot político: chihuahua. Con el general Flores en la presidencia de la República, muchos partidarios de Vicente Rocafuerte andaban enredando y conspirando en una *melée* donde cada facción luchaba por causas distintas, aunque siempre a favor de sus intereses. Como Rocafuerte había participado activamente en la revolución mexicana, apoyando a Vicente Guerrero contra el emperador Agustín Iturbide, a esos confusos partidarios ecuatorianos se les conoció como los chihuahuas.

Y de chihuahuas estaba lleno Paita. El 3 de junio de 1842, Manuela escribe al general Flores: "El año 35 me tuvieron por chihuahua, como usted sabe, pero se equivocaron completamente, pues estando en medio de ellos y sufriendo por eso, jamás lo fui, antes por el contrario manifesté mi adhesión al orden y a la persona de usted, pero con calor (como todas las cosas). Esto lo saben todos y por consiguiente me hacen la justicia de tenerme por adicta a usted".

A renglón seguido, sin embargo, no puede ocultar que ya se siente inmersa en el mundo del espionaje: "Para que no sospechen de mí, es preciso que usted me escriba una carta en la que me llame con mucha insistencia para el Ecuador, cosa que pueda yo enseñar esa carta, y póngala en correo; y cuando usted quiera hacerme alguna prevención o escribirme cosas reservadas, que sea por Guayaquil, y con una cubierta para don Alejandro Ruden; este es conducto seguro".

En otra misiva, el 11 de junio de 1843, dice a su corresponsal: "Así me tiene usted pura y sin mancha, habiendo vivido por ocho años en medio del club de sus enemigos; ya batallando con ellos, ya perdiendo la confianza que las ocurrencias y la injusticia me dieron –tan injustamente– de chihuahua, al parecer de los señores refugiados en el Perú".

La espía Manuela Sáenz es incapaz de ocultar que la política es una llama que no se ha apagado en su espíritu, si bien a veces se ha referido a ella con desdén, quizá para no mostrar la crudeza de su existencia, aunque la enmascare con alguna sorna. El 7 de septiembre de 1843 escribe a su amigo el presidente Flores: "El señor Monsalve es buen amigo de usted y por consiguiente mío. Ya estamos de acuerdo, y así le encargo que, cuando se digne escribirme, lo haga bajo cubierta de dicho señor, así vendrán más seguras. Es sujeto apreciable y muy fino; yo no lo conocía antes, y ahora estoy muy satisfecha de dicho señor. Ya habrá usted visto en *El Comercio* lo que dicen de él; pero eso es obra de don Juan de Otoya, que ansiaba el consulado; él y otros se valen de Rocafuerte para sus artículos. Estoy complacida al saber las noticias del sur, y si me interesa la política de un país extraño es solamente por la relación que tiene con la política del mío y por mis amigos; que por lo demás me importa muy poco o nada. Cuando digo que me intereso, entienda usted que este interés no pasa de deseos y buenas intenciones; pues ya usted debe suponer que una pobre mujer no puede ni armas tomar, ni armas comprar y menos influir en nada; pero mejor es tener amigos, bien sea masculinos o femeninos; ¿no le parece?". La ironía nunca le faltó.

No solo de espionaje se alimentan las cartas de Manuela, sino que aprovecha también para contarle a su amigo alguna desagradable consecuencia de su veneración por Bolívar, poniendo en evidencia de paso su indomable temperamento: genio y figura hasta en los tiempos de humillación y penurias, que revelan que, en su exiguo ajuar de pobre desterrada, conservaba las dos pistolas que había lucido insolente muchos años atrás, vestida de hombre, a lomos de su caballo por las calles bogotanas. El 20 de enero de 1845, le escribe al general Flores: "¿Quién será un tal Inocencio Oballe Cánovas, y de dónde será este malvado? Hará como ocho días que se me apareció a las once de la noche, muy ebrio, y me llenó de insultos diciendo que me aborrecía por el Libertador, diciendo que él había sido siempre enemigo de usted, del general Mosquera y del señor Herrán. Esta era la segunda vez. No le hice caso, pero traté de hacerlo salir de mi casa, y entonces él le pegó a una vieja que estaba de visita y ella se defendió muy bien. Lo han tenido preso ocho días. Es preceptor de primeras letras aquí. Él dice que es de Caracas y coronel de la República; lo cierto es que es un ebrio de profesión y uno de los asesinos de Fábrega y escribano público de este puerto, pregonador de bandos y maestro de la escuela. ¡Así saldrá la educación de la juventud! Solo en Perú se ve esto. Ya le he prevenido al gobernador que como vuelva a mi casa a nuevos insultos, le tiro un balazo".

Manuela también se permite alguna confidencia íntima y familiar, aunque lo esencial es la política que, junto con sus lamentaciones por no poder cobrar el dinero que le debe su familia materna, constituye el tema primordial de sus cartas al general Flores. En una de ellas, fechada el 30 de enero de 1842, le cuenta: "Esto es muy reservado: el cónsul del Ecuador, doctor Moncayo, tiene aquí de agente a don Juan de Otoya, guayaquileño, este señor es el más antiecuatoriano (hablo de Otoya) y recibe en este puerto las comunicaciones de Moncayo. Moncayo es un muchacho muy ecuatoriano, pero hombre que no piensa más que en principios cuando ya estamos en los fines; es enemigo acérrimo de la oligarquía, tiene la cabeza llena de Casio, de Bruto, etc. Por Dios, es preciso que usted lo reserve mucho a todos, particularmente a sus ministros, pues son sus amigos y no quiero que él se haga mi enemigo cuando mi ánimo no es de ofenderle; solo he creído prevenir a usted esto, por si le fuese útil y así espero que usted rompa esta carta". El 20 de enero de 1843, Manuela le abre su corazón al general: "Crea usted, mi amigo, que tengo un defecto capital, el ser tan vengativa, yo no perdono medio que esté a mi alcance, conozco que es mala cualidad pero no puedo prescindir, pues creo que en ello faltaría a la consecuencia y gratitud de amigos muy queridos vivos y muertos".

Pero en la arenosa Paita no era fácil que los secretos permanecieran ocultos mucho tiempo. Por más cuidado que puso Manuela en no ser descubierta, el cónsul ecuatoriano, Pedro Moncayo, dio con la verdad. Manuela debería haber sabido que a los espías casi siempre se los descubre y que los castigos oscilan del paredón de fusilamiento a la desaparición en las páginas de la historia.

Moncayo, que había sido amigo del general Flores y luego acérrimo adversario, como tantos ecuatorianos, fue también amigo de Manuela y feroz enemigo suyo cuando se enteró de que la quiteña le contaba al general las andanzas del cónsul en tierras peruanas. Cómo llegó a descubrir que había sido espiado no nos lo ha contado la historia, aunque cabe suponer que habría otro espía dentro de los círculos de Flores. Pero se conocen las consecuencias.

En una carta al general, Manuela dice: "El señor Moncayo está furioso conmigo y me hace más males que lo que usted cree, pues al salir de aquí [al cesar en el consulado] ha dicho a sus amigos que es debida a mí su expulsión".

Con los años, Pedro Moncayo se convirtió en un reputado periodista, en historiador y en un prohombre del Ecuador de la segunda mitad del siglo XIX. En Chile, donde vivió los últimos años de su vida, escribió la obra histórica que le daría más prestigio: *El Ecuador de 1825 a 1875*. Cuando trabajaba en su libro, debió de acordarse de Paita y de Manuela; y se tomó su venganza, fría por el paso del tiempo, y exquisita: no aparece en su obra el nombre de Manuela Sáenz, ni siquiera una ligera alusión a su figura.

Manuela le desgrana al general Flores el otro tema de su obsesiva preocupación: el 22 de octubre de 1843, en una carta en la que comunica que en Paita se daba por hecho que el general Flores había sido asesinado en un convite, y que la noticia la estaba propalando "Juan de Otoya, su vicecónsul de usted", y, tras calificar al tal Otoya del peor de los malvados, viene seguidamente la petición lastimera:

"Hágame usted, señor, el favor de suplirme algunos reales; estoy muy pobre; de lo primero que cobre allá el señor Pareja se pagará a usted. Cuando me dirijo a usted, es porque es exigente mi necesidad; hágame usted este bien". Semanas más tarde, el 1 de diciembre, no ha recibido respuesta, y vuelve a la carga: "¿Qué hay del ruego que le hice a usted en correos pasados sobre que me supla unos reales que a usted le será más fácil cobrar allá? Calcule cuál será mi necesidad cuando me atrevo a molestar su atención".

El 16 de febrero, la petición de socorro es más seria, pues no se trata ahora de "unos reales", sino de treinta onzas de oro, y en la carta peticionaria, convencida de que va a ser satisfecha, Manuela incluye el borrador del documento de préstamo, para que se lo devuelva en papel sellado y ella lo pueda firmar. Dice así el borrador: "Recibí del señor general don Juan José Flores treinta onzas de oro en calidad de préstamo, por mis urgentes necesidades me hace este bien; las mismas que serán pagadas de lo primero que cobre mi apoderado de mis deudores". Lo que no especifica era para qué necesitaba esa elevada cantidad.

El dinero se había convertido en una obsesión para Manuela. Meses antes de morir, en una carta del 29 de junio de 1856 a su amigo Roberto Ascasubi, con el que mantenía un continuo intercambio epistolar sobre los problemas económicos que la aquejaban, revelaba que había entrado en "un negocio de perlas que quizá se podrá ganar algo, pero que sea en oro, comprando las onzas a lo que estuviesen".

Manuela no solo pide dinero, sabe cómo manejar a los hombres, cómo halagar su vanidad. En una carta del 22 de junio de 1844, escribe a Flores: "Dígame usted, señor, ¿a mí por qué no me da un librito que tenga su retrato? ¿Solo las jóvenes y buenas mozas son acreedoras a poseerlo? También las amigas viejas desean tenerlo y ninguna lo tendrá con más veneración que su amiga y segura servidora, Manuela Sáenz".

En otra ocasión expresa claramente su angustia. Le escribe a Flores: "Por Dios, señor, dígale usted a don Pedro [apoderado de los bienes de Manuela en Quito] que no sea temerario, que me mande algo, que estoy miserable como jamás lo creí; a veces me dan ganas de darme un balazo; no sé qué motivo alegan para no pagarme ni los 3.000 pesos de réditos, ni la plata de la señora Gantonena [a quien había vendido la finca de Cuatenango], haga usted algo por su amiga, señor, de lo contrario jamás me despacharán". Al final de la carta, Manuela suelta el bombazo, sin darle excesiva importancia, con unas escuetas palabras: "Sabrá usted que estoy de buenas con mi marido, me escribe con frecuencia, como amigo. Esto basta".

En ese tiempo James Thorne vivía con una amante en su hacienda peruana de Huayto, donde sería asesinado cinco años más tarde, y tenía cuatro hijos con otras dos mujeres. La noticia del asesinato de James la recibió Manuela con una carta de su amigo y apoderado en Lima, Cayetano Freire, quien le envió unos recortes del diario *El Comercio* informando del suceso. Y, curiosamente, Freire le decía a Manuela: "Opino y me parece preciso que te enlutes, y para este fin me participarás si quieres vestido de alepín, merino o algún olán francés para entre casa. Si quieres medias negras y pañuelón, de qué clase, indicándome la persona con quien quieres que te mande esta encomienda". De su amistosa reconciliación con Thorne apenas hay datos en la correspondencia que ha sobrevivido; en cambio, como un constante ritornello, las cartas rebosan de angustias económicas, lo que para el orgullo de Manuela debía de ser causa de un profundo desasosiego.

Como consecuencia de la herencia de sus abuelos maternos, Mateo Aizpuru y Gregoria Sierra, y con la aportación de unos miles de pesos del general Flores –se supone que para contentar a Bolívar, en plenos amores entonces con la quiteña–, Manuela se hizo en 1826 con la finca de Cuatenango, donde había pasado buena parte de su niñez. La finca, a unos quince kilómetros al sur de Quito, comprendía 250 hectáreas y había sido evaluada en unos diez mil pesos, pero constituyó una constante fuente de dolores de cabeza para su propietaria.

Más de diecisiete años después de haber adquirido Cuatenango, el 22 de abril de 1843, Manuela le escribía al general Flores: "Siete años hace que vendí mi pobre hacendita que me costó 10.000 pesos en 6.000, y de los cuales solo he cobrado 4.000, y eso porque tuve que pagarlos. Don Ignacio Sáenz me debe como cuatro mil pesos; Gómez me debe, la Benítez me debe, en fin, otros varios y nadie me paga. Don Pedro [a quien Manuela había otorgado poderes] me engaña de mes en mes, de año en año, sin considerar cuál será mi situación en un país extraño y sin recursos. En Bogotá tengo cosas de consideración que no puedo hacerlas venir sin plata, y así va todo".

–¿Sabes, Rosa?, cuando me llegó la noticia de que habían asesinado a mi marido, lo sentí terriblemente, como nunca creí que lo sentiría.

–Lo recuerdo, amita.

–El horrible asesinato me puso enferma y tenía la cabeza fatal. Que yo he sido adúltera lo sabe todo el mundo. ¿Sabes, Rosa, qué dirá de mí la historia? Dirá que fui una adúltera deslenguada. Me han acusado de hablar peor que un soldado español, de tener la lengua sucia de tantas procacidades. ¿Sabes tú quién fue la Pola? Pues una patriota colombiana que se llamaba Policarpa Salavarrieta, que luchó con cuerpo y alma por la independencia y a la que fusilaron los realistas españoles en Santa Fe de Bogotá, creo que en 1817. No fue la única mujer que los godos llevaron al cadalso. Cerca de cien fueron pasadas por las armas por los realistas durante la revolución; al principio las ahorcaban, pero luego empezaron a fusilarlas. La Pola fue la más famosa; la acusaron de espiar a las tropas realistas, y fíjate qué curioso, Juana, yo también fui espía aquí, en Paita, para el general Flores. Oí contar que la señora Policarpa murió maldiciendo a los españoles y gritando que le sobraba valor para sufrir mil muertes más por la independencia. La historia la recordará siempre. Pero yo no soy la Pola, y no pienso que yo vaya a morir con heroísmo, sino que un día cualquiera apareceré muerta, y nadie me echará en falta ni lo lamentará, y mi cuerpo se pudrirá en estos arenales olvidados del mundo. Pero yo también luché por la revolución. Antes de conocer a Bolívar, ya era revolucionaria.

–Yo no sé qué dirá la historia de ti, pero ¿qué te importa? Supongo que dirán cosas buenas, pues aquí han venido a verte señores muy importantes; si solo hubieras sido una puta no habrían venido. Han venido a este sitio olvidado de Dios para conocerte.

–¿Te refieres al italiano? Estás equivocada; en esto no me engaño, no vienen a verme a mí, vienen para que les hable de mi señor, quieren saber cosas del Libertador. ¿Y qué les voy a decir? No me gusta hablar de él con gente extraña, mis recuerdos son míos y no tengo que compartirlos con nadie. También aquel médico peruano que vino de Europa, Melgar, quería saber cosas de Simón Bolívar, y le dije que si el Libertador hubiera nacido en Francia habría sido más grande que Napoleón; valía más que el corso y más que Washington.

–¿Quién es ese hombre, amita?

–Claro, tú qué puedes saber. El señor Washington fue el primer presidente de Estados Unidos de América, un gran hombre, pero no era más grande que Bolívar. Recuerdo a otro estadounidense, el señor Harrison, que representó a su país ante el gobierno de Colombia hace ya muchos años, y también llegó a presidente de su país. A Bolívar no le gustaba nada, ni lo que decía ni que se relacionara con colombianos desafectos a su causa. Un día el estadounidense soltó una impertinencia sobre los gobernantes y la libertad, que parecía dicha para molestar a Bolívar, y él le contestó que Estados Unidos amenazaba América en nombre de la libertad. Bolívar no sentía mucha simpatía por Estados Unidos, decía que terminaría haciendo daño al resto de América… Te quería contar, por eso me acordaba del tal Harrison, que en una cena de gala, tras la batalla de Boyacá, alguien levantó su copa para brindar por los dos libertadores de América, Bolívar y Washington, y el maleducado de Harrison cometió la grosería de decir bien alto, para que se le oyera, que Washington muerto valía más que Bolívar vivo. ¿A qué se debía esa grosería? Nadie había insultado a Washington. No sé si fue debido a ese descomedimiento, pero poco después Harrison salió de Bogotá… ¿No va a venir hoy la Morito? Tenemos que hacer rosas de tela, que ya apenas quedan.

–No se apure, amita, seguro que viene.

Las dos mujeres se quedan en silencio, ausentes. Tal vez Manuela recuerda al italiano rubio, de barba espesa, nervioso, que tenía en los ojos la chispa de los revolucionarios. Y la vehemencia con la que le habló de Anita Ribeiro, que parecía su propia historia con Simón Bolívar: el héroe revolucionario y la mujer enamorada que entra en el corazón de la revolución, participa en las batallas, y los alejamientos… Giuseppe Garibaldi, contumaz revolucionario sin fronteras, medio pirata, con patente de corso, masón –como Bolívar–, pero sobre todo, terco luchador enredado durante más de una década en numerosas batallas en defensa de la independencia de las nuevas naciones americanas, mientras luchaba por unificar Italia, lo que finamente lograría en 1870. Le llamaban "héroe de los dos mundos".

En septiembre de 1851, el barco que llevaba a Garibaldi de Panamá a El Callao hizo una breve escala en Paita. En sus memorias, Garibaldi se muestra muy discreto al relatar su encuentro con Manuela Sáenz:

> Desembarcamos en Paita, donde pasamos el día. Fui amablemente recibido en la casa de una afectuosa dama que estaba clavada en el lecho por un ataque de parálisis que le impedía moverse. Pasé la mayor parte del día en un sofá junto al lecho de la dama. Era la más amable y cortés señora que haya visto jamás. Había disfrutado de la amistad de Bolívar y conocía los más mínimos detalles del gran Libertador. Me despedí de ella muy emocionado. Los dos teníamos lágrimas en los ojos, sabiendo con seguridad que era nuestro último adiós en esta vida.

Y eso fue todo. ¿No mencionó a Ana María de Jesús Ribeiro da Silva, la "heroína de los dos mundos", que llevó con él una vida similar a la de Bolívar y Manuela? Los dos, revolucionarios hasta el sacrificio, y ellas, locamente enamoradas, en el fragor de las batallas y en las miserias políticas.

Garibaldi había dejado su patria para unirse a otras revoluciones. En Brasil, en 1837, en la llamada "Guerra de los harapos", conoció a Anita Ribeiro, brasileña hija de portugueses, con la que se casaría y con la que tuvo cuatro hijos. Anita moriría en Italia en 1849, a causa de unas fiebres tifoideas. Garibaldi le enseñó a manejar las armas hasta convertirla en una diestra y feroz guerrillera. En una escaramuza cayó prisionera cuando estaba embarazada, pero logró escapar y, tras vagar varios días por la selva, entró en contacto con su grupo. Garibaldi educó su instinto político, y la transformó en un personaje tan relevante que en Roma, ya desparecidos ambos, se erigieron dos estatuas ecuestres en la colina de Janículo, muy cerca de donde Simón Bolívar había jurado que liberaría las colonias americanas del yugo español.

Juana Rosa rompe su silencio.

–¿Quieres, ama, que vaya a buscar a la Morito?

–Deja, ya vendrá, pero tenemos que ver si queda tela para las flores. ¿Qué te estaba diciendo? Te preguntaba, pero qué sabrás tú, cómo me iba a tratar la historia. Se lo dije bien claro al general Flores, en la carta que le envié desde Jamaica, después de haber sido expulsada de Colombia: "¡El tiempo me justificará!". Sí, la historia me va a justificar. Siempre fui fiel al Libertador, le amé y veneré los dos mil ochocientos días –los he contado muchas veces– que transcurrieron, desde el radiante 16 de junio de 1822 en Quito, hasta la sombría mañana del 8 de mayo de 1830 en Bogotá. He sido adúltera, pero lo fui por amor. No me casé con el inglés enamorada. ¿Cómo podría yo enamorarme de un hombre tan frío, tan insensible, tan calculador? No, mil veces no. En su testamento, según me dijeron, dejaba mandado que se me entregaran los ocho mil pesos oro que mi padre le dio como dote, pero a mí las trampas de los que manejan la justicia no me iban a humillar y desistí de cobrarlos. ¿Quién iba a decirme que, años después, yo viviría en esta costa que me pareció horrible cuando la vi desde el barco que nos llevaba a Lima? Llevábamos navegando un par de días y le pregunté al capitán cuándo veríamos la costa peruana. Me contestó con una sonrisa: "Cuando no vea árboles, ni verde, solo arena a lo largo de mil kilómetros, estamos en Perú".

En Paita, de septiembre de 1853 a mayo de 1855, vivió desterrado el ecuatoriano Gabriel García Moreno, uno de los tiranos más sanguinarios del siglo XIX americano; obligaba a comer excrementos humanos a sus enemigos y después, con el impasible fanatismo de su fundamentalismo religioso, los ordenaba asesinar. Fue un criminal execrable, pero la Iglesia católica lo erigió como uno de sus baluartes. Después de su muerte en un sangriento atentado, el jesuita Severo Gómez Jurado compuso una biografía del dictador en ocho tomos, sin que le temblara la pluma, y en ella escribió: "A juicio de buen número de católicos y liberales americanos, el Libertador ha sido el mayor hombre de su continente. Mas no está de acuerdo este parecer con el de muchos católicos de América, y sobre todo de Europa. Según estos, aquella primacía corresponde al héroe de aqueste libro: a García Moreno". Tan ciega estaba la Iglesia que algunos religiosos pretendieron iniciar el proceso de canonización. Y ante ese desafuero, el escritor ecuatoriano Juan Montalvo, quien declaró que su pluma había matado a García Moreno, reprendió el intento con estas palabras: "¿Qué dirá la Santa Sede cuando se vea al lado del cadalso a Pío IX armado de lanza bebedora de sangre?".

Para Juan Montalvo, Manuela Sáenz fue un personaje sin interés. Las escritoras ecuatorianas María Mogollón y Ximena Narváez, que han seguido minuciosamente la pista de Manuela Sáenz en la historia de Ecuador, afirman que Montalvo alude a la amante de Bolívar solo en un párrafo de su prestigiosa obra. En su alabanza de las mujeres de Quito en *La Quiteña*, escribe: "Es sabido que Bolívar a Quito vino a buscar a la amazona que le salvó la vida cubriéndole con el escudo de Palas, esa mujer tan fiera como hermosa a quien el Genio del Nuevo Mundo amó como Aquiles a la belleza de Esciros". Un vehemente elogio, silenciando el nombre.

En los arenales de Paita, el tirano García Moreno, siempre vestido de negro, pasó su destierro jugando al ajedrez y conspirando en los círculos políticos ecuatorianos con una intensa actividad epistolar. La historia ha registrado, de la relación con su vecina Manuela Sáenz, algunas referencias epistolares que evidencian por su parte una cálida amistad, lo que no deja de presentar alguna paradoja, dado el carácter de la desterrada quiteña.

Escribe García Moreno en una carta a su familia: "Doña Manuela Sáenz se ha portado muy bien"; y en otra: "Ha caído enferma, con un fuerte catarro y calentura. Cualquier enfermedad me parece grave en esta buena señora, por su constitución excesivamente sanguínea y su extremada gordura. Muy expuesta la veo a un ataque cerebral". Y con fecha del 29 de octubre de 1853: "No salgo sino para hacer ejercicio y visitar a la excelente paisa doña Manuela Sáenz, de quien soy amigo de toda confianza y de quien recibo cada día nuevas finezas".

No había sido un capricho que Pizarro estableciera en Paita el primer asentamiento español en tierras peruanas, ni que en los siglos siguientes llegara a ser puerto seguro y el más codiciado para los saqueos de los piratas que navegaban por sus mares. Pasada la costa tropical de Ecuador, y ante el desolado litoral de más de mil kilómetros que se abría para llegar a Lima, Paita era la bahía mejor acondicionada como punto de avituallamiento. Desde que en 1532 Pizarro fundara San Francisco de Payta de Buena Esperanza –así se bautizó el puerto–, por ahí entraban las armas y los hombres a la conquista del Imperio inca, y por allí salía buena parte del oro peruano rumbo a Panamá y España. Por Paita pasaban los virreyes, camino de su residencia en Lima, lo que suponía una tentación para los piratas de esas costas. Más de diez veces fue atacada y destruida por los filibusteros, en su mayoría ingleses, cuyos nombres componen la lista más notable de la piratería mundial: Thomas Cavendish, Hawkins, Drake, Morgan, el holandés George Spilbergen, Guarlin, Eaton, Cowley, Wattid, Guillermo Dampier, Eduardo Davis, John Stron y Anson.

El 14 de noviembre de 1741, Anson arribó a la bahía de Paita con siete naves, más de mil hombres y doscientos cuarenta cañones; primero se hizo con un sustancioso botín, y luego no dejó piedra sobre piedra. Poco después, pasaron por el puerto dos ilustres científicos y marinos españoles, Jorge Juan y Antonio de Ulloa, en una expedición científica por tierras de la América hispana y en visita de "inspección" a los virreinatos. El informe de este periplo fue convenientemente archivado bajo secreto de Estado, pues dibujaba un panorama desolador de las colonias en lo político, militar, económico y moral.

David Barry se hizo en Madrid con una copia que publicaría en español en Londres, en 1826, bajo el título *Noticias secretas de América*. En el prólogo, el editor afirma: "Considerando el gobierno español que los abusos referidos aquí eran enormes, y que su publicación sería injuriosa al estado y denigrativa a la nación, determinó quedase este informe encerrado en los archivos, no queriendo, o no pudiendo reformar aquellos desórdenes, ni extinguir aquellos vicios que han producido la revolución de América, y la total ruina de España como lo estamos viendo hoy día". El gobierno de Madrid, según el editor, tenía otras razones para mantener oculto el informe: "La publicación de estas *Noticias secretas* habría sido perjudicial al estado, no habiendo duda de que, si los enemigos de España hubiesen sabido cómo se hallaban aquellas plazas y arsenales, podrían haberse apoderado de toda la costa del mar Pacífico en cualquier tiempo del siglo pasado".

Anson no había necesitado conocer el informe para tomar y destruir fácilmente Paita. Jorge Juan y Antonio de Ulloa lo vieron con claridad: "Este puerto no necesita para su defensa más que un pequeño fuerte como el que tenía, que monte de seis a ocho cañones, y las municiones correspondientes, y armas de mano para que la gente que habita en él lo defienda cuando sea atacado de enemigos; pues como se ha dicho tratando del estado de las plazas de armas, el haberlo tomado los ingleses el año de 1741, fue porque carecía enteramente de armas y municiones con que poder jugar la artillería del fuerte". Describen el puerto como "una rada abierta con buen fondeadero y abrigada de los vientos sures […] los navíos grandes quedan como a un cuarto de legua apartados de la población. A este puerto llegan todos los navíos que hacen viaje de Panamá a El Callao, ya sea en armada de galones, o en cualquier otro tiempo. Allí descargan todo lo que consiste en mercancías que puedan averiarse en la mar, para que vayan por tierra a Lima; y solo los artículos de mucho volumen o muy pesados quedan a bordo para llevarlos en los mismos navíos a El Callao". Y respecto a la población, afirman: "Consiste de una calle algo larga, la cual se compone de ranchos de cañas, que hay del uno y el otro lado, y en ellos habitan indios, mestizos y algunos mulatos y antes de que el almirante Anson la destruyese, solo tenía una casa formal hecha de cantería". Como en la época en que vivía en Paita Manuela Sáenz, la población carecía de agua potable. Dice el informe: "Se suple de la que necesita de un pueblo nombrado Colán que está en la misma ensenada a cuatro leguas de Paita, situado en la desembocadura del río de la Chira […]. Los indios vecinos de este pueblo de Colán están obligados a llevar a Paita todos los días una balsa cargada de agua; y teniendo el vecindario hecha asignación de una porción de ella, se reparte a cada uno pagando un tanto por botija según está arreglado. Los navíos que necesitan reemplazar su aguada, hacen ajustes con los indios de Colán para que los provean de la que necesitan. La falta de agua en Paita para poder regar y la singularidad de no llover allí nunca, o rara vez por ser ya país del Valles, es causa de que su territorio sea árido y estéril, y que se provea así como de agua, de verduras y carnes del mismo pueblo de Colán o de Amotape". En el informe se indica que en Paita "hay pescados con mucha abundancia y muy sabrosos; entre estos es grande la cantidad de tollos [tiburones de mediano tamaño] que se pesca por cierto tiempo, y lo mismo en toda aquella costa".

La arena de Paita producirá también impresión en otro hombre de ciencia, el francés René Primevere Lesson, cirujano, naturalista y botánico, que arriba a la bahía en 1824 con la corbeta *Coquille*, en un viaje científico alrededor del mundo iniciado en 1822 y que acabaría en 1825 con la bodegas del navío a rebosar de plantas, insectos y animales, muchos desconocidos hasta entonces. Su descripción de Paita es breve: cabañas de caña brava unidas con barro de arena arcillosa, ausencia de muebles en las viviendas, el aire filtrándose por los incontables resquicios de las paredes endebles. Más que el paisaje monótono, la escasez de comodidades y la aburrida vida de sus habitantes, a Lesson le interesan los animales y las plantas. Y especialmente el cóndor andino, del que dejó una descripción científica que se hizo clásica en su tiempo.

Paita también aparece en la literatura política de las batallas por la independencia, citada en las memorias del general John Miller, uno de los tantos oficiales ingleses que lucharon en los ejércitos libertadores. Por él sabemos que la ciudad era conocida en la época como "la pequeña Jamaica", y que a sus aguas llegó la escuadra al mando del lord Cochrane, el 23 de abril de 1819. Escribe el general inglés:

> Este pueblo está situado sobre una hermosa bahía, pero dista ocho o nueve millas del manantial de agua más inmediato, de donde la traen a lomo en barriles, y la venden en el mercado por la mañana a cuatro reales de vellón la carga. Payta dista catorce leguas de Piura, primer pueblo que fundó Pizarro en el Perú, y al cual sirve de puerto. Las mejores mulas de Perú se crían en Piura. Payta tenía cuatro mil habitantes, los cuales

abandonaron la ciudad cuando su guarnición de cien hombres se retiró precipitadamente al desembarcar el capitán Foster con ciento veinte, y fue entregada al saqueo. La goleta que apresaron en la bahía la cargaron con artillería que cogieron, cacao y licores.

Los años inmediatamente posteriores a la independencia van a ver un cierto resurgir de Paita. La queja de Manuela Sáenz a poco de llegar a su lugar de destierro ("Nunca sucede nada en este miserable puerto"), va a trocarse en inusitada actividad a causa de la pesca de ballenas. En poco tiempo, Paita se convierte en el caladero de decenas de barcos balleneros que faenan por todo lo ancho del Pacífico sur, sobre todo los de bandera de Estados Unidos de Norteamérica, recientemente independizado. Tal es la afluencia que, hacia 1837, Estados Unidos abre en Paita un consulado, haciéndose cargo de la delegación Alejandro Ruden, quien a mediados de 1839 se va a convertir, casi irremediablemente, en protector y ángel guardián de Manuela Sáenz. En una carta al general Flores, fechada el 30 de enero de 1842, se ve la descarnada e hiriente angustia de Manuela, a quien debió de costar sangre escribir este párrafo: "Estoy miserable como jamás lo creía y a veces me dan ganas de darme un balazo".

A pesar de la ayuda que le presta Ruden, que la utiliza como traductora de documentos del español al inglés –idioma que había aprendido tras su boda con James Thorne–, y de haberla tenido alojada en su casa, la situación de Manuela no mejoró en lo sustancial. El 29 de noviembre de 1847, mediante un poder que otorga en Lima a su abogado, Cayetano Freire, se expide un *Expediente Judicial de Declaración de Pobreza*, en el que el letrado declara:

> Mi representante reside en Paita en el estado más miserable de pobreza, sin tener de qué vivir y habitando en una desdichada buhardilla, incrustada en la miseria [...]. Si doña Manuela tuviese propiedad suya, no se encontraría hoy en Paita, viviendo en una buhardilla miserable, tirada en una hamaca sin poder moverse por tener dislocado un hueso del pernil; no tendría

necesidad de ser alimentada y vestida a expensas de la piedad de sus amigos; porque esta humillación no la soporta la persona que no tiene de qué subsistir, ni menos la toleraría mi representada en su extrema delicadeza, ni tampoco habría personas que le prestasen sus auxilios en semejante caso.

La descripción es verdadera, pero faltaba consignar, para completar la historia, que dos años después de haber llegado a Paita, expulsada por el presidente Rocafuerte, el Congreso de Ecuador aprobó que la exiliada podía volver al suelo patrio. Pero ni el Congreso, ni el general Flores, que volvía a ser presidente y comunicó la noticia a la desterrada, contaban con el orgullo, que lindaba con la soberbia, de Manuela Sáenz, quien en aquella mísera casa de la polvorienta Paita en la que vivía con estrecheces, junto a sus esclavas, eligió la pobreza antes que la humillación. Cuando Santander la desterró de Colombia, tuvieron que arrastrarla a la fuerza de Bogotá a Cartagena, donde la metieron en un maloliente calabozo hasta que un barco se la llevó a Jamaica.

–Al general Santander, Juana, le debemos nuestras mayores desgracias.

–Hombre malo, menos para la Nathán, que gracias a él se quedó en los brazos de un negro.

–¡Juana, no seas descarada! Santander me maltrató, pero se portó peor con Bolívar. Además de la envidia, le guiaba la codicia. Bolívar tenía una inmensa fortuna cuando empezó la guerra contra España y se la gastó en los años de lucha, hasta el extremo de morir sin nada, como sabe todo el mundo. Con su dinero se pagaba a los soldados y se compraron fusiles, municiones y uniformes. Y murió en una casa ajena porque ni propia tenía. A su fiel criado, José Palacios, le oí contar que después de la batalla de Boyacá, Bolívar ofreció una cena a las autoridades de Bogotá. Un coronel inglés lo saludó, y Bolívar vio que el invitado llevaba la camisa sucia; el inglés se percató del gesto del Libertador, y le dijo que era la única camisa que tenía. Bolívar llamó a su mayordomo y le ordenó que diera una de sus camisas al coronel, y como el mayordomo se quedase allí, plantado, sin decir nada, Bolívar insistió, y al hombre no le quedó más remedio que confesar: "Es que su excelencia –dijo–, solo tiene dos camisas, una la lleva puesta y la otra la están lavando".

–¿Su excelencia solo tenía dos camisas, amita?

–En aquel momento sí, eso decía Palacios; el guardarropa del Libertador se había quedado en algún camino. Qué curioso lo de las camisas... Después de su muerte, Luis Perú de la Croix me contó que, cuando el doctor Reverend hizo la autopsia y embalsamó el cadáver de Bolívar, nadie se atrevía a vestirlo y tuvo que hacerlo él. En la ropa que llevaron para vestir con decencia el cadáver, había una camisa rota y al doctor le pareció irreverente ponerle aquella prenda estropeada al Libertador de las Américas. Pidió que le trajesen una camisa más decente, pero no encontraron ninguna; el general Laurencio Silva buscó en todos los armarios de la casa hasta que dio con una de holán de batista, rica de encajes, amarillenta por el paso de los años, que había pertenecido al cacique indígena de Mamatoco, que la llevó puesta cuando fue condecorado por el general español Morillo. Y mira qué ironía, Juana, a Simón Bolívar le había salvado una vez la vida un español, cuando querían enviarlo a España a morir en cualquier cárcel horrible, y moriría en la casa de un hidalgo español, y a la tumba llevó una camisa en la que había colgado una condecoración española. Algo debía de ocurrir con las camisas del Libertador. Luis Perú me dijo que, después de su muerte, encontraron colchas, pantalones, manteles, pero ni una camisa.

–¿Y su excelencia, amita, también murió confesado?

–¡Qué pregunta! Perú de la Croix me dijo que sí, y él estaba allí, pero yo no sé. Algunos no lo creyeron, no podían imaginar a Bolívar de rodillas delante de un cura. O'Leary, que era muy católico, decía a sus espaldas que Bolívar era un completo ateo. O'Leary nunca creyó que muriera confesado, y si lo hizo fue sin ninguna fe. En su testamento se declaraba hijo de la Iglesia católica y creyente de sus misterios, pero eso son formalidades, palabras huecas y engañosas. Cuando se le oía hablar de esas cosas, me parecía que creía en Dios o en algo parecido a Dios, pero no en la Iglesia ni en los sacerdotes, que fueron sus enemigos declarados y lo excomulgaron, aunque él se burlaba de la excomunión. Se arrepintió de no haber pasado a alguno de ellos por las armas. Alguna vez le oí contar que, en Roma, siendo muy joven, fue a ver al papa Pío VII, pero se negó a besarle las sandalias y se organizó un gran escándalo en el Vaticano. También dejó de creer en la masonería. Le oí decir que, estando en Caracas, por el año 27, se celebró una misa en la catedral en honor de la Santísima Trinidad, de la que su familia era muy devota y por eso le bautizaron Simón José Antonio de la Santísima Trinidad. Dijo el sermón un orador muy renombrado de Caracas y no se le ocurrió otra cosa que afirmar que Bolívar, allí presente, representaba ni más ni menos que la Trinidad, pues era el padre de la patria, el hijo de la gloria y el espíritu de la libertad. Pero no pudo continuar, pues el obispo empezó a tocar una campanilla, y se decía que después se puso muy bravo con el orador, al que prohibió predicar un tiempo y publicar sus homilías. Yo no sé si el Libertador se confesó antes de morir; mucha gente lo niega de plano. Lo que sí es cierto es lo de la camisa. La dejó en la casa del señor de Mier. El godo Morillo había puesto en ella una condecoración española y le daría vergüenza ponerse esa camisa ante su pueblo. Así que allí la dejó.

–¡Con los uniformes tan lujosos que tenía su excelencia, amita! Y tú, con aquellos vestidos tan lindos, que parecías talmente como dicen que se visten las reinas allá en España.

–¡Pues mira cómo son las cosas! Aunque es curioso, a veces me río al pensarlo. ¿Sabes tú cómo recuerdo más al Libertador? Pues tumbado desnudo en su hamaca. Era lo primero que hacía Palacios al llegar, colgar la hamaca de Bolívar, una hamaca bien ancha, de esas que hacen en Venezuela, y él, que no tenía el cuerpo muy grande, se acurrucaba en ella, como en un nido de tela. Y ahí comía, cantaba, silbaba marchas militares, dormía, me acariciaba, los dos mecidos suavemente, en los atardeceres tibios en la Magdalena. Y dictaba cartas, proclamas, discursos. ¡No he visto a nadie escribir más que el Libertador! Cansaba a una legión de escribientes. El general Sucre también escribía mucho, ¡la de resmas de papel que no consumiría aquel hombre! Pero no se puede comparar con Bolívar. O'Leary decía que Bolívar habría escrito en su vida más de diez mil documentos, sobre todo cartas, ¡la de cartas que escribiría! Bueno, que dictaría. ¡Ay, Santana, mi amigo del alma! Fue el secretario más fiel que tuvo Bolívar: ni de su boca ni de su pluma se escapaba nada, era una auténtica tumba, aunque a mí a veces, pues sé que me quería mucho, me escribía alguna cartita para decirme dónde estaba el Libertador o qué hacía, cuando él no me escribía o estaba bravo conmigo. Bolívar se equivocó alguna vez al juzgar a los hombres. Sí, Juana Rosa, su excelencia el Libertador erraba en ocasiones con los que le rodeaban; se equivocó con el general Santander, pues Bolívar fue quien le otorgó lo de hombre de la Ley, ¡que vaya acierto que tuvo!, y rectificó cuando ya era tarde. Y juzgó mal al general Córdoba, que al final le traicionó a él y a mí. Con Córdoba me desairó cuando lo del monigote de trapo de Santander. Y con su secretario Juan Santana le pasaba lo mismo. Decía que Santana era frío, que adolecía de indolencia moral, que era melancólico, misántropo, desaseado, cínico, y que amaba el dinero y le gustaba la buena mesa, que era un glotón insaciable. Me irritaba ese juicio de Bolívar, y cuando le respondía que por qué le mantenía de secretario, decía que Santana sabía guardar un secreto y que esa es la mejor cualidad de un secretario. Santana no solo sabía guardar los secretos, sino que era muy fiel. Pasaban horas los dos solos y eso tenía que tenerlo en cuenta. ¿Sabes, Juana?, al Libertador quisieron asesinarlo en muchas ocasiones, y algunas estuvieron cerca de conseguirlo. Estando Bolívar en Jamaica, alguien del lado de los españoles sobornó a un criado de Bolívar que le decían Pío o Piíto, y en la oscuridad de la noche se acercó a la hamaca del Libertador, pero en la hamaca estaba su amigo Félix Amestoy, que murió de dos puñaladas. ¡Había que tener cuidado con la gente que rodeaba a Bolívar! Luego se supo que los instigadores prometían cinco mil pesos a quien matara a Bolívar, y fue Pío, uno de los dos ayudantes de José Palacios, cegado por la recompensa que lo llevaría al cadalso.

–¡Pobre de mi señor!

–Te estaba diciendo que el Libertador se fue a la tumba con una camisa que no era suya, pero lo de las camisas y Bolívar parecía de broma. José María Espinosa fue un pintor santafereño que hizo un gran retrato a Bolívar, y a mí una miniatura para un dije que nunca me gustó. Conoció a Bolívar tras el triunfo de la batalla de Boyacá.

Con un amigo salió a caballo al encuentro de los vencedores y se toparon con un jinete solitario, sobre un soberbio caballo; le confundieron con un godo, estaban a punto de atacarlo y el jinete les gritó: "No sean pendejos". Era Bolívar, que había dejado a sus edecanes y escoltas y volvía solo a Bogotá. Espinosa contaba que el general victorioso vestía un uniforme de grana roto, lleno de manchas, y la casaca pegada a las mismas carnes, pues no llevaba camisa y parecía que no se había cambiado en un año, y tuvieron que mandar a un propio a la calle Real de Bogotá a comprar fiadas unas camisas, porque dinero tampoco había. El cruel virrey Sámano, en su rápida huida, había dejado medio millón de pesos en las arcas del palacio, pero logró llevarse grandes cantidades de plata y de oro. Años después, cuando yo llegué a Bogotá, aún se contaba un sucedido muy chusco: el día de la derrota de Boyacá, los oficiales requisaron animales de carga para sacar sus pertenencias y tesoros. Entre los animales había cuatro asnos, sobre los que cargaron grandes cantidades de oro, pero al llegar la noche, los asnos, por instinto, tomaron el camino de la casa de su dueño, que se despertó con gran sorpresa al ver que no solo no había perdido sus animales, sino que volvían cargados con buenas onzas de oro. ¿Quién podía reclamarlas si el vil Sámano andaba huyendo aterrorizado? Pero te estaba diciendo que, según contaba el pintor Espinosa, cuando el Libertador entró triunfante en Bogotá el 10 de agosto de 1819, ya no era el Bolívar andrajoso que había encontrado, sino que vestía un elegante traje color grana, con pluma blanca en el morrión y una fina camisa de holán. ¡Cómo le gustaban a Bolívar las entradas triunfales! En ellas siempre conseguía alguna presa, ¡que me lo digan a mí! En el círculo más íntimo de Bolívar se rumoreaba que una de sus primeras amantes, la señorita Pepa, había caído en sus brazos cuando Bolívar entró en Caracas el 4 de agosto de 1813. ¿Qué mujer se podía resistir ante aquel héroe? Los bochinches decían que la señorita Pepa ejercía gran influencia en Bolívar, y que sus protegidos ocupaban los puestos más lucrativos de la República, o sea lo mismo que dijeron de mí después, cuando caí en los brazos de Bolívar en su entrada en Quito, y también de mi tocaya, la Madroño, la peruanita que le puso la corona de oro en la entrada triunfal en Huailas.

–¿Y cuando entró en Bogotá, mi amita?

–Ah, en Bogotá, ¡cómo no! ¡La de veces que oí hablar de la señora Bernardina Ibáñez! Había formado parte del cortejo de jóvenes que recibía a Bolívar arrojándole rosas. Yo la conocí años más tarde, cuando ya no era tan joven, pero se veía que había sido una hermosa mujer y no me extraña que Bolívar hubiera puesto los ojos en ella, y que le pidiera matrimonio en varias ocasiones, es decir, que iba de veras, pero ella lo rechazó como marido... A mí nunca me propuso matrimonio, quizá, quiero pensarlo así, porque ya estaba casada. ¡Ay, la Ibáñez, lo enredosa que es la vida! Tenía una hermana llamada Nicolasa, casada con un realista tenaz, a quien Bolívar sacó de la cárcel para que pudiera casarse. El hombre se quedó ciego, y de Nicolasa se enamoró el general Santander. Sí, Juana, el mismo que no se cansaba de maldecirme por mi adulterio y decía que mi presencia manchaba la República. Se echó una querida con dos hijos y el marido ciego. ¿Eso no mancha la República? Y, por si fuera poco, en casa de la señora Nicolasa se reunían los desafectos para conspirar contra el Libertador; allí se fraguó lo de la infausta noche. La señora Bernardina terminó casada, después de tener una hija con otro amante, con el señor Florentino González, que se conjuró para asesinar a Bolívar, pero a mí me había tratado con consideración, y por ello le rogué al Libertador que no lo condenara a muerte. También Nicolasa le suplicó a Bolívar que no ejecutaran a Santander, y le cambiaron la pena de muerte por el destierro. Qué chistoso, Juana Rosa, las adúlteras salvando vidas. ¿Por qué te cuento estas historias? Ah, por las camisas de Bolívar.

–Su excelencia era muy elegante.

–Sí, nada molestaba más a Bolívar que la suciedad y el desarreglo. Le encantaban los buenos uniformes. A mí me cautivaba vestido con aquella casaca de paño negro, que llamaban de cola de pajarito, y un calzón de cambrún blanco, corbatín negro y las lustrosas botas de caballería. Había que verle saliendo de campaña, empuñando una lanza ligera con una banderola negra bordada con una calavera y unos huesos y la divisa "Libertad o muerte". ¡Parece que le estoy viendo! Cuando llegó a Lima en el año 23, los peruanos se dieron cuenta de los gustos de mi señor y, tras la gran victoria de Ayacucho, la municipalidad de Lima le hizo regalos fastuosos. Recuerdo un cinturón bordado en oro con varias hebillas de oro macizo, un calzón de hilo de oro con una docena de botones también de oro macizo, una casaca de paño azul, igualmente bordada. Pero todo eso, con ser espléndido, no se podía comparar a la espada que le ofrecieron, con un cinturón que tenía 1.433 brillantes y la vaina de oro macizo, que pesaba casi setenta onzas. En todas las Américas no había otra joya igual.

–¿Y dónde está esa espada ahora, niña Manuela?

–No lo sé, ¡cuántas veces tuve esa espada en mis manos! Antes de que el general Santander nos sacara de Bogotá, me contaron que la tenía la señora Juana Bolívar, la hermana del Libertador; no sé si la seguirá teniendo la familia. Bolívar tuvo varias espadas, cinco o seis, y algunas las regaló, una al traidor de Páez, en mala hora, ¡regalarle una espada a ese demonio! Bolívar creía que así irían mejor sus relaciones, pero fueron a peor; al recibir el regalo dijo que la voluntad de Bolívar dirigiría la espada y que su brazo la movería. ¡Bien que la movió para separar Venezuela de la gran Colombia! Pero te estaba diciendo que no había ninguna espada como la que le regalaron a Bolívar en Lima. Había sido forjada por un orfebre muy famoso, y estaba tasada en 25.000 pesos, que entonces era un auténtico platal. Espero que haya tenido mejor destino que aquellos botones de oro del Libertador! ¿Sabes, Juana Rosa?, un día se presentó en La Magdalena una india que quería ver al Libertador, y tanto insistió que la llevaron a su presencia. Le ofreció unos botones de oro macizo y, como buena indita, le dijo que el único mérito que tenían era que estaban hechos con el oro de unas pulseras que una india enamorada le había regalado a Atahualpa. ¡Vete a saber cómo sería aquella historia! Bolívar mandó que cosieran esos botones en la casaca azul que se ponía cuando recibía visitas. La Croix me dijo que, encima de la camisa del cacique, vistieron su cadáver con esa casaca, pero le arrancaron los botones de oro.

–Tenía mucho oro en la espada, en los botones.

–¿Sí?, pues escucha, Juana Rosa. El Congreso de la República de Perú le entregó a Bolívar un millón de pesos, pero el Libertador lo rehusó. El Congreso no aceptó la renuncia y ahí quedó el asunto, pues Bolívar nunca utilizó ese dinero. Aquí alguien me contó que, después de muerto el Libertador, la familia de Bolívar recibió el dinero. Tenía un millón de pesos y murió pobre. ¿Sabes, Juana, cuanto dinero llevaba el 8 de mayo, cuando abandonó Bogotá? Pues diecisiete mil pesos, dos mil quinientos conseguidos con la venta de la vajilla de plata que le había hecho el famoso platero Matajudíos, al que encargó que me hiciera unos aretes con esmeraldas, bien valiosos, a mí, que no me gustan las esmeraldas, y le costaron al Libertador ocho castellanos de oro... Y el resto, hasta completar los diecisiete mil pesos, por la venta de algunos caballos y alhajas; en fin, lo que le quedaba. Y mientras, ¿qué hacía Santander? Cuando empezó la guerra, Santander no tenía un peso, y murió en posesión de una de las mayores fortunas de la república. ¿Cómo lo consiguió? Ya he dicho que le guiaba la codicia y utilizaba el dinero de la República en su propio beneficio, sin ningún escrúpulo, era un desvergonzado. Expulsamos de América a los virreyes españoles, que derrochaban nuestras riquezas, ¿para qué? ¿Para que los presidentes de la República pudieran robar? ¿Para eso había hecho Bolívar la revolución? Tal indignación provocó la actuación de Santander que, tragándose su soberbia, se vio obligado a dar explicaciones sobre el origen del dinero acumulado en unas memorias que publicó en 1837 y que no convencieron a nadie. Explicaba allí que, debido a los cargos que había ejercido desde 1819, poseía una buena fortuna, pues los sueldos que había recibido eran considerables. Pero, ¿qué pasó con la hacienda Hatogrande? Pertenecía a un clérigo español llamado Bujanda, que fue desterrado de Bogotá y murió en los Llanos de Casanare; la hacienda, evaluada en más de cien mil pesos, fue adjudicada a Santander. Mientra él se hacía rico, Bolívar moría en la pobreza. Santander y los suyos han tratado de humillarme y vilipendiarme, pero yo tengo memoria. He conservado las cartas y papeles que le enviaba al Libertador, y en ellas Santander, ¡el hombre de la Ley!, que ya se enriquecía con el dinero de la República, le comunicaba a Bolívar la muerte de la viuda de don Camilo Torres, el insigne patriota que encendió la mecha de la revolución con su memorial de agravios contra España. Esa carta es un monumento a la codicia.

Santander le proponía que de los mil pesos que Bolívar asignaba a la viuda, los repartiera en adelante dándole trescientos a la viuda del insigne Caldas, que estaba casi pereciendo de necesidad, otros trescientos cincuenta a la viuda de Vásquez, cuyo marido había sido colgado en el patíbulo por los realistas, y otros trescientos cincuenta a la viuda de Castillo. ¡Qué generosidad con el dinero ajeno, qué magnánimo... qué hombre tan ruin y miserable! Mientras él repartía así el dinero de Bolívar, concedía una pensión de doce pesos, ¡doce pesos!, a la viuda de Gutiérrez de Caviedes. Pero no solo anidaba la codicia en su corazón, también la cobardía. No sé qué alegó para no ir a luchar en Venezuela al lado de Bolívar. ¡Y ese era el hombre de la Ley! Tardó mucho el Libertador en afearle su perfidia, en perder su confianza y retirarle el título de amigo. ¿Y sabes otra cosa, Juana? Esos chismes de que Bolívar quería ser emperador salían del entorno de Santander, y así no solo le desacreditaban, sino que ellos se ponían de salvadores de la patria al oponerse a los sueños locos del Libertador.

–Sí, mi amita, yo oía en la calle que su excelencia estaba algo loco.

–¿Loco? No he conocido hombre más cuerdo. Escúchame, Juana Rosa, muchas de las mentiras sobre Bolívar que oías en la calle eran bochinches del periodicucho *El Conductor*, pagado con fondos públicos, para más vergüenza, dirigido por uno de los hombres más canallas que he conocido, Vicente Azuero, y allí escribía Santander con el seudónimo "Pelópidas". ¡Bien que se burló mi amigo O'Leary de Azuero y de Santander! Ya decía Bolívar que la pluma de O'Leary destilaba hiel contra sus ofensores. Era un irlandés honrado y un hombre muy religioso. Siempre sospeché que desaprobaba mi relación con el Libertador, pero nunca dijo nada, y me trataba con mucho respeto, pero ay cuando se enojaba... En el año 27 Bolívar presentó su renuncia a la presidencia, y en *El Conductor* propusieron nombres que, según ellos, eran más dignos que el Libertador para ocupar la presidencia. ¡Con qué burla e ironía demostró O'Leary lo pendejos que eran! Escribió "Veinticuatro razones por las que se debe admitir la renuncia del general Bolívar a la presidencia de la República". Llegué a sabérmelas todas de corrido. Afirmaba que debía ser aceptada porque, en la revolución en Venezuela, Bolívar dejó las comodidades de la riqueza para servir a su patria; que, encargado de una importante comisión con el gobierno de Inglaterra, la desempeñó satisfactoriamente a su propia costa; que cuando Venezuela vivía subyugada se trasladó a Cartagena y con su pluma y su espada contribuyó a la independencia; que destruyó el ejército enemigo y liberó Venezuela; que en 1814 mereció el título de Pacificador de Nueva Granada; que se enfrentó al general Morillo y desbarató parte de su ejército; que en 1819 liberó la mayor parte de Nueva Granada; que en 1821 renunció a su sueldo en el Congreso de Cúcuta, dando prueba de su desinterés; que en el mismo año destruyó el ejército español en la batalla de Carabobo; que en 1825 creó la República de Bolivia... O'Leary concluía diciendo que, ya que *El Conductor* había propuesto a generales con más méritos y servicios a Colombia y al género humano, la renuncia de Bolívar a la presidencia debía ser aceptada. En tal ridículo quedaron el periodicucho, y sobre todo Azuero y Santander, que los colombianos no pararon de reír en mucho tiempo. Bolívar fue elegido presidente y lo primero que hizo fue cerrar *El Conductor*, de donde Azuero se sacaba una buena renta.

–Pero mucha gente se creía lo que decían esos dos hombres, mi amita.

–Que lo creyeran es una cosa y otra que fuera verdad. ¿Era Bolívar traidor a los ideales republicanos? ¿Acaso su política se basaba en los fusiles y en Colombia mandaban los militares venezolanos, como afirmaba Mariano Ospina, que también decía que yo mancillaba la República? El Libertador quería crear la gran Colombia, con Venezuela, Ecuador y la Nueva Granada en una sola nación, para contrarrestar el poder en el norte de América, con las colonias inglesas integradas en Estados Unidos y México, y en el sur los extensos territorios del río de la Plata. ¿No era mejor que hubiera, en medio, una gran Colombia poderosa militar, política y económicamente, y no tres países independientes, pero débiles? ¡Y las mentiras de Ospina! Ese hombre respiraba por la boca de Santander. Bolívar se dio cuenta, ¡yo se lo había dicho mil veces!, de que Santander dirigía los disturbios y excitaba el odio contra los venezolanos. El Libertador decía que en la República había menos servidores públicos venezolanos que granadinos y si había más militares venezolanos era porque se lo habían ganado en el campo de batalla. Sucre y Flores eran venezolanos. El genio militar era más común en los venezolanos. Bolívar no se recataba en afirmar que, de los generales de división granadinos, el único militar con auténtico valor era Córdoba, extraordinario en el campo de batalla, pero fue un peligro para él, ¡y qué peligro!

–Con lo guapo y gentil que era...

–¡Rosa! ¿No has oído hablar de Antonio Ricaurte? Era un oficial del ejército colombiano. En las crónicas de la independencia figura como el héroe que se hizo volar con un barril de pólvora para salvar la vida de sus compañeros en la batalla de San Mateo, en el año 14. ¡Patrañas! Perú de la Croix me dijo que Bolívar inventó el chisme del Ricaurte héroe; encontraron su cadáver en la bajada de San Mateo muerto de un balazo y un lanzazo, tendido de bruces, con la espalda quemada por el sol. Al Libertador se le ocurrió lo del barril de pólvora para levantar el entusiasmo de los soldados. ¡Y vaya si lo levantó! Pusieron en fuga al mismísimo Boves. Esa es la verdad y no otra, como también que Bolívar solo quería verdaderos valientes, fueran granadinos o venezolanos, para la gran Colombia. Quería crear un contrapeso, pero rompieron su gran sueño.

Sueños, sueños, sueños. Personajes invisibles y catastróficos del drama épico de la revolución americana, dientes afilados de una rueda de la fortuna antojadiza que zarandeará, que exaltará y humillará a generales victoriosos con ansias insaciables de poder, a caudillos desaforados cuya conciencia encallecida con los horrores de la guerra no se inmuta por un crimen, a héroes dispuestos a verter su sangre joven, a guerreros furiosos que lucharán con honor y matarán con villanía.

III

Simón Bolívar, el Libertador, y Francisco de Paula Santander, el hombre de la Ley, van a esparcir la semilla de su discordia a lo ancho de los seis millones de kilómetros cuadrados del campo de operaciones de la gesta independentista. A la muerte de Bolívar, en 1830, el sueño de la gran Colombia saltará por los aires, y los caudillos que avizoran su oportunidad se llevarán su parte del león: el general Páez proclamará la independencia de Venezuela, el general Flores de Ecuador y Santander de Colombia. El hombre de la acción, Bolívar, baja a la tumba rodeado de odio, y Santander, el hombre de la reflexión, gracias a una intrincada labor en la sombra, pondrá las bases de la libertad individual y la civilidad de la nueva nación, al socaire del militarismo del ambiente. Pero todo tiene su precio.

Manuela Sáenz se va a convertir en el espejo que refleja, engrandecidos y deformados, a los personajes del drama bolivariano, con sus vidas impulsadas por el poder, el dios de todas las revoluciones. No se necesita ninguna bruja que, como a Macbeth, incite el corazón ambicioso a la traición. El escenario está colmado de generales con ínfulas de caudillo, no salidos de academias militares, sino curtidos a lomos de caballo en combates con la espada ensangrentada, feroces y nobles según la suerte, y arteros y taimados para conseguir sus sueños de gloria. La revolución de las colonias se sostenía por un principio primordial marcado a fuego: lograr la independencia. No tenían otro ideario. Solo la fe y el tesón de separarse de España.

En la historiografía mexicana circula la idea de que la conquista se consiguió gracias a los indios y que la independencia fue obra de los españoles. De no haber contado con los tlaxcaltecas, Hernán Cortés difícilmente hubiera podido penetrar en el corazón de Tenochtitlan. Sin el liderazgo de los criollos, la independencia se hubiera retrasado años.

Los historiadores más perspicaces han señalado que Bolívar era consciente de que el pueblo acogía con extrañeza la lucha revolucionaria, porque les faltaba una propuesta de nueva sociedad política y económica. A las masas se las utilizaba para los intereses independentistas de los criollos. La independencia, conseguida batalla tras batalla, territorio tras territorio, producía la necesidad del hombre providencial, del batallador, del líder: el caudillo. El caudillaje se incrustó en las nuevas naciones y perduraría hasta bien entrado el siglo xx.

Boussingault, que la conoció en sus mejores años, nos ha dejado una de las escasas descripciones de primera mano sobre Manuela Sáenz. El científico, metido a cronista, informaba así a su madre:

> Cuando la conocí parecía tener 29 o 30 años. Estaba entonces en todo el esplendor de su belleza no muy clásica: bella mujer, ligeramente rolliza, de ojos pardos, mirada indecisa, tez blanca sonrosada y cabellos negros. Su manera de ser era bien incomprensible; tan pronto hacía como una gran señora o como una ñapanga cualquiera. Bailaba con igual perfección el minué o la chabuca. Su conversación no tenía ningún interés, cuando se salía de los adornos galantes. Era burlona, pero carecía de gracia, ceceaba ligeramente con intención, como hacen las señoras de Ecuador. Tenía un secreto atractivo para hacerse adorar y el doctor Cheyne decía de ella "¡es una mujer de una configuración singular!", pero jamás le pude hacer explicar cómo estaba conformada.

Boussingault dejaría de ser él si no añadiera una apostilla:

> Manuelita siempre está visible. Lleva una bata de casa que no deja de tener sus atractivos. Con los brazos desnudos, cuida de no ocultarlos, se dedica a bordar, mostrando los dedos más finos del mundo. Charla un poco y fuma cigarrillos con gracia.

Su conducta a esta hora del día es recatada. Facilita noticias y agradece las que se le facilitan [...]. Por la noche Manuelita experimenta una metamorfosis. A mi juicio, suele estar bajo los efectos de unas cuantas copas de oporto, al que es muy aficionada. Desde luego, lleva afeites, está muy peinada y es muy animada y alegre, pero usa expresiones muy atrevidas.

Gran señora o ñapanga. Atractiva y sin interés en la conversación. Alegre y procaz de lengua. Sumamente caprichosa y antojadiza. En una carta a París, Boussingault describe los antojos de la Sáenz:

> Manuela adora a los animales. Tiene un osezno que es insoportable y que se ha hecho dueño de toda la casa. La detestable bestia juega con todos los visitantes, pero araña terriblemente si se le toca, o se agarra a las piernas de modo que es difícil desembarazarse de él. Una mañana hice una visita a Manuelita. Como no se había levantado todavía, tuve que ir a su dormitorio. Vi una escena terrible. El osezno se había echado sobre su ama y las horribles garras descansaban sobre los pechos de Manuelita. Al verme, Manuelita me habló con mucha calma: "Don Juan, vaya a la cocina y tráigame un tazón de leche. Este diabólico animal no va a soltarme". Fui a por leche. El animal soltó lentamente a Manuela y se fue a beber la leche. Después llamamos a Coxe, un inglés, encadenamos al osezno y lo llevamos entre gruñidos al patio. Luego, unos días después, Coxe lo ejecutó.

Y curiosa, liviana, provocativa. Boussingault escribe:

> Una tarde pasé por casa de Manuelita para recibir una carta de recomendación que me había prometido, dirigida a su hermano, el general Sáenz, quien residía en el Ecuador, a donde yo debía viajar. Se acababa de levantar de la mesa y me recibió en un pequeño salón y en el curso de la conversación elogió la habilidad de sus compatriotas quiteñas para el bordado y como prueba de ello se empeñó en enseñarme una camisa artísti-

camente trabajada. Entonces, sin más ni más y con la mayor naturalidad, tomó la camisa que tenía puesta y la levantó de manera que yo pudiese examinar la obra de sus amigas. ¡Desde luego fui obligado a ver algo más que la tela bordada! Y ella me dijo:

—Mire, don Juan, ¡cómo están hechas!

—Pero hechas en torno —contesté yo haciendo alusión a sus piernas.

La situación se estaba convirtiendo en un problema para mi pudor, cuando me sacó de peligro la entrada de Wills, a quien ella dijo sin desconcertarse:

—Muestro a don Juan bordados de Quito.

El poeta colombiano Próspero Pereira Gamba nos dejó en sus memorias un curioso contraste de la Manuela de belleza exuberante y la anciana a punto de morir. Pereira Gamba visitó de niño la quinta de Bolívar, en las faldas del Monserrate, en Bogotá. Escribió sobre esa visita: "Nos recibió una de las damas más hermosas que recuerdo haber visto en este tiempo: de rostro color de perla, ligeramente grueso y ovalado, de facciones salientes, todas bellas, ojos arrebatadores, donosísimo seno y amplia cabellera, suelta y húmeda como empapada en reciente baño, la cual ondulaba sobre la rica, odorante, vaporosa bata que cubría sus bien repartidas formas". Y en la visita en Paita, hacia 1856: "Me fue imposible reconocer en una viejecilla consunta, de aspecto septuagenario y cadavérico, ese dechado de hermosura que contemplé cuando era niño, y que me habló de Bogotá con algo de desabrimiento".

El escritor costumbrista bogotano Juan Francisco Ortiz también se ocupó, en sus *Reminiscencias*, de Manuela Sáenz:

Tendría cuando la conocí veinticuatro años: el cabello negro y ensortijado, los ojos también negros, atrevidos, brillantes; la tez, blanca como la leche, y encarnada como las rosas; la dentadura, bellísima, de estatura regular y de muy buenas formas; de extremada viveza; generosa con sus amigos; caritativa con los pobres; valerosa, sabía manejar la espada y la pistola; montaba muy bien a caballo, vestida de hombre, con pantalón rojo, ruana negra de terciopelo, y suelta la cabellera, cuyos rizos se desataban por sus espaldas debajo de un sombrerillo con plumas que hacía resaltar su figura encantadora. Era bella como Clorinda, guerrera como Herminia y hechicera como Arminda.

Viva y hábil con las pistolas. Hechicera y generosa. Atrevida y diestra con la espada. Caritativa con los pobres. El escribano Julián de Cubillas, en un escrito firmado en Lima el 26 de marzo de 1822, daba fe:

> Doña Manuela Sáenz de Tornet [*sic*], por sí y como apoderada general de don Jaime Tornet su legítimo marido, otorgaba carta de libertad graciosa a favor de Juana Rosa de edad de un año, su esclava, nacida bajo de su dominio, hija de María del Rosario asimismo su sierva, bautizada en el Sagrario de la iglesia mayor de esta Corte; cuya libertad graciosa le otorga en señal de amor que le profesa; y desde ahora para cuando salga de su minoridad, le confiere poder el necesario en derecho para que parezca en juicio, resida en las partes y lugares que le convengan, practique todos los actos y diligencias que ejecutan las personas libres desde su nacimiento y otorgue su testamento.

Juana Rosa, nacida esclava, nunca hizo uso de la libertad concedida por Manuela Sáenz. Estarían unidas hasta su muerte, con dos días de diferencia, en la arenosa Paita.

Y desinteresada. O'Leary, que la conoció bien, decía en una carta a un amigo:

> Doña Manuela era casada y su marido, Thorne, adoraba con frenesí a su infiel esposa, que para arrancarle ese amor violaba sus juramentos y cada día le daba nuevas pruebas de infidelidad; pero en vano, él cada día la amaba más; algunas de sus cartas son testimonio de su inextinguible pasión, que ni el tiem-

po pudo destruir. No hace mucho que murió dejándole cuanto poseía [error de O'Leary]. En sus cartas habla con frecuencia de sumas de dinero que le remitía, de 300 y más onzas algunas veces, y siempre quejándose de que ella no aceptaba sus regalos y de que nunca le pedía dinero. Ella es el ser más desinteresado que he conocido.

Las semillas de las discordias iban a resultar inmunes al tiempo. En 1940, al cumplirse el centenario de la muerte de Santander, uno de los más inclasificables intelectuales de Colombia, Fernando González Ochoa, conocido como "el filósofo de Otraparte", propuesto para el premio Nobel de literatura por Thornton Wilder y Jean-Paul Sartre, publica una ácida biografía con un retrato aterrador de Santander, a quien compara con una serpiente subiendo por el tronco de una ceiba. La ceiba es Bolívar. Escribe González, con su prosa sincopada:

Bolívar, seco, requemado, ojinegro, en llamas. Santander, adiposo, lanudo, ojillos grises y fríos. Aquel, en las vecindades del mar, tibios valles de Aragua, entre negros esclavos, a caballo, dominante; primas hermanas ardorosas, consumidas por el fuego, de esas de Caracas. Santander habita sobre el lomo andino, tierra de lana, cubierta; viejas beatas Colmenares, Conchas, Fortoules, Santanderes; y le educan curas, entre el seminario, lejos del mar, confesándose. Bolívar rico, libérrimo, buscándose a sí mismo en compañía del maestro casi de su misma edad. Este, sobrino de clérigo, pobre, pedigüeño, monago compungido y penitente, simulador. Al uno le repiten que todo el mundo lo tiene dentro de sí, que todo lo puede extraer de sí mismo. Al otro le enseñan la forma de proseguir, definir y terminar los juicios ejecutivos y ordinarios, tanto civiles como criminales. Bolívar, loco de libertad: el sábado se hizo para el hombre y no el hombre para el sábado; la libertad es para manifestarse. Santander, viejos juriconsultos, teólogos; el hombre se hizo para la forma. Al uno: loco es el que pretenda estorbar que nazcan las pasiones. Al otro: peca, pero confiésate. A Bolívar: acepta la muerte porque es necesidad. Al otro: Dios te juzgará... Santander, pedirlo todo con astucia; Bolívar, obtenerlo todo y darlo todo. Muere el uno rico, llorando, gritando, refregándose cordones de frailes. El Libertador se apaga desnudo y como un sonido.

No debió de quedar satisfecho con el esbozo del personaje de su inquina, porque en seguida afirma que "Santander tenía el alma fría y apuntaba para publicarlas las limosnas que daba". Y terminaba: "Su programa es aprovechar toda oportunidad para subir y enriquecerse de mando y dineros; su capacidad es el rápido conocimiento de los hombres; sus medios, simular y cubrirse de apariencias: pedir certificados, cartas, coleccionar las apariencias de las simulaciones. Sobre todo, fingir como propio el deseo latente en el alma de la multitud. El calculador está perfecto ya".

Aún faltaba completar el retrato. En 2009, Víctor Paz Otero publica *Las penumbras del general*, donde la conocida codicia de Santander se alía con la crueldad. La gloria de la batalla de Boyacá, en la que España perdió el virreinato de Nueva Granada, dos meses después tendría un ignominioso colofón protagonizado por Santander. El arrollador triunfo de los independentistas no solo puso en fuga al virrey Sámano, sino que en su huida de Bogotá dejaba en las arcas reales más de medio millón de pesos, y en los almacenes armas y pertrechos para dotar a un ejército.

El general Morillo, jefe de las fuerzas realistas, expresó muy gráficamente lo que supuso aquella batalla en una carta al ministro de la Guerra en España: "Bolívar, en un solo día, acaba con el fruto de cinco años de campaña y, en una sola batalla reconquista lo que las tropas del rey ganaron en muchos combates". La batalla de Boyacá no fue, sin embargo, especialmente sangrienta, aunque resultó decisiva en la guerra de Independencia y culminó una campaña de ochenta días que Bolívar había iniciado a finales del mes de mayo de 1819 desde Angostura, en Venezuela. Las fuerzas independentistas sumaban 2.850 hombres y las realistas 2.670, pero las bajas fueron casi insignificantes: trece muertos en las filas patriotas y cien en las españolas, más los mil seiscientos prisioneros que hizo el ejército bolivariano, entre ellos el jefe de las fuerzas realistas, general José María Barreiro, con treinta siete oficiales.

El 7 de agosto de 1819 acababan doscientos ochenta y un años y un día de dominación española, iniciada cuando Gonzalo Jiménez de Quesada clavó la bandera de España en aquel villorrio indígena de los Andes que luego se llamaría Santa Fe de Bogotá, de donde huiría despavorido hacia el río Magdalena el último virrey de Nueva Granada, Sámano, que dejó un legado de violencia y sevicias. Tras la batalla, Bolívar partió a Venezuela y en Bogotá quedó al mando de las tropas y administrando la victoria el general Santander, quien, según Paz Otero, resolvió "por su cuenta tomar una medida carnicera, violenta, asesina, que inscribiría su nombre en los anales de la crueldad". El general Barreiro y los oficiales estaban en prisión, a la espera de que el virrey Sámano resolviera la solicitud de canje formulada por Bolívar. Pero los planes de Santander eran otros, tal vez para demostrar su mando en la plaza. Así lo relata Paz Otero:

> Sus cálculos políticos [de Santander] le resultaron engañosos y retorcidos; y sus motivaciones personales y clandestinas no hicieron más que demostrarle que tenía el alma envenenada por antiguos y dolorosos rencores, que quería exorcizar mediante ese ritual de horror e infamia manifiesta. Supuso que se vengaría y se reivindicaría del infamante rumor que colectivamente lo señalaba como un militar cobarde, solo capaz de haber exhibido talento para diseñar sus fugas y sus retiradas. Creyó, con juvenil y turbulenta vanidad, que ejecutando prisioneros indefensos ganaría el respeto y tal vez hasta la admiración de quienes siempre lo consideraron como un hombre incapaz de realizar grandes acciones [...]. Imaginó que el general Bolívar –y él sabría cómo manejar el asunto– acabaría por aceptar lo que él hiciera, simplemente por su calidad de hecho consumado y porque además, ¿con qué autoridad moral podría el Libertador objetarlo, si él mismo había declarado y practicado la guerra a muerte y, en su pasado, los fusilamientos de prisioneros no eran precisamente la excepción?

Mientras el general Barreiro y los oficiales esperaban en prisión la resolución del canje, encomendado a tres frailes, Santander ya tiene decidido su trágico destino. Escribe Paz Otero:

> [Santander] trató de llenar su cabeza, atolondrada y efervescente, de toda clase de argumentos jurídicos, teológicos, militares, para tratar vanamente de justificar el crimen, el feroz crimen que se proponía. Trató de darse valor y enfriar aún más su sangre fría, en esas horas previas al espectáculo macabro que orquestó con sus enfermizos deseos, ese acto que cumpliría porque así se lo dictaba su enfermiza voluntad; ese acto que él, estúpidamente, creía podría cimentar su prestigio y su autoridad de gobernante [...]. El día escogido para la oscura y siniestra ceremonia fue el 11 de octubre de 1819. A las seis de la mañana, él personalmente dio orden de que sonasen músicas militares y de que todo el aparato militar se desplegase por la ciudad, convocando a los soñolientos santafereños a la gran ceremonia [...]. A las siete de la mañana, los prisioneros fueron avisados de lo que se había decidido y de lo que iba a sucederles; y ellos que creían que se les venía a confirmar que el canje había sido aceptado. Su estupor y su terror resultarían incontenibles. Se autorizó que unos frailes entrasen en prisión para socorrerles con los últimos auxilios espirituales.

Fue la única concesión humanitaria que se permitió Santander. Continúa Paz Otero:

> En su sabiduría patibularia había decidido que la ejecución se hiciera en pequeños grupos. Con esa misma sabiduría, supuso que así podían casi todos los prisioneros tener el privilegio de presenciar el espectáculo. Decidió también que no se colocarían patíbulos, sino que fuesen fusilados de pie y que no se les permitiese el uso de la venda en los ojos. Se escogieron como verdugos a soldados bisoños que, al desconocer el cabal uso de

las armas, provocaban múltiples y horribles heridas, que por supuesto se transmutaban en gritos lastimeros. A muchos de ellos hubo que ultimarlos a sablazos. Y crecían los ayes y se volvían más penetrantes los moribundos quejidos. "Más parecía una matanza de perros", anotó un testigo presencial.

El primero en ser pasado por las armas fue el general Barreiro, cuyo grito de "¡Viva España!" quedó apagado por el eco de las detonaciones. Los oficiales fueron fusilados de cuatro en cuatro y, para que sus gritos de exaltación no se oyeran, Santander, que contemplaba las ejecuciones tras los visillos de la ventana de su despacho, ordenó que una banda militar tocase música popular. El subteniente Bernardo Labrador –cuenta Paz Otero–, "después de que se le hicieron los disparos, por hecho inexplicable resultó ileso. Entonces solicitó la gracia que concedían las caballerosas leyes españolas en casos semejantes, es decir, la de no ser fusilado. Pero la gracia que le concedió la República liberal, gobernada por quien sería el hombre de la Ley, fue un bayonetazo en medio de su pecho. Y sin embargo, herido de muerte, logró derribar a quien lo hería. Fue rematado por otros soldados [...]. Concluida la ejecución (que había empezado a las siete de la mañana y finalizado a las diez), el general Santander, montado en caballo nervioso y seguido por los grupos de música que continuaban con su aquelarre festivo, pasó sobre los cadáveres. Vio la sangre coagulada entre el barro. Vio los rostros agonizantes mirando al infinito". Santander le comunica a Bolívar los acontecimientos: "Al fin fue preciso salir de Barreiro y sus treinta y ocho compañeros. Las chispas me tenían loco, el pueblo resfriado y yo no esperaba nada, nada favorable de mantenerlos arrestados". Bolívar respondió a Santander: "Sea lo que fuere yo doy las gracias a vuestra excelencia por el celo y actividad con que ha procurado salvar la República con esta dolorosa medida".

Pero no tanto la crueldad, sino la codicia, como se ha dicho, impulsaba a Santander. El general Joaquín Posada Gutiérrez conoció sobradamente tanto a Bolívar como a Santander, y ofrece una buena información sobre la brecha, que terminó por ser irreparable, que el asunto del dinero abría entre los antiguos amigos. En sus *Memorias históricas políticas*, escribe:

> Como un combustible más arrojado a las llamaradas de las pasiones hirvientes, elevó el general Santander una representación al Libertador, pidiéndole que hiciera indagar por todos los medios legales si él [Santander] tenía dinero en algún banco extranjero, o si durante su administración se había mezclado en algún negocio cualquiera que fuese. El Libertador perdió una ocasión de calmar al general Santander resolviendo, como era justo, que el Gobierno estaba satisfecho de su honrosa conducta, de su probidad incuestionable; y por lo tanto, consideraba innecesaria la instrucción de las diligencias que se pedían; y lo que hizo fue lo peor que pudo hacer: declarar que no le tocaba resolver sobre aquella solicitud, y pasarla al Congreso. Con tal medida sucedió lo que debía suceder: la discusión se agrió de una manera impropia de aquel lugar; los enemigos del general Santander, lo que es lo mismo decir que los amigos del Libertador, le hicieron cargos apasionados sobre el malhadado empréstito (empréstito de treinta millones de pesos concedido por Londres al Gobierno de la República de Colombia) y sobre su inversión; sus amigos le defendieron con mejores razones y no menos calor, y llegado el día de cerrar sus sesiones, el Congreso acordó nombrar una comisión de cinco diputados que examinara los documentos del empréstito y revisara las pruebas que el general Santander quisiera presentar o pedir, a fin de que se viera el negocio en otra sesión. Es decir, nunca, pues convocada la Convención, aquella fue la última que tuvo el Congreso constitucional colombiano; y quedó por consiguiente el general Santander lo mismo o peor que un reo a quien se absuelve de la instancia, dejando la causa abierta; lo que, pundoroso como era, le hirió profundamente.

También sobre Bolívar, muchos años después de su muerte, caería la sospecha de indignidad. En 2010 se publicó una traducción moderna al español de las *Memorias de Simón Bolívar y de sus principales*

generales, escritas por el general alemán Henri Louis Ducoudray Holstein, quien luchó al lado de Bolívar en las primeras campañas independentistas. El libro se había editado originariamente en Boston en
1828, y apenas tuvo eco, aunque fue la fuente principal de Karl Marx
para escribir su áspera nota biográfica sobre Simón Bolívar. Su aparición en 2010 alborotó determinados círculos bolivarianos. El libro
muestra las miserias humanas del Libertador. No es el Bolívar odiado
de los pasquines santanderistas, ni el ser diabólico que retrataban las
facciones separatistas, ni el guerrero al que terminarían humillando
los mismos a los que él había dado la independencia, ni el personaje
sacralizado de algunas corrientes históricas. A Ducoudray, sin embargo, no le guía el rigor, sino la pasión, y parece que hubiera mojado su
pluma en la tinta del despecho.

En la época en que el libro aparecía en Boston, en una charla de
sobremesa, Bolívar le comentaba a De la Croix:

> Ducoudray Holstein me conoció en Cartagena en el año 15, y
> después de la evacuación de aquella plaza se me presentó en
> los Cayos cuando yo estaba preparando mi primera expedición
> para la isla Margarita. Yo le admití porque entonces todos los
> que se presentaban para ayudarme eran bienvenidos. Lo puse
> en el estado mayor, pero nunca tuve confianza en él para nom-
> brarlo mi edecán. Por el contrario, tenía una idea bien poco
> favorable de su persona y de sus servicios, pues me lo figura-
> ba como una especie de caballero de industria [estafador] que
> había venido a engañarme con falsos despachos, porque me
> habían asegurado que los que había presentado no eran suyos.
> Poco quedó Ducoudray con nosotros, se retiró y me hizo un
> verdadero placer.

Consciente Ducoudray de la satisfacción con que se recibía su retirada, debió de empezar a engendrar el rencor que luego sería la
génesis de su retrato del Libertador. Su Bolívar es frío, arrogante,
ocupa poco tiempo en estudiar las artes militares, apasionado por
el baile y más aún por el sexo, "siempre tiene dos o tres damas de

quienes una es su amante favorita"; su lectura es escasa y consiste en historia simple y cuentos, su biblioteca es inapropiada a su rango; para dedicar más tiempo al placer, delega asuntos importantes en sus secretarios; cuando logra una victoria se muestra vanidoso, con mal carácter, violento; con la adversidad se tranquiliza, se vuelve paciente, dócil, incluso sumiso.

En las mujeres va a encontrar Ducoudray uno de los puntos débiles de Bolívar. Sobre la expedición de los Cayos, cuando acababa de conocer al Libertador, el general prusiano escribe:

> Pero apenas llegamos a la isla de la Beata, todo el escuadrón estaba detenido por una mujer, nada menos que la señorita Pepa Machado, la querida amante del general Bolívar. Ella sola, con sus virtudes secretas, tuvo el poder de detener el escuadrón entero y a mil hombres, obligándolo a permanecer anclado 48 horas. Los siguientes detalles explicarán este curioso y llamativo hecho. El general Bolívar es, tal como todos sus compatriotas caraqueños, bastante apegado a las mujeres y usualmente está acompañado de una, dos o más mujeres en su séquito, además de aquellas por quienes tiene mucho afecto para llevarlas de un lado para otro. Estos amoríos duran normalmente 24 horas o una semana, pero la señorita Pepa hizo una rara excepción a las costumbres habituales del general.

Josefina Machado le obsesiona a Ducoudray:

> Bolívar pagó tributo al temperamento nacional, y como la mayor parte de sus compatriotas, perdió a menudo tiempos preciosos en las alcobas de sus numerosas queridas; se le acusa también de haber permanecido algunas veces días enteros acostado en su hamaca, en medio de una multitud de aduladores. Para distraer al dictador, esos cortesanos del poder inventaban historias a su gusto, y lanzaban agudezas y sátiras sobre personas ausentes que habían tenido la desgracia de desagradarle. Los más importantes negocios estuvieron en las manos de sus aduladores, especial-

mente en las de la señorita Josefina, su conocida querida, mujer intrigante y vengativa. Yo he visto más de cien veces a esta sirena, y debo confesar que no me explico la predilección del dictador por ella. Sus amores con Josefina duraron, sin embargo, hasta 1819 [...]. Otros se complacían en decir que las mujeres, entre otras la querida favorita de Bolívar, la señorita Josefina Machado, llamada generalmente la señorita Pepa, ejercían grande influencia en los nombramientos de los diversos empleos de la República. Bastaba a muchos ser parientes o amigos de estas damas para obtener grados en el ejército y puestos lucrativos [...]. Los defectos predominantes de la personalidad del general Bolívar son ambición, vanidad, sed por el poder absoluto e indivisible y una gran disimulación. Es muy astuto y entiende a la humanidad mucho mejor que todos sus coterráneos. Él hábilmente voltea cualquier circunstancia a su propia ventaja y no escatima ningún esfuerzo para ganarse a aquellos que él sabe le pueden ser útiles en el momento. Les adula, les hace promesas brillantes, les hace creer que sus sugerencias son útiles e importantes y que está listo a seguir sus consejos. Si se encuentra con algún éxito inesperado, instantáneamente regresa a su verdadera personalidad y se vuelve vanidoso, arrogante, enojado y violento, se olvida de todos los servicios y obligaciones, habla con desprecio de todos los que adulaba y si no tienen ningún poder, los abandona, pero siempre manifiesta una disposición para evitar a aquellos que él sabe que le pueden enfrentar y resistir.

Con estos mimbres construyó Karl Marx su boceto de Bolívar. En una carta a Engels, fechada el 14 de febrero de 1858, afirma que el Libertador era "el canalla más cobarde, brutal y miserable". Y agregaba que era el ejemplo más notable de mito creado por la fantasía popular. La historia de la breve biografía de Bolívar por Marx es ejemplar: Charles Dana, director de *The New York Daily Tribune*, le hizo el encargo de escribirla, pero cuando recibió el texto decidió no publicarlo en su periódico; a su juicio, Marx no especificaba sus fuentes y solo mencionaba el libro de Ducoudray. El intento de asesinato de Bolívar, en septiembre de 1828, en el que jugó un papel decisivo Manuela Sáenz, lo resumía así el autor de *El Capital*:

> Una intentona de asesinarlo en su propio dormitorio en Bogotá, de la cual se salvó solo porque saltó de un balcón en plena noche y permaneció agazapado bajo un puente, le permitió ejercer durante algún tiempo una especie de terror militar. Bolívar, sin embargo, se guardó de poner la mano sobre Santander, pese a que este había participado en la conjura, mientras que hizo matar al general Padilla, cuya culpabilidad no había sido demostrada en absoluto, pero que por ser hombre de color no podía ofrecer resistencia alguna.

Pero va a ser hablando de la entrada triunfante de Bolívar en Caracas cuando Marx deja traslucir su antipatía por la figura del Libertador:

> A Bolívar se le tributó una entrada apoteósica. De pie en un carro de triunfo, al que arrastraban doce damiselas vestidas de blanco y ataviadas con los colores nacionales, elegidas todas ellas entre las mejores familias caraqueñas. Bolívar, la cabeza descubierta y agitando un bastoncillo en la mano, fue llevado en una media hora desde la entrada de la ciudad hasta su residencia. Se proclamó Dictador y Libertador de las Provincias Occidentales de Venezuela, creó la Orden del Libertador, formó un cuerpo de tropas escogidas a las que denominó guardia de corps y se rodeó de la pompa propia de una corte. Pero, como la mayoría de sus compatriotas, era incapaz de todo esfuerzo de largo aliento y su dictadura degeneró pronto en anarquía militar, en la cual los asuntos más importantes quedaban en manos de favoritos que arruinaban las finanzas públicas y luego recurrían a medios odiosos para reorganizarlas.

Otro militar despechado, el coronel inglés G. Hippisley, también descargó su furia rencorosa contra Bolívar en su *Historia de la expedi-*

ción a los ríos Orinoco y Apure. El desabrido retrato que hace del Libertador, no era, en definitiva, sino la respuesta a la carta que Bolívar le envió desde Angostura, el 22 de junio de 1818, en la que le comunicaba que aceptaba su renuncia al grado de coronel comandante de húsares de Venezuela y le remitía el pasaporte para que pudiera regresar a Inglaterra. Escribe Hippisley:

> Bolívar es una imitación de un gran hombre. Él aspira a ser un segundo Bonaparte en Sur América, sin poseer un solo talento para los deberes del campo de batalla o de la administración. Él quisiera ser el rey de Nueva Granada y Venezuela, sin el talento para comandarlas y sin importancia o las habilidades para asegurar o mantener la posición tan alta a la cual su ambición aspira más.
>
> En la victoria, en prosperidad transitoria, él es un tirano y muestra los sentimientos y la bajeza de un advenedizo. Él de repente tiene actitudes de rencor y en un momento se vuelve como un loco y, perdón por la expresión, un hombre soez, se lanza sobre su hamaca (la cual siempre permanece colgada para su uso) y profiere maldiciones e imprecaciones contra todos a su alrededor, de la forma más repugnante y diabólica. En la derrota, en peligro, en repliegue, él se siente confundido, acosado y desestimado aún por él mismo, desalentado por los desastres, los cuales él no tiene la habilidad o la fuerza de su mente para enfrentarlos, aliviarlos o acabarlos. En este estado él se me apareció en el repliegue hacia y desde San Fernando, cuando él reflejaba una imagen de miseria y desesperanza.
>
> Él no tiene ni los talentos ni las habilidades de un general y especialmente de un comandante en jefe. Los numerosos errores que ha cometido a través de todas sus campañas durante los últimos ocho años han desolado casi por completo todas las provincias y aniquilado a la población. Tácticas, movimientos, maniobras, son tan desconocidas para él tal como para un soldado de más bajo rango. Él desconoce completamente toda la idea de regularidad, sistema o la rutina común de un ejército

e incluso de un regimiento. Debido a esto es que surgen los desastres y las derrotas que sufre. La masacre final de los prisioneros, después de la batalla o durante el repliegue, es completamente aprobada por Bolívar, quien se ha acostumbrado a atestiguar esas escenas de carnicería, infamia.

Con los años, se incrementan los enemigos de Bolívar y paralelamente aumenta su agresividad. Dos días antes del atentado, el periódico *El Atalaya* de Bogotá publicaba este escrito anónimo:

> Este hombre con una fisonomía atrevida, ojos agatados y relumbrones, rostro seco y amarillento, cutis áspero, pelo pajizo y crespo, tiene un cuerpo sumamente flaco, osamenta fuerte, y músculos vigorosos; posee bastante capacidad para concebir y combinar ideas con prontitud: a un mismo tiempo recibe impresiones diversas, casi sin cesar. Su imaginación es exaltada, y sus pasiones violentas. De ahí la facilidad como un niño, con que muchas veces descubre sus pensamientos, y la impetuosidad con que sin el menor reparo se explica, ofendiendo ya a la decencia, ya a la buena crianza, y ya también a la religión, usando de frases torpes, de palabras injuriosas para aquellos a quienes habla, particularmente si son subalternos suyos, y de proposiciones que atacan lo más sagrado, y que no dejan duda para creer en que su fe religiosa es ninguna. Empresas locas, grandes errores y enormes crímenes contra su patria, a quien intenta poner el más pesado yugo, son el patrimonio de este pretendido héroe.

Daniel Florencio O'Leary, nacido en Irlanda en 1801, se embarcó a los dieciséis años rumbo a Venezuela para incorporarse a la lucha independentista. Tras participar en la batalla de Boyacá, donde conoció a Bolívar, fue nombrado edecán del Libertador en septiembre de 1819. Desde entonces, solo los separará la muerte. Los once años de convivencia diaria van a convertir a O'Leary en el más estrecho colaborador de Bolívar. De sus *Memorias,* más de treinta volúmenes, han bebido todos los que se han ocupado del Libertador. En no pocos aspectos, sin los libros de O'Leary, que rescata una ingente correspondencia, la vida de Bolívar resultaría con espectral.

Rescatamos una escena de Bolívar y O'Leary, insertada en el libro *Guerra a muerte*, de autor anónimo (aunque se cree que puede tratarse del coronel Augusto Low), publicado en Londres en 1828:

> Entré en la habitación, que era espaciosa, pero sucia y escasamente provista de muebles. Al fondo estaba sentado en el suelo el coronel O'Leary, que era entonces uno de los secretarios de su excelencia. Tenía sobre las rodillas una especie de pequeño escritorio y escribía despachos militares que le iba dictando Bolívar, quien al otro extremo de la habitación se encontraba sentado en una de esas grandes camas suramericanas que están colgadas del techo. Para evitar los inconvenientes del calor, se encontraba completamente desnudo y sin ninguna cobija o ropa. Con la ayuda de una pequeña cuerda de coquita, amarrada a una argolla en la pared fronteriza, se mecía impetuosamente. Así, en aquella curiosa posición, alternaba su dictado a O'Leary con el silbido de una marcha republicana francesa, la cual acompañaba de vez en cuando haciendo chocar sus pies, lateralmente.

El Bolívar de O'Leary es sobrio, épico, grande y trágico. Al pasmoso, por escueto, relato que el historiador y general Manuel Briceño hizo del Bolívar militar –organizó y dirigió once campañas, mandó en treinta y seis batallas campales y bajo su espada se libraron cuatrocientos setenta y dos combates–, O'Leary ahonda en el hombre de Estado y en el político iluminado, y no tiene reparos en dejar oír las voces que los historiadores de la pureza republicana condenaban al ostracismo: en sus memorias, Manuela Sáenz habla alto y claro.

En 1883, con motivo de la conmemoración del primer centenario del nacimiento de Simón Bolívar, se empiezan a publicar en Venezuela los treinta tomos de las *Memorias* de O'Leary. Pero al llegar a los apéndices, donde se insertaban las cartas de Bolívar y Manuela Sáenz, el presidente venezolano, Antonio Guzmán Blanco, se erigió en gran inquisidor e hizo quemar los pliegos que componían los desdichados tomos con este anatema: "La ropa sucia se lava en casa y jamás consentiré que una publicación que se hace por cuenta de Venezuela amengüe al Libertador". Se salvaron, no obstante, algunos pliegos que se reimprimirían en Bogotá en 1914.

La historia, según Guzmán Blanco, podía soportar la figura de un Bolívar firmando el terrible decreto de guerra a muerte: "Españoles y canarios, contad con la muerte aun siendo indiferentes si no obráis activamente en obsequio de la libertad de América. Americanos, contad con la vida aun cuando seáis culpables", pero se escandaliza si se expone que el Libertador ha tenido una amante, y desconcierta aún más que no sea dama recatada y discreta, sino una mujer rebelde y transgresora, adúltera y atea. El "autócrata ilustrado", como se le llamó a Guzmán Blanco, tenía una dictatorial opinión de la historia. Cuando el historiador venezolano Felipe Tejera criticó el decreto de guerra a muerte, Guzmán Blanco saltó, como mordido por una serpiente, y lanzó su anatema: "¡Cómo! ¿Juzgar a Bolívar, al Creador de naciones, al Libertador de un mundo, al nuevo Redentor de los humanos, por las reglas ordinarias de la vida común de los hombres?".

En las páginas de O'Leary, Bolívar irradia el misterioso magnetismo de los héroes:

Tenía la frente alta pero no muy ancha, y surcada de arrugas desde temprana edad, indicio de pensador. Pobladas y bien formadas las cejas. Los ojos negros, vivos y penetrantes. La nariz larga y perfecta: tuvo en ella un pequeño lobanillo que le preocupó mucho, hasta que desapareció en 1820, dejando una señal casi imperceptible. Los pómulos salientes; las mejillas hundidas, desde que le conocí en 1818. La boca fea y los labios algo gruesos. La distancia de la nariz a la boca era notable. Los dientes blancos, uniformes, bellísimos, cuidábalos con esmero. Las orejas grandes, pero bien puestas. El pelo negro, fino, crespo; lo llevaba largo en los años de 1818 a 1821, en que empezó a encanecer, y desde entonces lo usó corto. Las patillas y los bigotes rubios; se los afeitó por primera vez en Potosí, en 1825. Su estatura era de cinco pies, seis pulgadas inglesas. Tenía el pecho angosto; el cuerpo delgado, las piernas sobre todo. La piel morena y algo áspera. Las manos y los pies pequeños y bien formados que una mujer habría envidiado. Su aspecto, cuando estaba de buen humor, era apacible, pero terrible cuando irritado: el cambio era increíble.

Tras su aspecto físico, O'Leary desgrana sus dotes morales casi con deleite:

Tenía el don de persuasión y sabía inspirar confianza a los demás. A estas cualidades se deben, en gran parte, los asombrosos triunfos que obtuvo en circunstancias tan difíciles, que otros hombres sin esas dotes y sin su temple de alma se habrían desalentado. Genio creador por excelencia, sacaba recursos de la nada. Grande siempre, éralo en mayor grado en la adversidad. Bolívar derrotado es más temible que vencedor, decían sus enemigos.

Invirtamos el retrato. El retratista se convierte en retratado, lo que nos da la perspicacia y crudeza con las que Bolívar juzgaba a sus más directos colaboradores, cuyas decisiones no fueron siempre atinadas. Así veía el Libertador a su edecán inglés, según dejó escrito Perú de la Croix en su *Diario de Bucaramanga*:

O'Leary tiene más amor propio, más vanidad que orgullo, hablo de aquel noble orgullo, tan altivo, tan sostenido y lleno de dignidad que generalmente poseen los caballeros ingleses. Tiene en sus modales, más que en el carácter, una dulzura, una suavidad que lo hace parecer muy afeminadillo; pero ¡qué engañoso es aquel aire dulce y bondadoso!, es la víbora escondida bajo las flores; desgraciado el que pone la mano en el canastillo, descuidándose de lo que encierra. Tiene un talento decidido para la sátira, y el espíritu libelista: no hay nada que se le escape: su odio es permanente y no se borra aun con la misma venganza. No le faltan conocimientos generales sobre varias materias, mas son superficiales: tiene memoria y facilidad en el espíritu. Su juicio no es siempre recto, y fue ciertamente por falta de este, que desatendiéndose de la comisión que le di en Lima, en el año 26, para el general Páez, se encargó en Bogotá de otra opuesta a la mía, que le dio el general Santander para el mismo Páez. Sin embargo, supo después volver a ponerse en mis buenas gracias, pero no en mi confianza aunque haya podido creerlo. En Ocaña ha hecho y está haciendo todavía otras bobadas; ha creído haber engañado a los que le tienen engañado y aun cree en el buen resultado de sus falsas intrigas. Sin embargo, tiene astucia, viveza, malicia e hipocresía. O'Leary es bueno para ciertas comisiones, pero no para todas. Como militar no carece de valor ni de conocimientos para el mando en jefe, pero nunca podría tomar aquel ascendiente, aquel influjo, aquel prestigio tan indispensable para el mando. No sabe electrizar ni mover a los hombres. Es interesado, egoísta y oculta mal estos defectos.

Guillermo Miller, otro joven británico que no pudo resistir los cantos bélicos por la independencia de las colonias americanas, ya fogueado con veintidós años contra las tropas napoleónicas en España, llegó a tierras argentinas en 1817 y, tras luchar con San Martín, Sucre y Bolívar, y haber sido herido en veinte ocasiones, logró en unos años ascender a general. La misma habilidad que tuvo en el campo de batalla la tenía, al parecer, para juzgar a los hombres sin dejarse llevar por las emociones. Su retrato de Bolívar así lo atestigua:

El general Bolívar es delgado y algo menos de regular estatura. Se viste bien y tiene un modo de andar y presentarse franco y militar. Es jinete muy fuerte y atrevido y capaz de resistir grandes fatigas. Sus maneras son buenas y su aire sin afectación, pero que no predispone mucho en su favor. Se dice que en su juventud fue de bella figura, pero actualmente es de rostro pálido, pelo negro con canas y ojos negros y penetrantes, pero generalmente inclinados a tierra o de lado cuando habla. Nariz bien formada, frente ancha y alta y barba afilada. La expresión de su semblante es cautelosa, triste y algunas veces de fiereza. Su carácter, viciado por la adulación, es arrogante y caprichoso. Sus opiniones con respecto a los hombres y a las cosas son variables y tienen casi una propensión a insultar; pero favorece demasiado a los que se humillan y con estos no guarda ningún resentimiento.

Es un apasionado admirador del bello sexo, pero extremadamente celoso. Tiene adicción a valsar y es muy ligero, pero no baila con gracia. Su imaginación y su persona son de una actividad maravillosa; cuando no está en movimiento, está siempre leyendo, dictando cartas, etc. O hablando. Su voz es gruesa y áspera, pero habla elocuentemente de casi todas las materias. Su lectura la ha dedicado casi exclusivamente a autores franceses, y de ella provienen los galicismos que tan corrientemente emplea en sus escritos. Escribe de un modo que hace impresión, pero su estilo está viciado por una afectación de grandeza que desagrada. Hablando tan bien y fácilmente como lo hace, no es de extrañar que prefiera escucharse a sí mismo que oír a los demás y que mantenga la conversación en las sociedades que recibe. Da grandes convites, y no hay nadie que tenga cocineros más hábiles que él ni nadie dé mejores comidas, pero es tan parco en el comer y beber, que rara vez ocupa su puesto en su propia mesa hasta que casi se ha acabado de comer, habiendo comido antes en privado uno o dos platos simples. Es muy aficionado a los brindis, los cuales anuncia del modo más elocuente y adecuado, y es tan grande su entusiasmo que frecuentemente se sube a una silla o a la mesa para pronunciarlos. Aunque el cigarro es de uso corriente en América, Bolívar no fuma ni permite fumar en su presencia. Nunca está ni se presenta sin la comitiva correspondiente y guarda una gran etiqueta, y aunque desinteresado en extremo en lo concerniente a asuntos pecuniarios, es insaciablemente codicioso de gloria.

IV

—*N*iña Manuelita, mucha gente decía, yo lo oía por la calle, que lo que su excelencia quería era ser rey.

—¡Una calumnia! Nunca quiso ninguna corona sobre su cabeza, no le gustaban las monarquías. Admiraba mucho a Napoleón, pero dejó de admirarle el día en que lo vio ponerse él mismo la corona de emperador. Aquello le pareció una cosa ridícula. ¿Cómo iba él a querer ser rey de la gran Colombia? Quería el poder, sí, para encauzar los primeros pasos de estas naciones como países independientes. Bolívar contaba una cosa bien graciosa. Decía que, en el primer viaje que hizo a España, cuando se casó con su prima Teresa, un día le llevaron al Palacio Real para jugar un partido de pelota a pala con el príncipe de Asturias, que luego sería el rey Fernando VII, y, en un momento del partido, Bolívar le arrancó el sombrero al príncipe. ¡Parecía un pecado de lesa majestad! Todos esperaban que Bolívar se disculpara, pero no se disculpó; la reina no dio importancia al incidente y así quedó el asunto. Cuando lo recordaba, decía que había sido el presagio de que él arrancaría las más preciadas joyas de la corona de Fernando VII: las colonias americanas.

A mediados de 1822, el presagio empezaba a cumplirse. En la batalla de Pichincha, a las afueras de Quito, Bolívar le arrebató a España el virreinato de Nueva Granada y los territorios de Venezuela y Ecuador. Atrás quedaba, como marca de la impotencia española, el decreto que el gobernador de Caracas, Salvador de Moyó, había firmado el 25 de mayo de 1816:

A fin de poner término a las maquinaciones con que por todas partes intentan turbar la tranquilidad pública de las provincias de Venezuela los rebeldes españoles Simón Bolívar, José Francisco Bermúdez, Santiago Mariño, Manuel Piar y Antonio Brión, etc., etc., he tenido a bien decretar: que cualquier persona que aprehendiese viva o muerta la de aquellos traidores, y cualquier otro de su especie, como Juan Bautista Arismendi, en Margarita, será remunerado con la cantidad de diez mil pesos en que se tasa la cabeza de cada uno de ellos, cuya cantidad se abonará por la real hacienda. Y para que llegue a noticia de todos, imprímase y circúlese.

El conminatorio decreto podría no haber sido necesario si el jefe del ejército realista en Venezuela, Juan Domingo de Monteverde, competente militar, no se hubiera dejado convencer por el hidalgo español Francisco Iturbe de que Simón Bolívar no era un revolucionario peligroso y resuelto, sino a la postre un joven calavera, que además tenía el alto honor de haber entregado a las autoridades españolas a Francisco de Miranda, el precursor de la independencia de Venezuela y acérrimo enemigo de la corona de España, que moriría en la terrible cárcel de la Carraca, en Cádiz.

Miranda había nacido en Caracas el 28 de marzo de 1750, hijo de un comerciante llegado de las islas Canarias y de madre también canaria. Estudió Medicina y otras materias en la universidad de Caracas, con veinte años, en 1771, viajó a España, donde compró el cargo de capitán del regimiento de infantería de la Princesa por ochenta y cinco mil reales de vellón. Pronto sintió el espíritu revolucionario de las colonias inglesas en América y en Francia y se embarcó para participar en las revueltas. Fue un extraño híbrido de revolucionario y aventurero, con algún toque de hombre de estudios. En las revoluciones se movía como un aventurero, pero con la meticulosidad y la consciencia de un hombre que había captado el verdadero signo de los tiempos. En 1787 conoció en Kiev a la zarina Catalina II, quien, según las crónicas, exprimió entre sus brazos al ardoroso hombre del trópico. Pero él se casó luego con la inglesa Sara Andrews, con la que tuvo dos hijos, Francisco y Leandro.

Miranda también creía que había llegado la hora de la independencia de las colonias españolas, y concibió la creación del gran Imperio de Colombia, que agruparía las tierras desde el río Mississippi hasta la Patagonia. Y como por algún lado había que empezar, decidió hacerlo por Venezuela. En Nueva York encuentra el apoyo del armador Samuel Ogden, que le dona veinte mil dólares, con los que adquiere un barco de 180 toneladas, al que bautiza con el nombre de *Leandro*, en honor de su hijo, y lo carga con quinientos fusiles, quinientos sables, cuatrocientos machetes, cinco toneladas de plomo para balas, diez mil pedernales para fusil, y lo que sería el primer ejército colombiano expedicionario: doscientos hombres, la mayoría vagos y maleantes de distintas nacionalidades, muchos reclutados en los muelles de Nueva York.

Para esa aventura, pues no era otra cosa la expedición libertadora, contaba con el apoyo británico; pero, cuando el *Leandro* llegó frente a las costas venezolanas en agosto de 1806, fue fácilmente rechazado por la guarnición española. Un segundo intento tiene más éxito y, en la localidad costera de Coro, Miranda logra pisar tierra venezolana por primera vez, tras treinta y cinco años de ausencia. El absoluto desinterés de los habitantes le hizo ver que tal vez la fruta de la independencia no estuviera aún madura; levó anclas y puso rumbo a la isla de Trinidad. Poco después regresó a Londres, donde se encuentra con Bolívar, y de allí partirá de nuevo a Venezuela para ponerse al mando del ejército patriota y, tras apurar las heces de la humillación, morir abandonado en una oscura prisión española.

La mayoría de los historiadores de la guerra de Independencia de América ha resaltado que el periodo de 1810 a 1812 es una etapa oscura de la vida de Bolívar. El viejo revolucionario Francisco de Miranda, curtido en los campos de batalla de media Europa y Norteamérica, y el romántico ímpetu independentista de Simón Bolívar, consiguieron al fin que el 5 de julio de 1811 Venezuela declarara su independencia y así quedó establecida la Primera República en Sudamérica.

Pero Miranda y Bolívar eran dos caracteres condenados a un choque frontal. La mentalidad del siglo XVIII de Miranda, con una cierta moderación y los sobrios rasgos adquiridos por su anglofilia, con su añadido de aventurero visionario, frente al apasionamiento, la viveza, la exuberancia romántica, fruto del trópico, de Bolívar. Según el historiador alemán Gerhard Masur, Miranda recelaba de la aristocracia criolla venezolana y Bolívar era el prototipo de la vieja nobleza llena de ínfulas españolistas empeñada en negarlas. Los españoles que residían en Venezuela representaban el foco del que se querían separar. Miranda, hijo de español, no quería que se molestara a los españoles; Bolívar, en cambio, era partidario de expulsarlos del país. Para Francisco de Miranda, el único americano cuyo nombre figura en el Arco de Triunfo de París como héroe de la Revolución francesa y mariscal de Francia, Bolívar solo era un "jovenzuelo peligroso".

¿Había celos o envidias entre el Precursor y el Libertador? Los primeros meses de la República venezolana transcurrieron con sosiego, en especial por los tres millones de pesos que los independentistas tomaron del tesoro real, tras haber derrotado a Vicente de Emparan. Pero el dinero se acabó pronto, según los soterrados enemigos, dilapidado en fastos, bailes y banquetes, en lugar de armar convenientemente al ejército liberador.

Tras la derrota de Vicente de Emparan, los patriotas llaman a Miranda, exiliado en Londres, quien llegó al puerto de La Guaira el 11 de diciembre de 1810 vestido con el uniforme de gala de mariscal francés. Tenía sesenta años. Los revolucionarios venezolanos lo consideraban un aventurero en declive, sin las energías necesarias para liderar la guerra, pero aun así fue nombrado comandante en jefe del ejército de los Estados Federados de Venezuela, sin límites de poder, como si se tratara de un auténtico dictador. Y con las arcas exhaustas y las protestas de la población, la geología cambió el rumbo de la historia. El 26 de marzo de 1812, jueves santo, a las cuatro de la tarde, un terremoto atroz dejó prácticamente destruida Caracas y otras ciudades del país. En Caracas murieron unas diez mil personas, la quinta parte de la población, y los supervivientes corrían a refugiarse en las iglesias, donde el clero clamaba que se trataba de un castigo divino por el gravísimo pecado de haberse separado de España.

A Bolívar le sorprendió el terremoto en su casa, y, a medio vestir, con la espada en mano, como si fuera a batirse con el temblor, se echó a la calle repleta de una histérica multitud alentada por frailes y curas que gritaban: "¡Misericordia, rey Fernando, misericordia!". Montones de cadáveres se hacinaban en las calles para ser incinerados con las maderas de las casas destruidas. Bolívar se encontró a José Domingo Díaz, español y furibundo defensor de los derechos de España, vociferando a la muchedumbre que aquello era un castigo de Dios. Bolívar le gritó: "¡Si la naturaleza se opone a nuestros designios, haremos que la naturaleza nos obedezca!". Aquel terremoto no acabó con la Primera República venezolana, sino la incompetencia militar del general Juan Domingo de Monteverde, junto con el desánimo de muchos venezolanos que perdieron la fe en las bondades de la independencia.

El 25 de julio de 1812, Miranda comprendió que todo estaba perdido, y en la capitulación de San Mateo acordó con Monteverde volver a la situación precedente a la Declaración de Independencia del 5 de julio de 1811: los insurgentes entregarían las armas a cambio de inmunidad, se garantizaba una amnistía general y podría abandonar el país el que quisiera. El 30 de julio, Monteverde entraba triunfante en Caracas y la Primera República salía de la historia como un sueño frustrado.

Días antes de la capitulación de San Mateo, Bolívar sufrió uno de los mayores fracasos de su vida militar. El 30 de junio de 1812 se produjo una sublevación de presos realistas en el castillo de San Felipe, en Puerto Cabello, el puerto más importante de la costa venezolana, al frente de cuya defensa se encontraba Bolívar por una decisión de Miranda que aquel había aceptado "no sin repugnancia", cuando la relación entre los dos grandes hombres ya había entrado en conflicto. Los presos se hicieron con el control del castillo el 6 de julio y Bolívar y siete oficiales más lograron huir en una pequeña embarcación rumbo a La Guaira. La rebelión fue iniciada por el teniente Francisco Fernández Vinoni, que se pasó traidoramente de las filas patriotas a las realistas. Al enterarse de la rendición de Puerto Cabello, Miranda exclamó ante su estado mayor: "Venezuela está herida en el corazón". Años más tarde, Bolívar pudo al fin llevar a cabo la venganza por aquella derrota que muchos historiadores han calificado de decisiva para la claudicación de la Primera República de Venezuela. En la batalla de Boyacá, Vinoni luchó en las filas realistas y no tuvo la suerte de morir en el campo de batalla, lo que podría haber sido un acto heroico: fue hecho prisionero y nada más enterarse Bolívar de que el culpable de su derrota en Puerto Cabello estaba en sus manos, ordenó que lo ahorcaran.

Desde La Guaira, Bolívar y los siete oficiales buscaron refugio en Caracas, que se hallaba en poder del general Monteverde. Bolívar encontró un lugar seguro en la residencia del influyente español marqués de Casa León. Pero fue otro español, Francisco Iturbe, el que le salvaría la vida. Así lo refiere el historiador colombiano Cornelio Hispano:

El 26 de agosto de 1812 Bolívar llega a Caracas, en poder de Monteverde. Es encarcelado e iba a ser enviado a España. Francisco de Iturbe, que estuvo en el bautizo de Bolívar, lo presenta a Monteverde. El propio Bolívar lo relató: "Yo fui presentado a Monteverde por un hombre tan generoso como yo desgraciado. Con este discurso me presentó Iturbe al vencedor: 'Aquí está el comandante de Puerto Cabello por quien he ofrecido mi garantía: si a él le toca alguna pena, yo la sufro, mi vida está por la suya'". Y el propio Iturbe continua: Monteverde contestó al discurso citado: se concede pasaporte al señor (mirando a Bolívar) en recompensa del servicio que ha hecho al rey con la prisión de Miranda. Hasta entonces Bolívar había estado callado, mas al oír estas palabras que dirigía Monteverde al secretario Muro, repuso en el acto que había apresado a Miranda para castigar a un traidor a su patria, no para servir al rey. Tal respuesta descompuso a Monteverde, pero Iturbe intervino, terminando por decir jocosamente a su amigo Muro: "Vamos, no haga usted caso de este calavera, dele usted el pasaporte y que se vaya".

Al dia siguiente, 27 de agosto, estaba Bolívar en la cubierta del bergantín inglés *Good Hope*, surto en La Guaira. Iturbe lo abraza, mientras el capitán se dispone a partir.

–Adiós –dice Iturbe a Bolívar, dándole un estrechísimo abrazo.

–Adiós, usted me ha salvado la vida y, con ella, la independencia de América. ¡Gracias en mi nombre y en el de la patria!

–¿Qué, todavía piensas en esas locuras? ¿No ves que la causa de los insurgentes está perdida?

Esta escena lleva implícitos dos hechos dramáticos de la vida de Simón Bolívar: la derrota de Puerto Cabello y el apresamiento y entrega a las autoridades españolas de Francisco de Miranda; el primero supone la humillación y el orgullo herido, y el segundo, la duda de si hizo bien al entregar a un traidor que era un hombre viejo y cansado. El caraqueño Andrés Bello, el humanista más importante de su tiempo, una de las cumbres de la cultura hispanoamericana, fue tajante en su juicio: la detención de Miranda y su entrega a España fueron una perfidia.

Por O'Leary sabemos que Bolívar se jactaba de que le habían entregado el pasaporte debido a una estupidez de Monteverde, aunque otras fuentes históricas señalan que la decisión de Monteverde se debió a que no veía en Bolívar una figura relevante de la insurgencia, como también lo pensaba Iturbe. El error de Monteverde al calibrar mal al enemigo que tenía a su merced le costaría muy caro a España, y la intervención casi milagrosa de Iturbe, a pesar de su escepticismo, pondría en el mapa de los países libres las joyas de la corona que Bolívar presagió que arrebataría a Fernando VII.

Bolívar no olvidó que debía su vida al español Francisco Iturbe. El Congreso de la gran Colombia reunido en Cúcuta aprobó confiscar los bienes de los españoles que habían salido del territorio, pero, como presidente de la gran Colombia, Bolívar salió en defensa de las propiedades de Iturbe. En una carta al Congreso, afirmaba: "¿A un hombre tan magnánimo puedo yo olvidar? Si los bienes de don Francisco Iturbe se han de confiscar, yo ofrezco los míos como él ofreció su vida por la mía".

Tras la capitulación de San Mateo, Miranda se disponía a trasladarse a Inglaterra; en Londres lo esperaban su esposa y sus dos hijos. El 30 de julio de 1812 llegó al puerto de La Guaira, dispuesto a zarpar rumbo a Curaçao, en el buque *Sapphire*, donde ya habían acomodado su equipaje: dos baúles que contenían en su mayor parte libros y documentos, más cuarenta y cinco kilos de plata labrada, 1.500 pesos de plata en efectivo, 1.000 onzas de oro y 22.000 pesos ofrecidos por el tesoro público. El capitán del *Sapphire* le urgió a embarcar el mismo día 30, pero Miranda prefirió pasar la noche en La Guaira. Fue su perdición.

Con la nebulosa idea de que la capitulación de San Mateo no se cumpliría, y que Monteverde haría tabla rasa con los revolucionarios, un pequeño grupo de oficiales del ejército patriota, entre los que destacaba Simón Bolívar, decidió esa noche abortar la partida del que había sido su jefe. Bolívar era partidario de fusilarle inmediatamente por traidor. Pero se impuso la decisión de apresarle y entregarle a las autoridades españolas. En la madrugada, Bolívar y el comandante Tomás Montilla se dirigieron a detenerle a su aposento. Al oír ruidos, Miranda creyó que venían a buscarle para embarcar, pero la voz de Bolívar le intimidaba a que se diera preso. Imperturbable, tomó una linterna de su edecán Soublette, reconoció a sus captores y dijo con desdén: "Bochinches, bochinches, estas gentes no saben hacer más que bochinches". Y guardó un largo y estoico silencio.

El día 31 Francisco de Miranda era entregado, encadenado, a las autoridades españolas, que tras meses de tenerle preso en las peores condiciones lo remitieron a España. Allí fue de cárcel en cárcel, hasta dar con su cuerpo en el terrible presidio de La Carraca de Cádiz, donde una apoplejía acabó con su vida el 14 de julio de 1816, una fecha significativa para la muerte de un mariscal de Francia. Al parecer, antes de expirar, dijo: "Que gobiernen las putas. A sus hijos ya los conocemos. Dejadme morir en paz". En el Panteón Nacional de Venezuela se erigió en su honor un cenotafio con esta leyenda: "Venezuela llora por el dolor de no haber podido hallar los restos del general Miranda, que han quedado perdidos en la huesa común de la prisión en la que expiró este gran mártir de la libertad americana".

Y como sospechaban muchos patriotas, tras el arresto de Miranda, Monteverde dio por no firmados los acuerdos de San Mateo e impuso la dura ley de los vencedores. Ducoudray Holstein dejó en sus *Memorias de Simón Bolívar* un avieso retrato de Monteverde:

> El terremoto, la debilidad del capitán general Millares y el tratado con Miranda, convirtieron muy pronto al alférez de navío Domingo Monteverde en amo y señor de una provincia muy bella, general en jefe de un ejército y juez soberano de cerca de un millón de almas. Monteverde era débil, apático y supersticioso. Los frailes, monjes y sacerdotes tenían mucha influencia sobre él, así como también los isleños, habitantes de las islas Canarias en donde él había nacido y quienes muchos de ellos se habían establecido en Caracas, La Guaira y Valencia. Todos estos perseguían a sus enemigos, abusaban de su poder y arruinaron a miles de habitantes.

No en el barco inglés *Good Hope*, como refiere Cornelio Hispano, sino en el velero español *Jesús, María y José*, en que coinciden la mayoría de las fuentes históricas, Bolívar puso rumbo a Curaçao el 12 de agosto de 1812. Fracasado, sin poder disponer de su cuantiosa fortuna en Venezuela, proscrito de su país, exiliado, lo salvaría su irreductible fe en la independencia. En Curaçao, cinco días más tarde, se encontró con que el gobernador inglés, por una cuestión de forma baladí, le requisaba el equipaje. Pero no se arredró. Como si renovara su viejo juramento en el monte Sacro de Roma, consiguió un préstamo de mil pesos y en el mes de octubre de ese año desembarcaba en Cartagena, que seguía siendo el puerto más importante de la costa atlántica americana. El año anterior, Cartagena se había declarado independiente de España.

Y allá llegó fracasado y proscrito, con unos pesos prestados en el bolsillo, con el espíritu azotado por las turbulencias de los sueños y las derrotas y las ilusiones que exigen cumplimiento, y Cartagena se va a convertir, por la fuerza del destino, en la verdadera cuna del héroe. Tras la derrota de Puerto Cabello, del fracaso de la Primera República de Venezuela y de las semanas de soledad en Curaçao, llega la hora del rearmarse de hombres y pertrechos de guerra. Ahora conoce al enemigo: sabe que es duro y resistente y que tendrá que combatir con extraordinaria energía y valor.

Pero lo más importante son las ideas, que son lo que mueve la voluntad de independencia de los americanos: el *Manifiesto de Cartagena* y la *Carta de Jamaica* son los textos ideológicos fundamentales de Bolívar. Empieza declarándose "un hijo de la infeliz Caracas, escapado prodigiosamente de en medio de sus ruinas físicas y políticas". ¿Cuáles eran esas "ruinas políticas" que hundieron la Primera República venezolana? Bolívar lo expone claramente: la falta de unión de los patriotas con sus facciones internas "que en realidad fueron el mortal veneno que hicieron descender la patria al sepulcro". Y los errores del gobierno republicano: su falsa tolerancia, la indulgencia con la que trató a los españoles traidores, la lasitud con que permitió campar a sus anchas a un clero fanático, la negativa a reclutar fuerzas militares. La idea-fuerza llegaba a continuación, cuando Bolívar afirma: "A este efecto presento como una medida indispensable para la seguridad de Nueva Granada la reconquista de Caracas".

En mayo de 1813, al frente de un ejército de seiscientos hombres, inicia la liberación de Venezuela. Tiene delante un ejército de cinco mil hombres, con su viejo enemigo Monteverde al mando, pero al cabo de tres meses, en lo que se conoció como la Campaña Admirable, Bolívar entraba triunfante en Caracas. Era 6 de agosto. El 13 de octubre, la municipalidad de la ciudad le confirió, con gran boato y solemnidad, el título de Libertador.

–¿Y por qué, si nos traía la libertad, su excelencia quería irse de estas tierras, y tú con él? ¿Por qué?

–¡Ay, Juana Rosa! ¿De dónde sacas esas cosas? Yo me hubiera ido con él, si él me lo hubiera pedido. Él se quería ir porque estaba harto de las traiciones. Luis Perú me dijo que cuando Bolívar veía venir la muerte, decía que hacer una revolución era como arar en el mar y sembrar en el desierto, y que lo mejor que se podía hacer en América era emigrar. ¿Se puede arar en el mar y sembrar en el desierto, Juana? ¡Claro que no! Él no había arado en el mar, pero había confiado demasiado en los hombres, lo que es peor. Muy acorralado se debía de ver por los traidores cuando dicen que gritaba: "¡Mi gloria, por qué me la quitan, por qué me la arrebatan, por qué me calumnian, Páez, Páez!". Eso hacían, tratar de quitarle la gloria de haber independizado América, de habernos hecho libres, de que ya no hubiera más esclavos en esta tierra. ¿Te das cuenta, Juana Rosa? Tú desde niña eres una mujer libre porque yo te di la libertad, pero Simón Bolívar, como así se lo había prometido a su amigo Petión, el presidente de Haití, dio la libertad a todos los esclavos en una de las fechas más hermosas de la revolución, el 2 de junio de 1816, nada más desembarcar en Ocumare procedente de Haití, con las armas y municiones que le había facilitado Petión para continuar la guerra, y allí decretó la liberación de los esclavos... Bolívar estaba harto; ya había terminado la lucha contra los españoles y ahora debía luchar contra sus antiguos compañeros que no le querían ni comprendían: Santander, Obando, Páez y, ya me olvidaba, el primero con el que se llevó la desilusión más grande de su vida, el general Miranda, a quien Bolívar había hecho venir de Londres. Era un mariscal de Francia y Bolívar se vio obligado a detenerle y entregarle a las fuerzas realistas. El Libertador nunca olvidó aquella decisión tan dolorosa... Te estaba diciendo, Juana, que los Obando, los Páez, cada uno reclamaba su trozo de país, cada uno se proclamaba caudillo, todos querían ser presidentes de repúblicas que menguaban por su gran ambición, pues, cuanto más grande eran su codicia y sus ansias de poder, más pequeños se volvían los países que pretendían independizar. ¡Ya habían destrozado el sueño de Bolívar de la gran Colombia! ¿Te extraña, Juana, que quisiera dejar estas tierras? Le insultaban por las calles; aquella mañana de Bogotá, en su propia tierra, le llamaban traidor, y eso lo tenía que sufrir su familia. En la casa de su hermana María Antonia, en Caracas, un día apareció en la pared esta leyenda: "María Antonia, no seas tonta, y si lo eres no lo seas tanto, si quieres ver a Bolívar anda y vete al campo santo". ¿No es muy triste? Y así, cuando le rompieron el sueño de la gran Colombia, empezó a desear vivir los últimos años de su vida en Europa, que era para él... ¿Qué era Europa para él? Hace unos meses, una de esas gacetas que llegan a Paita con retraso contaba la muerte del general San Martín, que se había ido a Europa para no volver nunca más. La gaceta decía que San Martín había muerto casi en la miseria, como murió Bolívar. ¡Vaya muerte la de los dos grandes hombres! Y mientras, ¿qué pasa con Santander? Hasta este mísero lugar llegaron los ecos de los solemnes funerales con los que fue enterrado en Bogotá el hombre de la Ley. ¡Maldita la hora en que el Libertador le dio ese título! Murió rico y con honores del Congreso y dejaba el país en una sangrienta guerra de facciones. ¿Dónde está la justicia?

–Y ese general Miranda, ¿también se fue de esta tierra?

–No, no se fue, se lo llevaron los españoles. De pronto me ha venido a la memoria. La vida tiene sus misterios, hay cosas que no se explican. Miranda salió de estas tierras como un traidor, aunque también te digo que mucha gente creía que no lo era. En Bogotá aparecieron sus hijos, Francisco y Leandro, y frecuentaban los círculos de Bolívar, sin el mayor reparo, muy amistosamente, como si entre su padre y el Libertador no hubiera pasado nada, algo chocante; los invitaban a los bailes del Libertador en el palacio de San Carlos. Leandro había fundado un periódico y tengo entendido que luego le nombraron jefe de una sucursal bancaria de Londres. Pero me acuerdo más de Francisco, que creo que era el mayor. En un baile en San Carlos, el cónsul de Holanda, se llamaba Estuer, invitó a bailar a una señorita, y, como era costumbre, ella dejó sobre su asiento el abanico y un frasquito de perfume. Francisco, sin darse cuenta, se sentó encima y rompió las dos cosas. Llegó el tal Estuer, empezaron a discutir, hubo algún insulto; el caso es que dos días después se batieron en duelo en la orilla del río Fucha. Y mi amigo del alma Cheyne, que estaba allí como médico, me lo contó: primero disparo el cónsul holandés, que por lo oído era un excelente tirador y un duelista consumado, y su bala atravesó el sombrero del hijo del señor Miranda. Este, muy caballerosamente, quiso dar por zanjado el asunto y se negaba a efectuar el disparo que le correspondía, pero el holandés se puso furioso y dijo que, si no disparaba, le iba a matar como a un perro. Miranda disparó y le voló la cabeza al cónsul. Cuando mi amigo Cheyne se acercó al cuerpo solo pudo decir: "Hombre muerto". Ese mismo día Miranda abandonó Bogotá y ya no se le volvió a ver. No hace mucho, uno de los señores

que tienen la bondad de venir a visitarme me dijo que en Venezuela
ven a Miranda como un héroe, y hasta parece que le quieren hacer
un monumento, como a Bolívar en Lima y en Bogotá.

–Yo te he oído contar, niña Manuelita, que su excelencia fue enterrado con muchos honores en la catedral de Caracas.

–Sí, pero tardaron años en llevar sus restos a la catedral. En Venezuela celebraron su muerte como si hubiera muerto un tirano. En Lima yo
me ocupaba de custodiar su correspondencia; leí varias cartas a Santander, que entonces era vicepresidente de la gran Colombia, en las que
le hablaba de cosas de sus dineros y de su deseo de retirarse a Europa,
para lo que contaba con las propiedades que le quedaban en Venezuela, herencia de sus padres, y no pudo disponer de nada. De no haber
muerto, aun sin recursos, estoy segura de que se hubiera marchado a
Europa, era una obsesión, no sé, creo que Europa le recordaba su juventud, los viajes con el loco del señor Simón Rodríguez, y mira que ha
tenido que venir a morir aquí, casi a mi lado, tan vagabundo como fue.
A Bolívar Europa le recordaba su juramento en el monte Sacro, y pensaba que allí no tendría que soportar más amarguras, ni a los traidores,
y, aunque me duela decirlo, porque en Europa vivía Fanny.

–¿Otra amante, amita?

–Sí, otra amante. Pero la señora Fanny de Villars no había sido una
más. Se conocieron antes de que yo conociera a Bolívar, en su estancia
en Roma, cuando hizo el juramento, pero ha sido la única mujer por la
que he sentido auténticos celos. Oía hablar de ella y se me llevaban los
demonios. No me pasaba con la Pepa, ni la Lenoit, ni la Bernardina, ni
la Madroño, ni la Joaquina, que decían que le había dado un hijo. ¿Por
qué Fanny me ponía tan celosa? ¿Quizá porque fue el primer amor tras
la muerte de su joven esposa? ¿Porque le deslumbró con sus encantos
de mujer francesa? Fanny era pariente del Libertador, su madre era una
Aristeguieta, prima de Bolívar, y la conoció estando ella casada, pero eso
no le importaba, ¡si lo sabré yo! Cuando hablaba de sus ganas de vivir
en Europa, yo imaginaba que quería estar con ella. Mosquera, edecán
del Libertador, me contó que Bolívar recordaba con frecuencia París,
y sin la esperanza de volver algún día era capaz de quitarse vida. Y yo
pensaba que París era ella. Fanny le escribía con frecuencia, se intercam-

biaban regalos, ¿cómo iba a querer llevarme con él? Para no torturarme me decía que no era Fanny quien le llamaba a Europa, sino que quería salir del infierno de estar rodeado de traidores. En una carta a Santander, cuando estábamos en Lima, decía que en Europa dispondría en el Banco de Londres de las rentas de la mina de cobre de Venezuela, arrendada por doce mil pesos al año, y no tendría que recibir dinero de ningún gobierno. Es curioso, Juana Rosa, recuerdo que, al poco de conocer al Libertador, me dijo que nunca había visto una cuenta y no quería saber qué se gastaba en la casa; pero lo de la mina sí que le preocupaba, quería retirarse de la vida pública sin depender de nadie; en eso tenía el orgullo de los españoles, y me recordaba a mi padre. El negocio de la mina le preocupaba, y así se lo hizo saber a su hermana María Antonia, a la que envió a Caracas un poder especial para que pudiera arrendar las minas a los ingleses y le insistía en que tuviera mucho cuidado en el arriendo y que interviniera un abogado, pues era un asunto grave. Prefería en Inglaterra los beneficios de la mina de Aroa que la misma mina. Y no estaba dispuesto a venderla por menos de cien mil libras, que era muchísimo dinero. Al final, las cosas se enredaron por cuestiones legales y en los últimos meses de su vida no pudo disponer del dinero del arriendo, ni vender la mina, que quedó en herencia de sus hermanas.

Simón Bolívar murió en la pobreza, bajo el cobijo de un hidalgo español, pero era un hombre rico. En sus haciendas trabajaban más de mil quinientos esclavos. Las vicisitudes de la revolución le hicieron pasar graves apuros económicos a partir de 1827, cuando sus inmensas propiedades venezolanas se vieron bloqueadas por cuestiones legales y políticas. Algún historiador ha afirmado que murió estafado por la nación a la que había logrado independizar de España. Bolívar afirmaba que había que llevar la pobreza con dignidad, pero nunca la propuso como un valor ético.

El 18 de octubre de 1825, Bolívar envía una carta a John Dundas Cochrane, a quien le tenía arrendada la mina:

Mientras tanto, hallándome yo empleado en servicio público, y, por lo mismo, deseoso de separarme de asuntos personales y negocios propios, he determinado ofrecer a Ud. la venta del valle de Aroa en toda su extensión y en toda propiedad por la suma en que convengamos, oídas que sean las proposiciones que Ud. o sus amigos quieran hacerme.

La rica y hermosa posesión de Aroa, es una de aquellas que ofrecen más ventajas para una colonia sobre las costas del mar, por las siguientes consideraciones:

1º. Su extensión es circular con 32 leguas [170 kilómetros cuadrados] de circunferencia.

2º. Tiene ríos navegables que desembocan en el mar.

3º. Sus minas de cobre son las mejores del mundo, y el metal el más fino.

4º. Contiene minerales de todas las especies según las investigaciones que se han hecho por personas instruidas en la materia.

5º. Produce maderas abundantes y preciosas.

6º. Sus territorios son los más fértiles de la tierra para sembrar frutos europeos y americanos

7º. Las exportaciones al mar son facilísimas, hacia Puerto Cabello, y si se quiere hacia las Antillas, o a Europa.

8º. El crédito que debe producir esta propiedad es del valor de 400.000 o 500.000 pesos en el estado actual, y por lo mismo cuando ella sea explotada, cultivada o poblada, valdrá millones.

Después de estas consideraciones, espero que Ud. tendrá la bondad de hacerme las ofertas que Ud. juzgue convenientes a sus intereses o a sus miras.

Ud. sabe que el contrato no obsta para que la venta se verifique, pues el comprador tendría la ventaja siempre de contar con los doce mil pesos anuales, que deben pagarse en cada uno de los doce años; además tendrá la facultad de trabajar por su cuenta propia los minerales de platina, oro, plata, hierro y piedras preciosas de valor, azufre, ocre, sales, alcaparraz, etc., que no han entrado en el actual arrendamiento... Con esta fecha escribo a mis amigos residentes en ambos países, a fin de que hagan conocer a los especuladores mi deseo de vender el valle de Aroa, pero no por eso dejarán Uds. y sus asociados de ser preferidos en igualdad de condiciones.

Hombre rico, Simón Bolívar no padeció la enfermedad común de su clase: la racanería. Su desprendimiento y generosidad eran legendarios. Dos breves párrafos de la correspondencia con Santander ilustran bien esas facetas de su carácter. Cuando el Congreso colombiano le asigna una pensión y un sueldo, Bolívar escribe el 30 de octubre de 1823: "Una gracia [la concesión del sueldo] que sin ofenderme hiere mi sensibilidad, porque siempre he pensado que el que trabaja por la libertad y la gloria no debe tener otra recompensa que la gloria y la libertad. Crea usted con franqueza que me ha herido hasta el alma la lectura de este decreto. No tomaré más que mis haberes". Y el 8 de junio de 1826: "Pago anualmente 15.000 pesos a diferentes personas por pensiones".

Bolívar dejó a sus hermanos –María Antonia, Juana y los hijos de su fallecido hermano Juan Vicente– las minas y tierras del valle de Aroa que, con algunas alhajas, eran sus únicas propiedades, según su testamento.

María Antonia, su hermana mayor, aparece episódicamente en la vida pública de Bolívar, casi siempre vinculada a la economía familiar. A la muerte de su hermano, sustanciará la venta del valle de Aroa por un importe de 38.000 libras esterlinas, todavía una cifra importantísima para la época. El documento de la transacción fue firmado en Caracas el 4 de febrero de 1832, en la casa del cónsul británico Robert Kerr. María Antonia, mujer muy ahorradora, vio así aumentaba su ya considerable fortuna.

En *Las minas del Libertador*, el historiador Paul Verna desentraña muchos entresijos del asunto. Examina con detalle el personaje de María Antonia y, con el retrato que hace de ella, cabe preguntarse si Bolívar conocía verdaderamente a su hermana, al margen de su manifiesta pasión hacia la corona de España. Verna no titubea al soltar una ristra de adjetivos poco amables para María Antonia: torpe, codiciosa, avara, recelosa de su hermano y experta en disimulo: "La vida de María Antonia será no solo la de una mujer de negocios, de una contadora que piensa y vive únicamente por aumentar las onzas de oro y los macuquinos de plata que duermen en su cofre, sino también la de una mujer desagradable e intrigante".

V

A sus hermanas les dejó una fortuna y de ti ni se acordó, niña Ma…

–¡No seas descarada y metiche!

–No te enojes, amita, pero es que oí alguna vez que poco te quería su excelencia si no te dejó nada en su testamento, ni un mísero peso.

–Me dejó su recuerdo, Juana Rosa. Eso lo decían mis enemigos, para mortificarme, pero ¡qué me importa! Tú no lo sabes, ni tienes por qué saberlo; en Jamaica oí a gente cercana al señor Hyslop que Bolívar no le había dejado nada, ni un recuerdo pequeñito, a la señora Julia Cobier, otra amante. Allí me enteré de lo sucedido hacía veinte años. Bolívar había llegado medio derrotado, con el ánimo hundido, y en Kingston estaba la señora Julia Cobier, una dominicana dedicada a los negocios con una considerable fortuna y que había llegado a la isla huyendo del mal de amores, según decían. Madame Julienne, como también la llamaban, no era una de tantas jovencitas que revoloteaban alrededor del Libertador en las entradas triunfales, era ya una mujer treintañera y decían que muy bella, y pronto se amistó con Bolívar; no solo lo ayudó y puso su fortuna a su disposición en los ocho meses que él permaneció allí, sino que le abrió sus brazos. Esos amores salvaron la vida del Libertador. La noche en que su sirviente, el traidor Pío, fue a matarlo, Bolívar dormía con la Cobier.

–Yo te he oído decir, amita, que su excelencia se la pasaba escribiendo.

–Dictaba a sus secretarios sin parar, los cansaba a todos, dictaba a la vez a dos o tres secretarios. Él rara vez escribía una carta, a no ser que fuera muy personal; pero sí agregaba algo de su mano. Un ecuatoriano ilustre que me visitó hace no mucho dijo que en los círculos bolivarianos existe la sospecha de que algunas cartas de Bolívar son falsas, vamos, que no las escribió él, y dicen cosas que él nunca habría dicho. Le dije que yo podría descubrir las cartas falsas solo por el papel. En las secretarías de Bolívar había dos tipos de papel: uno, grande, llamado florete, donde se escribían los oficios, y otro más pequeño para las cartas; unos llevaban el membrete de "República de Colombia" y otros no. En los cuatro años que pasamos en Perú, yo custodiaba el archivo del Libertador. Y recibía por ese trabajo 3.000 pesos mensuales que me pagaba el gobierno de Perú. Cuando salimos del país, el maldito Vidaurre no tardó en difundir la noticia, retorciéndola, diciendo que yo era la mantenida de Bolívar con dinero del gobierno.

La muerte de Bolívar dejó a Manuela Sáenz a merced de sus enemigos, los de él y los que ella había ido cosechando con sus desparpajos y osadías. Desde que el Libertador dejara Bogotá, la vida de Manuela se complicó sin que ella pudiera evitar la catástrofe que se veía venir. Francisco de Paula Santander regresó del exilio, al que le había condenado Bolívar, y fue elegido presidente. La suerte de Manuela Sáenz estaba echada. El 1 de enero de 1834, una orden taxativa del Santander daba a Manuela Sáenz un plazo de tres días para dejar Bogotá.

En Jamaica, adonde llegó el 14 de mayo de 1815, en condiciones parecidas a las que llegaría años después Manuela Sáenz, Bolívar pasó unos meses angustiosos. Permaneció allí hasta el 18 de diciembre, tan pobre como cualquiera de sus esclavos, según la frase gráfica de un biógrafo. Y con la humillación de la derrota, como la Sáenz. Pero conoció a unos hermanos que comerciaban con Cartagena: Maxwell y Wellwood Hyslop, que se iban a convertir en los banqueros generosos que sufragaban sus necesidades económicas, como también lo harían al cabo de los años con Manuela. Bolívar le escribe a Maxwell el 30 de octubre: "Ya no tengo un duro; ya he vendido la poca plata que traje. No me lisonjea otra esperanza que la que me inspira el favor de usted. Si usted no me concede la protección que necesito para conservar mi triste vida, pues es preferible la muerte a una existencia tan poco honrosa. La generosidad de usted debe ser gratuita, porque me es imposible ofrecer ninguna recompensa, después de haber perdido todo; pero mi gratitud será eterna". Maxwell hizo una anotación al margen: "Di cien dólares en préstamo".

Esta carta trasluce la humillación de Bolívar. En otras se revela su desesperación. Amante afortunado, que no conocía la negativa de labios femeninos, se encuentra con la furia de una mujer. Salvador de Madariaga transcribe en su *Bolívar* una carta dirigida a Hyslop del 4 de diciembre de 1815, dos semanas antes de abandonar la isla:

> Tengo que molestar a usted de nuevo con mis súplicas. He salido de la casa donde vivía porque las locuras de la mujer que me servía me han hecho perder la paciencia. Esta maldita mujer me cobra ahora más de cien pesos de gastos extraordinarios, que verdaderamente son injustos. Pero como ella es tan maldiciente, tan perversa y tan habladora, no quiero que me vaya a ejecutar delante de un juez, por tan poco, y me exponga, por sus insolencias y ultrajes, a una violencia con ella. Yo no tengo un maravedí, así suplico a usted me haga el favor de mandarme estos cien pesos para pagar a esta mujer.

Durante esta estancia, Bolívar escribe la *Carta de Jamaica*, que constituye el documento fundamental de su pensamiento. En ella se apunta, por vez primera, la visión de una gran confederación de naciones americanas. Fue enviada, con fecha 6 de septiembre de 1815, a Henry Cullen, rico propietario de plantaciones de caña, asentado en el puerto jamaicano de Falmouth, donde desembarcaban los esclavos africanos y el ron y azúcar de la isla. A pesar de su importancia ideológica, la carta no fue conocida por los lectores españoles hasta 1833, en que la dieron a la imprenta Francisco Javier Yáñez y Cristóbal Mendoza. En 1818 se pudo leer en inglés en el *Jamaican Quarterly and Literary Gazette*. El manuscrito original no ha sido hallado: solo se conserva un borrador en inglés. Bolívar utilizó muchas de las ideas expresadas en la carta en numerosos documentos y proclamas.

A Jamaica llegaría, veinte años después, Manuela Sáenz, y también va a ser protegida por los hermanos Hyslop.

En medio de las penurias y la nostalgia, Manuela Sáenz se acuerda de su amigo el general Juan José Flores, presidente de Ecuador, y decide escribirle pidiéndole ayuda. Pero no es la suya una carta sumisa, sino que utiliza, muy femeninamente, cierto chantaje al recordarle indirectamente que había sido conservadora de la correspondencia personal y otros documentos de Simón Bolívar, y está al tanto de muchísimos secretos en asuntos de vital importancia.

Escribe a Flores el 6 de mayo de 1834:

> Señor: espero que esta llegue a manos de usted por ser de esta isla, pues de Bogotá escribí a usted muchas, sin tener la más pequeña contestación. Ya se ve, mi mala letra es conocida y dirigida a usted sería peor; creerían que decía algo de política. Se habrán engañado. ¿Qué tengo yo que hacer en política? Yo amé al Libertador; muerto, lo venero, y por esto estoy desterrada por Santander. Crea usted, mi amigo, que le protesto con mi carácter franco que soy inocente menos de quitar del castillo de la plaza el retrato del Libertador. Visto que nadie lo hacía, creí que era mi deber y de esto no me arrepiento. Y suponiendo esto delito, ¿no hubo una Ley de Olvido, dada por la Convención? ¿Me puso a mí fuera de esta ley? Dicen también que mi casa era el punto de reunión de todos los descontentos. General, crea usted que yo no vivía en la Sabana a que hubiesen estos cabidos. A mí me visitaban algunos amigos, yo omitía por innecesario el preguntarles si estaban contentos o descontentos. A más de esto, habrían dicho que yo era una malcriada. Sobre que tuve parte en el Santuario, señor, es una tamaña calumnia; yo estuve en Guaduas, tres días en Bogotá, y la acción esa fue en Funza, cerca de la capital; y a más, picada por una culebra venenosa, dos veces; si hubiese estado buena, quién sabe si monto en mi caballo y me voy de cuenta de genio y no más; pues usted no ignora que nada puede hacer una pobre mujer como yo, pero Santander no piensa así, me da un valor imaginario, dice que soy capaz de todo y se engaña miserablemente. Lo que yo soy es un formidable carácter, amiga de mis amigos

y enemiga de mis enemigos, y de nadie con la fuerza que de este ingrato hombre. Pero ahora, que se tenga duro. Existe en mi poder su correspondencia particular al Libertador, y yo estoy haciendo buen uso de ella. Mucho trabajo me costó salvar todos los papeles del año 30, y esto es una propiedad mía, muy mía. Para no dejar duda en los acontecimientos de atrás, yo invoco a usted mismo en mi favor; usted sabe mi modo de conducirme y esta marcha llevaré hasta el sepulcro, por más que me haya zaherido la calumnia. El tiempo me justificará... Señor, a mí nadie me escribe, y en parte hacen bien. Señor, ya que usted me ve sola en esta isla, abandonada de mi familia, creo que la compasión, nuestra antigua amistad, harán que usted me disculpe por llamar su atención con mis simplezas; pero señor, puede comisionar usted a cualquier persona y ser servido, mientras a mí nadie me contesta siquiera... Siempre recuerdo con placer nuestra antigua amistad y en nombre de ella le pido me ocupe, y de aquí deduciré que se acuerda de su amiga y reconocida, Manuela Sáenz.

Los dardos envenenados contra Santander no iban a tener respuesta, pero el general Flores vio la amenaza que se cernía sobre su cabeza con la alusión a la correspondencia de Bolívar, y reaccionó con prontitud enviando a la desterrada el oportuno salvoconducto para que pudiera regresar libremente a su patria. En septiembre de 1835, Manuela abandona Jamaica, y deja allí un año relativamente tranquilo de su zarandeada vida, bajo la protección de Hyslop, y a la fiel Nathán, enamorada del negro Eucario.

Manuela Sáenz llega a Guayaquil en octubre, con sus baúles cargados de amenazadores secretos y las escasas pertenencias que quedaban de las continuas ventas para poder subsistir, y con Jonatás de escudo protector. Pero, entre su carta al general Flores y su arribo a tierras ecuatorianas, el destino le iba a mostrar su cara siniestra: su hermanastro, el general José María Sáenz, al que tanto ella había influido en su juventud para que se uniera a la revolución libertadora, había caído acribillado a balazos.

Cuando Manuela llega a Guayaquil con intención de quedarse, el general Flores ya no es presidente de la República. Le ha sustituido Vicente Rocafuerte, que subió al poder el 8 de agosto. Rocafuerte no es amigo de Manuela ni se siente presionado por ninguna amenaza epistolar. Pero su olfato político le dice que la presencia de la Sáenz, contumaz defensora de las ideas bolivarianas sobre la unidad de la gran Colombia, puede causar serios problemas a la joven República. Da las órdenes oportunas para que no se pueda establecer en Quito, como era su intención. En el poblado de Guaranda, en los Andes, Manuela recibe una desoladora comunicación del Corregimiento de Guayaquil:

A la señora Manuela Sáenz:

Por el oficio que a usted acompaño se hará cargo de la orden que tengo de impedir a usted su marcha a la ciudad de Quito y hacerla regresar al punto donde sea usted encontrada. En esta ciudad, sírvase usted venir inmediatamente a este lugar, donde se halla un edecán de S. E. esperándola para comunicarle las órdenes que tiene. Dios guarde a usted. Antonio Robelli.

Con el corazón destrozado, Manuela regresa a Guayaquil y allí recibe un oficio del Ministerio de Estado, fechado el 14 de octubre de 1835:

A la señora Manuela Sáenz:

Con esta fecha digo a las autoridades del tránsito a Guayaquil lo que a usted copio: Acaba de saber el Presidente que la señora Manuela Sáenz, que ha regresado de Jamaica a Guayaquil y se ha puesto en camino para los pueblos del interior, ha protestado hacer suya la causa de su hermano el general Sáenz, que murió en el año 1834 combatiendo contra el gobierno legítimo, sin perdonar sacrificio alguno –por costoso que parezca– para satisfacer su temeraria venganza. Aunque el presidente desprecia semejantes especies, como eran de despreciar en circunstancias menos complicadas que las presentes, se ve obligado, en obsequio de la tranquilidad pública, a prevenir diga a usted que hasta tanto se consolida el orden que acaba de establecerse, haga regresar a Guayaquil a la precitada señora Manuela Sáenz, de donde quiera que esté, bien entendido que el señor Gobernador de aquella provincia, a quien se comunican órdenes sobre este particular, le impondrá el deber de salir del país a la prontitud posible.

Invadidas las provincias de Guayaquil y Quito por los derrotados de Miñarica, que habían emigrado a los pueblos del Perú y de la Nueva Granada, y no siendo desconocido del gobierno el carácter de la señora Sáenz y el buen resultado que tuvo a favor de los revolucionarios del interior la parte demasiadamente activa que por desgracia tomaron algunos señores en los pasados trastornos, se hace preciso oponer vallas insuperables a las fiebres revolucionarias y tomar cuantas medidas de precaución aconseja la prudencia.

El Presidente, que encarga la respectiva responsabilidad en la observancia de esta disposición, espera que ella sea fiel y estrictamente cumplida. Y encarga a usted para su conocimiento, bien entendido que ha sido sensible el señor Presidente verse forzado a tomar una providencia que no es, ni con mucho, conforme con sus opiniones particulares. Dios guarde a usted, José Miguel González.

Manuela Sáenz no agacha la cabeza, sino que el 20 de octubre, desde Guaranda, escribe al coronel Miguel González Alminatí, ministro del Interior ecuatoriano:

Con fecha del 14 de esta recibí el oficio circular que V. S. tuvo la bondad de comunicarme; y a V. S. suplico diga a Su Excelencia lo que suscribo.

Que me sorprende el Excelentísimo Señor con tomar una medida tan alarmante a ambos partidos: los unos me consideran enemiga, y los otros amiga; juro a la faz del mundo no ser ni uno ni otro. Señor: soy amiga de mis amigos de ambos partidos, siento las comunes desgracias.

V. S. se refiere a nombre de Su Excelencia de mi conducta en el Centro [Bogotá] cuando esto mismo me justifica, y no creo que se me debe hacer referencia de ello, pues no es justo que sufra en ambos partidos: creo que entonces existiría una causa, la cual no hay en el día.

En Guayaquil me manda el Gobernador desocupar el lugar dentro de veinticuatro horas, alegando no haber presentado mi pasaporte; cuando los niños de teta saben que esto vale la pena de cuatro pesos; a más que yo lo entregué al Capitán del Puerto; y lo incluyo a V. S. adjunto, con el que me dio el Gobernador de Guayaquil. Y una copia del salvoconducto del Excelentísimo Señor Juan José Flores; no yendo el original porque aún lo creo necesario.

Un gobierno legal no es más que un agente de la Constitución: yo, a nombre de la Ley, pido la supuesta protesta de vengar a mi hermano o cualquier otra prueba legal. Pues bajo ese pretexto se me hace regresar a la hacienda de Cusiche por donde hacía mi viaje a Riobamba, a asuntos particulares, para de ahí ir a mi país.

El Señor Gobernador de Guayaquil quiere hacerme parecer criminal gratuitamente: estando en Bodegas quiso que regresase a Guayaquil; y el señor general Flores, que tiene mando y conoce mi modo de pensar, me dio un criado, bestias y un salvoconducto, de que hablo antes. Viéndose el Gobernador burlado, sorprende a Su Excelencia el Jefe del Estado.

Una pobre mujer desgraciada iba a visitar su suelo patrio, a ver amigos, parientes, y a decirles un adiós, quizá para siempre; y recoger lo poco que dejó al partir para Bogotá. A vender la hacienda que heredó de su madre, para retirarse a morir con sosiego en un país extranjero: ¿y será posible que hasta esto se me prohíba?

Señor Ministro: yo vivo de mi miserable trabajo: tengo en esa parte de mi equipaje, y el resto regado; tengo créditos que cubrir, y no es posible hacer tantas marchas y contramarchas.

La destrucción de particulares debe evitar un justo Gobierno; y no dudo que la reflexión de su Excelencia el Presidente lo evite, dando una contraorden; y hacer observar en lo sucesivo mi buen comportamiento. Y esto no creo que pueda manchar su conducta como caballero, ni su fama como magistrado. Y a mí me sería indecoroso proponer cosa alguna derogatoria de estos principios, como amiga del orden y patriota. Dios guarde a V. S. Manuela Sáenz.

Algunos historiadores han señalado que la mano de Santander dictó la expulsión de Manuela Sáenz. Ella sabía que Flores había conspirado contra Bolívar para la separación de Ecuador de la gran Colombia, como Páez para desgajar Venezuela. Corrían insistentes rumores de que Flores había tenido una participación decisiva en el asesinato del general Sucre, lo que formaba parte de los intereses del santanderismo.

Las relaciones entre Bolívar y Flores, esenciales en la vida de Manuela Sáenz, van a discurrir por caminos ambiguos: Flores conspirando contra Bolívar, luego amistándose y, finalmente, alzándose con la independencia de Ecuador, fuera de la órbita de la gran Colombia. En medio de ambos, la figura espectral del general Santander, inclinando la balanza de las adhesiones o los odios.

Una confidencia de Bolívar a Perú de la Croix revela claramente los sentimientos del Libertador hacia Flores. En su *Diario de Bucaramanga*, Perú refiere que Bolívar recibió una copia de una carta que Flores había enviado a Santander, afirmando que el ejército a su mando estaba dispuesto a marchar sobre Bogotá "para degollar a todos los enemigos del Libertador, del centralismo y de la unidad e integridad nacional y que empezará por él [por Santander] si como se dice es el jefe del partido demagógico". La reacción de Bolívar al leerla, muestra un rasgo peculiar: dar por bueno aquello en lo que quería creer, por encima de la realidad, pues, según el diarista, el Libertador comentó a sus oficiales que Flores era capaz de hacerlo, sí, pero no de haberlo escrito:

Yo conozco a Flores mejor que nadie; tiene más arte que esto; pocos en Colombia pueden ganar al general Flores en astucia, gentilezas de guerra y políticas, en el arte de la intriga y en ambiciones: tiene gran talento natural, que está desarrollándolo él mismo por medio del estudio y la reflexión; solo ha faltado a Flores el nacimiento y la educación. A todo esto une un gran valor y el modo de saber hacerse querer; es generoso, y sabe gastar a propósito, pero su ambición sobresale sobre todas sus cualidades y defectos, y ella es el móvil de todas sus acciones. Flores, si no me equivoco, está llamado a hacer un papel considerable en este país. En resumen, pues, de todo lo dicho, no creo que haya escrito la carta que dice a Santander. Me ha dirigido esta copia creyendo hacerme placer. Sin embargo, el general Flores es uno de los generales de la República a quien tengo una verdadera confianza: lo creo amigo de mi persona y no del general Santander.

Manuela Sáenz escribe una carta al general Flores, el 11 de junio de 1843, en la que le manifiesta lo que parece fruto de una honda reflexión:

Usted debe estar persuadido que cuanto yo le diga es nacido de un afecto poco común a su persona, y que mi adhesión a usted ha sido y será a toda prueba. De todo esto debe deducir que es obra de mi carácter y nada más: pues mil y más acontecimientos casi, casi, me preparaban a ser lo contrario. Pero una profunda meditación y una voz misteriosa me gritaba: el general Flores no es culpado de tus desgracias, él ha sido y será el admirador de Bolívar. Así me tiene usted pura y sin mancha, habiendo vivido por ocho años en medio del club de sus enemigos [los exiliados en Paita].

Algo debía de sospechar Manuela, porque le contesta al general Flores, entonces jefe militar de Guayaquil, y no a Rocafuerte, presidente de la República, airada y orgullosa, sin poder ocultar su rabia, cinco días después de haber recibido el oficio de expulsión:

Al general Juan José Flores:

Ayer salí para Cusiche y hoy he tenido que regresar obedeciendo las órdenes del gobierno. Usted sabe, por la copia que le acompaño con esta carta, que la orden ha debido ser dictada por un borracho y escrita por un imbécil. ¿Hay razón para que esta canalla ponga por argumento mi antigua conducta? Señor: mis hermanos mucho me han hecho sufrir: ¡basta! Algún día sentirán haberme mortificado, pues mi carácter y mi conducta me justificarán. Yo presenté el pasaporte que usted tuvo la bondad de darme y apoyada en él, y lo que es más, en mi inocencia, no contramarché sino por la fuerza.

Nadie me convencerá, pues mi resolución está formada. Solo que usted me diga: Manuela, usted cometió el gran delito de querer al Libertador, huya usted de su patria, pierda usted gustosa lo poco que tiene, olvide patria, amigos, parientes, me verá usted obedecer con dolor, a lo menos seré dócil a usted, pero a usted solo, y le dirá adiós su agradecida pero casi desesperada amiga, Manuela.

No consta ninguna respuesta del general Flores, sino que las órdenes se cumplieron a rajatabla y el gobernador de Guayaquil le indicó el rumbo de su destierro: "Váyase rumbo al sur, hacia el Perú".

¿Tanto revuelo por la presencia de una adúltera que reclamaba venganza por la muerte de su hermanastro? Algo más se tramaba en aquel cruce epistolar entre el general Flores, el ministro del Interior Miguel González, el presidente Vicente Rocafuerte y el mismísimo Santander: el fantasma de Simón Bolívar, invocado por la presencia en Ecuador de Manuela Sáenz, revoloteaba en sus conciencias, por mucho que Rocafuerte, en una carta a Flores, justificara el destierro de la Sáenz diciendo que "las mujeres de moral relajada, preciadas de buenas mozas y habituadas a las intrigas de gabinete son más perjudiciales que un ejército de conspiradores".

También el ministro del Interior, Miguel González, se vio en la necesidad de explicar al general Flores los motivos de la expulsión. En carta fechada en Quito el 28 de octubre de 1835, decía:

> Apenas se anunció en esta capital la venida de Manuela Sáenz, cuando los llamados Quiteños Libres, dándose repetidos parabienes, concibieron la esperanza de poder seducir la tropa por medio de esta mujer, que como usted sabe es considerada por nuestros llaneros, que hacían la guardia al general Bolívar, como la Libertadora de Colombia. Luego que Manuela Sáenz penetró en los pueblos del interior empezó a regar la especie de que no venía sino a vengar la muerte de su hermano José María y que estaba resuelta a sacrificarse por llevar a cabo semejante pretensión [...]. A la verdad que parece ridículo temer nada de una mujer, ¿y no fueron mujeres las que promovieron la pasada revolución?, ¿las que emparedaron la ciudad; las que hicieron las balas con que fue derrocado a fusilazos el gobierno; las que traen hasta hoy divididas las familias; y las que, no obstante nuestros comunes esfuerzos, atizan aún la hoguera revolucionaria? Desengáñese usted, mi querido general, habría sido la bisoñada más grande dejar entrar a Manuela Sáenz en Quito en estas circunstancias [...]. Réstame tan solo agregar a todo lo expuesto que los tales Quiteños Libres están de luto desde que supieron que se había mandado regresar a la valiente amazona, en quien fijaran sus más gratas esperanzas.

Tras la adúltera Manuela Sáenz se evidenciaba la larga sombra de Bolívar, las heridas que se resistían a cicatrizar por la desmembración de la gran Colombia. Un pulso soterrado entre el general Flores, valedor de la Sáenz, y el presidente Rocafuerte, a quien no le hacía ninguna gracia la revoltosa quiteña. Flores le escribe al presidente Rocafuerte:

> He sentido, como lo que más, la medida que usted se vio en la necesidad de tomar con la señora Manuela Sáenz; pues

considerándola yo inocente y aun en buen sentido, le ofrecí a nombre del gobierno la protección de las leyes, y aun le di seguridades de que, si no delinquía, sería respetada en sus derechos [...]. Usted ha hecho bien en proceder como le haya parecido más conforme a sus deberes: por esto no tengo ni debo tener el menor sentimiento. Mas por otros motivos, como me hallo en la necesidad de trazarme una línea de conducta, para evitarme a mí mismo en adelante disgustos y compromisos, he resuelto no volver a tratar más en mis cartas ni de asuntos políticos ni administrativos, ni empeñarme por ninguna persona, mandar informe alguno no siendo en la parte militar que tiende a la seguridad y defensa del país. Este propósito es útil para usted y para mí; para usted porque lo deja en libertad de obrar sin ninguna consideración particular; y a mí, porque me liberta de todas las responsabilidades en la administración de usted.

Rocafuerte, decidido a expulsar de territorio ecuatoriano a Sáenz, le envió al general Flores una nota en la que decía:

Las mujeres son las que más fomentan el espíritu de anarquía en estos países. El convencimiento de esta verdad hizo tomar a los ministros la providencia de hacer salir a Manuela Sáenz del territorio del Ecuador; y la interesante recomendación de que usted me hace a su favor llegó tarde, al otro día de haber tomado la resolución de alejarla de este centro de intrigas.

La excusa no solo era débil, sino mendaz. Diez días después, el 10 de noviembre, Rocafuerte le envía a Santander la siguiente nota: "La Manuela Sáenz venía aquí con intención de vengar la muerte de su hermano, y con ese pretexto hacerse declarar la Libertadora de Ecuador. Como es una verdadera loca, la he hecho salir de nuestro territorio, para no pasar por el dolor de hacerla fusilar".

El jesuita e historiador ecuatoriano Jorge Villalba, recopilador de la correspondencia que Manuela Sáenz envió desde Paita al general

Flores, veía un hecho singular en la carta de Rocafuerte a Santander, "porque la invasión dirigida por el general José María Sáenz, en abril del 34, fue contra el gobierno del general Flores. Entonces Rocafuerte era jefe de los chihuahuas en la isla Puná y hacía también la guerra a Flores. Siendo así las cosas, ¿cómo es posible que el general Flores sea quien apoye, preste dinero, dé salvoconducto a Manuelita, y se moleste por su destierro, y que Rocafuerte, que nada tuvo que ver con la muerte del general Sáenz, interprete que su hermana viene a tomar venganza de esa muerte, haciéndole la revolución a él?". Una respuesta no satisfactoria achaca ese cúmulo de contradicciones a los años convulsos que siguieron a la independencia de Ecuador y a su desgajamiento de la gran Colombia. Había otros hechos curiosos: el general José María Sáenz había sido, hacia 1830, amigo del general Flores. Y aún más chocante: había colaborado para apartar Ecuador de la gran Colombia en su cargo de prefecto de Quito.

El padre Villalba resolvía así esa aparente paradoja:

> Rocafuerte, igual que Santander y todo el partido liberal, tenía ojeriza a la memoria de Bolívar y a sus defensores: Manuela Sáenz era la más apasionada defensora de esa memoria y de todo lo que fue el Libertador; y poseía los archivos confidenciales que podía usar en defensa de Bolívar y contra sus adversarios y denigradores. Todo esto hacía preferible tenerla desterrada y vilipendiada. En esto están de acuerdo Santander y Rocafuerte: ambos parecidos en la violencia y dureza de sus procederes. Había otro motivo, y es la exasperación, la situación de lucha sin cuartel, la costumbre de deshacerse del enemigo por el destierro, la cárcel, el fusilamiento, que es el pan de cada día en esos años, que devoraban a la nación en las llamas de la revolución y el odio.

Ese sustrato de odio hacia Bolívar lo vio Manuela con claridad y lo dejó meridianamente expresado en sus cartas. El 20 de noviembre de 1837 le escribe a Flores, ya no presidente de la República, sino jefe militar de Guayaquil: "¿Por qué no deja, general, que hagan la revolución contra Rocafuerte? Mire que es muy malvado, cuando usted menos piense le juega a usted alguna, bien debe usted conocerlo que es intrigante, cobarde y traidor; usted no se fíe de él". Años más tarde, el 7 de septiembre de 1843, tras casi una década en Paita, todavía aflora el odio y escribe a su amigo Flores: "Un terrible anatema del infierno comunicado por Rocafuerte me tiene a mí lejos de mi patria y de mis amigos como usted, y lo peor es que mi fallo está echado a no regresar al suelo patrio".

A finales de 1841, un suceso altera la tranquilidad de Paita. En el puerto ha atracado el barco ballenero *Acushnet* y la veintena de marineros de su tripulación se dirigen ruidosamente al consulado de Estados Unidos para presentar una protesta formal contra el capitán del barco, a quien acusan de malos tratos y despotismo. Víctor W. von Hagen, uno de los biógrafos más rigurosos de Manuela Sáenz, cuenta así el suceso:

Fueron tres días muy agitados; hubo peleas en la calle con intervención de los serenos. El segundo oficial desertó y el capitán reclamó exasperado protección legal para las pertenencias del barco. Manuela Sáenz, con su experiencia de cárceles y encarcelamientos, fue invitada a ayudar en la redacción de los documentos legales por parte de las autoridades locales. A la temblorosa luz de una vela, con los alados termes describiendo erráticos círculos en torno a la llama, Manuela fue vertiendo al español el salobre inglés de los marineros del *Acushnet*. Uno de los últimos en prestar testimonio fue un joven callado y de ojos grises. Tenía 22 años, y su nombre, cuando fue consignado en el documento no dijo a Manuela más de lo que dijo a los compañeros: Herman Melville. Pero después, mucho después, cuando la fama lo cortejó y luego lo abandonó, se acordó de Manuela: "Humanidad, recio ser, te admiro, no en el vencedor coronado de laureles, sino en el vencido". Y pensó en el gris opaco de Paita y en Manuela montada en los cuartos traseros de un burro: "Entraba en Payta-*town* montada en un borriquillo gris, con la mirada fija en las paletillas, en el juego de la cruz heráldica de la bestia".

Montada en un humilde asno, amazona vencida, enceguecida por la refracción del sol, ganada para la miseria, náufraga de tantas batallas, capitana Ahab gobernando la quilla de ese *Pequod*-Paita anclado en las dunas del desierto peruano. Manuela persiguiendo su particular Moby Dick, que no le ha arrancado una pierna, pero le ha roto mil veces el corazón, con las manos casi agarrotadas por el incipiente reuma, manos que sostuvieron enérgicas las riendas del caballo que pisaba rocas y hielos eternos en precipicios a tres mil metros, tras los pasos de Bolívar en los Andes. O sofocando en Quito, lanza en ristre, un conato de rebelión contra Bolívar. Así la describían las crónicas: "Jinete en un potro color jaspeado, con montura de hombre, pistoleras al arzón y gualdrapa de marciales adornos, vestida a lo turco, con el pecho levantado sobre un dormán finísimo, meciéndose sus bucles, bajo un morrión de pieles, garbada la cabeza por cucarda y plumajes militares y sus pies por diminutas botas de campaña con espolines de oro". Y ahora, la intrépida amazona de otros tiempos monta a horcajadas un dócil burro, vestida con ropas que proclaman su pobreza.

No la evocaría así, veinte años más tarde, el político y periodista Venancio Ortiz. En el *Papel Periódico Ilustrado* de Bogotá recordaba sus tiempos de esplendor, recién llegada a la capital colombiana, aunque la memoria le jugó, al "pobre viejo", como se califica a sí mismo Ortiz, una mala pasada y confundió su nacionalidad:

Doña Manuela Sáenz, bellísima joven argentina, a quien el Libertador trajo de Perú, tenía hábitos tan poco femeniles, que montaba y vestía como hombre con arreos militares, e iba siempre a todo el andar de un brioso corcel. Usaba una capita de paño azul, galoneada, y sombrero negro de ala tendida y copa baja, adornado con una pluma. Seguíanla como escolta dos o tres húsares armados de lanza, carabina y machete, y la negra Jonatás, mujer ya no muy fresca, y fea, montada también como hombre, con uniforme colorado y armada como los húsares.

Las visitas en Paita eran inesperadas. Un día de 1845 entró en su cabaña José Joaquín Olmedo, el autor del *Canto a Junín*, un poema de exaltación a Bolívar del que Manuela sabía de memoria algunos fragmentos. Olmedo, que se enemistó con Bolívar por la anexión de Guayaquil a la gran Colombia, relató el encuentro con Manuela describiéndola como "la más graciosa y gentil matrona que yo hubiera visto hasta ahora". Y añadió: "Conocía las circunstancias más minuciosas de la vida del Libertador de la América del Sur, esta vida consagrada completamente a la emancipación de su país y las altas virtudes que le adornaban, no valieron para sustraerla al veneno de la envidia y del fanatismo que le amargaron sus últimos días". Tal vez recitaran algunos versos y se despidieran con lágrimas de emoción:

El trueno horrendo que en fragor revienta
y sordo retumbando se dilata
por la inflamada esfera,
al Dios anuncia que en el cielo impera.
Y el rayo que en Junín rompe y ahuyenta
la hispana muchedumbre
que, más feroz que nunca, amenazaba,
a sangre y fuego, eterna servidumbre,
y el canto de victoria
que en ecos mil discurre, ensordeciendo
el hondo valle y enriscada cumbre,
proclaman a Bolívar en la tierra
árbitro de la paz y de la guerra.

El 7 de febrero de 1855 llama a la puerta de Manuela otro visitante, ansioso por conocer detalles de la vida del Libertador: el joven político colombiano Carlos Holguín Mallarino, que, treinta años después, sería presidente de la República de Colombia, y una de sus preocupaciones tendría su origen en las confusas fronteras de Colombia y

Venezuela ocasionadas por el sueño de Bolívar de la gran Colombia. Para arbitrar el litigio, hubo de acudir a la reina regente María Cristina, a quien Holguín había conocido como embajador colombiano en Madrid. La regente resolvió el conflicto, y, siendo presidente, Holguín regaló a María Cristina ciento veintidós piezas de oro de la orfebrería precolombina que componían el llamado "Tesoro de los Quimbayas" que, según Holguín, era "la más completa y rica colección de objetos de oro que habrá en América".

En Paita, además de la persistente arena, se difundía el comején, voraces insectos que engullían la madera y caña brava con que se construían las casas y cabañas. Al pisar un escalón de su buhardilla, un día la madera cedió y Manuela Sáenz dio con su voluminoso cuerpo en tierra. En Paita no había médico y hubo que buscarlo en Piura; tardó varios días en llegar, dada la distancia y la dificultad de comunicaciones. El doctor nada pudo hacer y Manuela quedó imposibilitada para poder moverse. Mientras se recuperaba de la caída le llegó la noticia de la muerte de su marido, James Thorne, brutalmente asesinado cuando paseaba con su amante, Ventura Concha, viuda del general Domingo Orué.

James Thorne fue un misterio para Manuela; nunca supo cómo ni cuándo había llegado a América, aunque suponía que desde España, tal vez desde Cádiz, ni supo tampoco su verdadera edad, aunque calculaba que sería unos veinte años mayor que ella. La boda, según costumbre de la época, había sido arreglada por su padre, Simón Sáenz y Vergara, vástago de la nobleza española, miembro del Consejo de la Ciudad de Quito, capitán de la Milicia del Rey y furioso defensor de la presencia de España en los virreinatos de la colonia. Las relaciones de Manuela con su padre nunca fueron buenas, y no porque Manuela fuera hija natural, sino por las inamovibles posturas: él, realista acérrimo, y ella fervorosa partidaria de la independencia.

VI

*S*imón Sáenz y Vergara, nacido en Villasur de los Herreros, un poblado de Burgos, en una familia de la pequeña nobleza, emigró a Panamá y luego a Quito, y se dedicó a la venta de mercadería española, hasta amasar una regular fortuna, incrementada al casarse, en Popayán, en el virreinato de Nueva Granada, con Juana María del Campo, rica viuda quiteña con la que tuvo once hijos, los primeros en Popayán y los demás en Quito. Uno de los hijos, Ignacio Sáenz del Campo, llegó a comandante del ejército patriota, donde se distinguió por su crueldad; destacado cerca de Pasto, detuvo a unos prohombres tachados de realistas, entre ellos dos regidores de la villa, y, tras atarlos fuertemente, los arrojó a la corriente del río Guaitara.

La madre de Manuela, María Joaquina de Aizpuru, descendía de una noble familia vasca, lo que impulsó a un historiador a afirmar que "era natural concluir que Manuela hubiese heredado, por parte de madre, aquella porción de la sangre vizcaína que suele ser tan fanática, tan obsesionada, tan invencible". Por otro lado, el genealogista Fernando Jurado Noboa ha encontrado en Manuela Sáenz ascendientes judíos e indígenas. Una tatarabuela, Ana Cepeda de la Plaza, descendía de un hermano de santa Teresa de Ávila, que marchó a las Américas; la otra, Ana Ramírez, era una indígena de Popayán que dio una hija al maestre de campo Gaspar Díaz Gutiérrez, de origen portugués, y estuvo en la conquista del Perú.

Manuela Saénz, nacida el 27 de diciembre de 1797, fue bautizada dos días después como hija espuria. Se sabía quiénes eran sus padres, pero en ningún registro oficial figuran sus nombres. Y tampoco se encontró, como era habitual en los hijos expósitos, la fe de bautismo de la niña. El 5 de septiembre de 1821, el fraile mercedario Mariano Ontaneda afirmó bajo juramento ante Andrés Salvador, alcalde segundo de Quito, que Manuela era hija de Simón Sáenz y Joaquina Aizpuru, y que él había intervenido "para que la criasen en cierta casa, aunque luego resolviera exponerla en el monasterio de la Concepción". En un documento público, firmado el 31 de julio de 1823 en Quito, ante el escribano Juan Antonio Ribadeneyra, se deja constancia de la madre de Manuela: "En que por ser evidente, público y notorio que Manuela Sáenz es hija de la señora Joaquina Aizpuru, persona soltera, que falleció en años pasados sin haber contraído matrimonio, ni dejado hijos legítimos; que en consecuencia debe heredar la mencionada señora Manuela Sáenz a sus abuelos maternos, el doctor don Mateo de Aizpuru y doña Gregoria de Sierra".

Manuela se crió con su madre, más inclinada a la causa patriota, y en contadas ocasiones veía a don Simón; a los hijos del matrimonio legítimo los veía con frecuencia, sobre todo a José María. Otra hermanastra, María Josefa, nacida en Popayán, mayor que Manuela, fue afecta a la causa españolista y, tras casarse a los quince años, enviudar y tener un hijo en Quito en segundas nupcias, marchó a vivir a España y más tarde se trasladó a Burdeos. El hijo de Josefina, Francisco Antonio Manzanos Sáenz, se hizo fraile capuchino y, pasados los años, visitó a su tía Manuela en Paita. María Josefa parecía el vivo trasunto de Manuela: decidida, terca en sus ideas, con la energía suficiente para empuñar las armas y defender su casa. En 1812 estuvo encerrada en un convento de Quito por orden de los patriotas, pero escapó, se unió a las tropas realistas y actuó como un soldado en el combate de Mocha el 12 de septiembre. Fue la primera en entrar en el pueblo ondeando una bandera real traída desde Quito.

La niñez de Manuela Sáenz transcurre en la hacienda Catahuango, en las afueras del sur de Quito, propiedad de la familia de la madre, en medio del desafecto de su padre, con algunas visitas esporádicas de don Simón, con quien se siente una extraña, arropada por el cariño de la madre y con dos compañeras de juegos que serán fundamentales en su vida: las esclavas Jonatás y Nathán, dos o tres años mayores que ella, compradas en Quito. Jonatás colaborará a que Manuelita pierda su virginidad a los diecisiete años. El ambiente de la Colonia, donde los sables y la liberación de las conciencias empiezan a dejar oír voces silenciadas durante siglos, va a despertar sentimientos que marcarán irremediablemente el rumbo de su ajetreada y dramática vida. Entre esos dos polos –seguir sus impulsos de mujer libre y servir apasionadamente la causa revolucionaria de Bolívar– se va a desenvolver su existencia hasta la desesperación y la miseria.

Juana Rosa se incorpora en silencio y mueve el sillón de Manuela a la zona del porche protegida del sol, con un movimiento rutinario. La mañana, idéntica a la de ayer, sigue un ritmo monótono que solo rompe la imprevista llegada de algún marinero en busca de tabaco.

–¡No lo puedo creer, morir confesado! Le debió de engañar el cura, o en la agonía no sabía lo que hacía. Los dos jóvenes que le acompañaban cuando llegó a Amotape, ¿seguían con él?

–Oí en el puerto esta mañana que uno ya se había ido; y el otro fue el que avisó al cónsul colombiano.

–Nunca me lo confesó, pero yo creía que eran hijos suyos, no hablaba de estas cosas. ¡Los hijos, los hermanos! ¡Cuánto no me hicieron sufrir mis hermanos! Con mi hermana Eulalia, que era tan goda como mi padre, y soberbia hasta decir basta, reñía constantemente. La casaron muy joven, como a mí, se fue con su marido a Madrid y nunca he sabido de ella. También mi hermana Josefina, ¡otra goda!, se fue a España tras casarse y moriría en Francia. ¡Los hijos! No sé si me hubiera gustado tener hijos, aunque de joven no quería tenerlos…, ni podía, me lo dijo el doctor Ricaurte Cheyne, quien, tras examinarme, me aseguró que yo tenía una conformación especial y no podía tener hijos. Nunca supe exactamente qué era eso de la conformación especial, pero nunca me quedé preñada. El impertinente de don Juan el francés no sé cómo se enteró y lo divulgó a los cuatro vientos. También decía que el doctor era mi amante. Sin embargo, al general Sucre, tan gallardo, tan guapo, noble y generoso, nunca me lo pusieron de amante. ¿Quién se comportaba como él? Me confesó que una mujer de Guayaquil había parido una niña y en secreto le envió la noticia de que él era el padre, y sin más averiguaciones aceptó la paternidad. La mujer murió al poco tiempo y Sucre ordenó que la niña fuera educada convenientemente en Quito. No sé qué habrá sido de ella. Antes de casarse con la marquesa de Solande, Sucre tuvo un hijo natural en La Paz, y creo que alguno más, ¡era muy dado a las damas! Cuando nació una hija de su matrimonio, se quejaba medio en broma en una carta a Bolívar de no haber engendrado un futuro guerrero; esa niña murió muy pronto... Aceptar que él era padre solo porque lo decía aquella mujer, ¡eso no lo hacía nadie, era un caballero! El general Córdoba era valiente, y buen mozo, parecía un guerrero de leyenda, pero me humilló... Su edecán difundió la calumnia de que en un viaje de Perú a Guayaquil me había insinuado a él obscenamente, y que tuvo que decirme que él era fiel a Simón Bolívar, ¡y se sublevó contra él! Lo odié con todas mis fuerzas. Pero ahora me arrepiento de haberme alegrado de su muerte, ¡aquella espantosa muerte a golpes de espada, tendido en un camastro! Fue una villanía del salvaje inglés borracho y enloquecido, asesinar a un héroe de Ayacucho.

Jorge Juan y Antonio de Ulloa describen en *Noticias secretas de América* la relajación sexual de las colonias, en especial entre el clero:

> Entre los vicios que reinan en el Perú el concubinage, como más escandaloso y más general, deberá tener la primacía. Todos están comprehendidos en él, europeos, criollos, solteros, casados, eclesiásticos seculares y regulares; esta generalidad tan absoluta parece que se debe estimar como efecto de una hipérbole, porque no eceptuandose los de ningún estado, deja sospechas bastantes para que la razón pueda vacilar dudosa en su creencia, y debiendo nosotros mostrar que esta es la verdad, procuraremos hacerlo con algunos ejemplos que den a entender completamente lo que sucede en este particular [...]. Es tan común vivir las gentes de aquellos países en continuo amancebamiento, que en los pueblos pequeños llega a hacerse punto de honor el estarlo; y así cuando algún forastero de los que llegan a ellos y residen algún tiempo, no entra en la costumbre del pays, es notado, y su continencia se atribuye, no a virtud, sino a efecto de miseria y economía, creyendo que lo hacen

por no gastar [...]. Después de haber estado allí algunos días, preguntaba la gente del pueblo a la de las mismas haciendas por nuestras concubinas y como les dixesen que vivíamos sin mujeres, haciendo grande admiración dan a entender la que allí les causa una cosa tan regular en todas partes a ecepcion de aquel pays. Siendo pues tan común allí este vicio no podrá ser extraño el que participen de él los que por su estado deberían conservarse exentos de él; pero un mal tan general se introduce con facilidad aun en aquellos que más procuran preservarse de su infestación, y quitando de la consideración el reparo que podría haber de la pérdida del honor, entra el envegecido uso de la mala costumbre, haciendo que el pudor se olvide de sí, y que el temor no conozca sugeción alguna.

Contra el clero descargan, con burla y dureza, su látigo moralista los dos marinos españoles, que dan por sentado que "la libertad con que viven los religiosos en aquellos payses es tal que ella misma abre las puertas al desorden".

Nuestra residencia en Quito llegó el tiempo de hacerse capítulo en la religión de San Francisco, y con el motivo de vivir en aquel barrio tuvimos la oportunidad de ver por menor todo lo que pasaba. Desde quince días antes de que se celebrase el capítulo era una diversión ver a los religiosos que iban llegando a la ciudad con sus concubinas; y por más de un mes después que el capítulo se concluyó fue otra diversión el ver salir a los que volvían a sus nuevos destinos. En esta misma ocasión sucedió, que viviendo un religioso con toda su familia frente a la casa donde uno de nosotros estaba alojado acertó a morírsele un hijo. Aquel mismo día a las dos de la tarde fue toda la comunidad a cantarle un responso, y después cada uno de por sí fue dándole el pésame al doliente [...]. Es tan poco, o tan ninguno el cuidado que ponen estos sujetos en disimular esta conducta, que parece hacen ellos mismos alarde de publicar su incontinencia; así lo dan a entender siempre que viajan, pues llevando consigo a la concubina, hijos y criados van publicando el desorden de su vida.

En la adolescencia Manuela Sáenz tendrá siempre a su lado, como una sombra, a la fiel Jonatás, zascandil de todos los chismes de la ciudad, celestina diligente y avisada, oído atento a cualquier noticia escandalosa, visitadora asidua de los cubiles donde se bailan los fandangos, que tanto escandalizaron a Jorge Juan y a Antonio de Ulloa y que tanto asombra a Boussingault.

La mentalidad puritana de Jorge Juan y Antonio de Ulloa se verá violentamente asaltada por los fandangos de Jonatás. Y con tanto escándalo que así la describen en *Noticias secretas de América*: "Luego que empieza el bayle empieza el desorden en la bebida de aguardientes y mistelas, y a proporción que se calientan las cabezas, va mudándose la diversión en deshonestidad, y en acciones tan descompuestas y torpes, que sería temeridad el quererlas referir, o poca cautela el manchar la narración con tal obscenidad". Cautela, por supuesto, que no tuvo Boussingault, aunque sí temeridad, cuando le refirió a su madre el "queso" que había dejado sobre el piso, tras bailar un fandango, la esclava mulata de Manuelita. El célebre científico francés, convertido en malicioso reportero ocasional de las debilidades humanas de la corte bolivariana, para deleite de futuros historiadores, no se habría escandalizado de haber conocido lo que le ocurrió a un compatriota suyo tras asistir a un fandango, según relatan Juan y Ulloa. Tras una sesión de fandangos, se ofreció a acompañar a su casa, ya entrada la noche, a la mulata que los había deleitado con su espectáculo, y cuál no sería su sorpresa al comprobar que la mulata vivía en un convento de frailes.

Aún más gráfico y realista que estos autores es el obispo de Cartagena, José Díaz de la Madrid, que procedía de la diócesis de Quito y sabía de lo que hablaba en una carta, de 1805, al rey de España, donde relata los bailes que llaman bundes, que se celebraban de las nueve de la noche en adelante:

> Concurren indios, mestizos, mulatos, negros, zambos y otras gentes de inferior clase. Todos se congregan en montón, sin orden,

sin separación de sexos, mezclados los hombres con las mujeres. Unos tocan, otros bailan, y todos cantan versos lascivos, haciendo indecentes movimientos con sus cuerpos. En los intermedios no cesan de beber aguardiente, que llaman guarapo, y chicha, y duran estas funciones hasta el amanecer... con la proporción que trae para el pecado la oscuridad de la noche.

En sus andanzas científicas por la región, Boussingault llegó a Quito, y además de extasiarse con las riquezas mineralógicas de la zona, no pudo resistir la tentación de poner su ojo crítico en la sociedad quiteña, que al igual que la bogotana tantos motivos de asombro le proporcionaba. Quito, según su parecer, tenía por entonces unos sesenta mil habitantes y "como todas las ciudades de la cordillera, sobresalía por un carácter profundamente monástico y por sus calles solo se veían monjes y sacerdotes". Recibió el consejo de ir a misa a la catedral, "al menos una vez, para que le vieran y no le tomaran por herético". Así lo hizo y le sorprendió ver que las mujeres se sentaban en el suelo al estilo morisco, acompañadas invariablemente por esclavas negras o indias "que no parecían muy interesadas en la ceremonia". Invitado a la casa de Catita de Valdivieso, una de las principales familias quiteñas, Boussingault narraría uno de los episodios más divertidos –pero "inmoral y escandaloso", precisaría– de sus memorias. La tertulia discurría muy festiva y distendida, y de pronto alguien dijo algo sobre un niño. Boussingault no prestó demasiada atención hasta que empezó a oír los gritos de dolor de una mujer, como si estuviera de parto. Guiado por la curiosidad, pasó a otro cuarto y allí vio a la dueña de la casa tendida en un canapé, arropada con una cobija, con gestos y alaridos de que estuviera dando a luz. Alguien metió las manos debajo de la cobija y, tras simular forcejeos, sacó una guitarra. Entre carcajadas, la envolvieron en pañales y un monje franciscano, maestro de música de la familia, entonó un salmo y bautizó el instrumento.

Jonatás va a ser para Manuela la guía en los recovecos de los amores prohibidos y Boussingault encontrará un inapreciable material para ilustrar las picantes crónicas epistolares que envía a su madre a París. Escribe:

Se contaban escenas increíbles que sucedían donde Manuelita y en las cuales la mulata soldado tenía el papel principal. Jonatás es una joven esclava, una mulata de cabello ensortijado, rostro duro, siempre vestida como un soldado. Es el álter ego de Manuelita. Un ser singular, comediante y mímica de primera clase que hubiera triunfado en cualquier teatro. Tiene un don asombroso para las imitaciones. Su rostro es impasible. Como actriz, hace las cosas más cómicas con una seriedad imperturbable. Le oí imitar a un fraile que predicaba la Pasión; nada había más risible. Durante casi una hora permanecimos bajo el hechizo de su elocuencia y sus ademanes; reproducía con exactitud completa las entonaciones de los frailes. Aseguraban, pero estoy convencido de que esto no era cierto, que en una escena de la Pasión habían crucificado a un loro. La verdad es que tenían la tendencia de burlarse de las cosas sagradas, afición muy imprudente e indecente.

Aunque no tan próxima, hay otra persona fundamental en la vida de Manuela: don Simón Sáenz y Vergara, asiduo contertulio de los reductos realistas más intransigentes de Quito, donde la exigua minoría de los criollos controla el comercio, aunque no el poder y sus resortes, en manos de los españoles llegados con órdenes reales bajo el brazo. La lucha por la independencia, larga y cruenta, con episodios de ferocidad, la inician los criollos, no los mestizos.

Lo que ha sido un rumor, amortiguado por el miedo, comienza a ser un clamor entre los criollos: ¡ya está bien de mandarnos desde España, no somos españoles de segunda categoría! Otros ven una peligrosa deriva contra el juramento de fidelidad a la corona. Juan Pío Montufar, marqués de Selva Alegre, había roto hacía años sus lazos con el rey de España. Simón Sáenz y Vergara seguía siendo defensor a ultranza de las esencias españolas, enemigo jurado de cualquier atisbo de revolución.

A los independentistas se les ve en España como simples insurgentes, lo que llena de cólera a los patriotas, que alcanzarán su máxima efervescencia cuando la Junta Suprema de España y de las Indias, establecida en Sevilla tras la deportación a Francia del rey Fernando VII, afirma solemnemente que la América española debía estar unida a la madre patria, fuere cual fuere el destino de esta, y que el último español que quedase tenía derecho sobre los americanos. En las Cortes de Cádiz, el diputado José Pablo Valiente, afirmaría sin titubeos: "No sé a qué clase de animales pertenecen los americanos". El 10 de agosto de 1809, los afectos a la unidad de España y sus colonias americanas emularon a la Junta Suprema de Sevilla con un edicto que es duro contraataque a los revolucionarios:

> El estado actual de incertidumbre en el que está sumida la España, el total anonadamiento de todas las autoridades legalmente constituidas y los peligros a que están expuestas la persona y las posesiones de nuestro muy amado Fernando VII de caer bajo el poder del tirano de Europa, han determinado a nuestros hermanos de la presidencia a formar gobiernos provisionales para su seguridad personal, para librarse de las maquinaciones de algunos de sus pérfidos compatriotas indignos del nombre español, y para defenderse del enemigo común. Los leales habitantes de Quito, imitando su ejemplo y resueltos a conservar para su rey legítimo y soberano señor esta parte de su reino, han establecido también una Junta Soberana en esta ciudad de San Francisco de Quito.

Simón Bolívar resume, en los albores revolucionarios, las inquietudes de las colonias:

> Los americanos, en el sistema español que está en vigor, y quizá con mayor fuerza que nunca, no ocupan otro lugar en la sociedad que el de siervos propios para el trabajo, y cuando más, el de simples consumidores; y aun esta parte, cortada con restricciones chocantes: tales como las prohibiciones de cultivo de frutos de Europa, el estanco de las producciones que el rey monopoliza, el impedimento de las fábricas que la misma Pe-

nínsula no posee, los privilegios exclusivos del comercio hasta de los objetos de primera necesidad, las trabas entre provincias y provincias americanas, para que no se traten, entiendan y negocien.

El 25 de marzo de 1809, Manuelita, con doce años, contempla, desde el balcón de la casa quiteña de su madre, una escena que va a dejarle una huella profunda: un grupo de patriotas, entre los que se encuentran Montufar, el capitán Juan Salinas, el doctor Juan de Dios Morales, el coronel Nicolás de la Peña, y el presbítero Miguel Riofrío, es conducido preso, escoltado por soldados de la guardia real, al convento de la Merced. Tres frailes de esa orden los han denunciado como enemigos. Los delatores son los padres Polo, González y Lozada.

Manuela Sáenz contempló a los detenidos con admiración. La dignidad con que cabalgaban, el orgullo de sus miradas, el silencio emocionado con que la gente los veía pasar, los cuchicheos de su familia materna lamentando el destino de esos patriotas, le hicieron sentir una extraña sensación: el corazón le latía con fuerza y a sus ojos acudían lágrimas furtivas, no sabía si llorar o saltar de alegría; tenía un grito en la garganta. Eran los héroes del día. Los antipatriotas, los villanos, estaban en el otro lado, donde Simón Sáenz se movía a sus anchas, y Eulalia, su odiosa hermanastra, le restregaba que ella era una extraña, incrustada en una familia donde no tenía cabida. Sintió, como nunca antes, la lejanía de su padre, su desafecto, y que una incontrolada y temible fuerza la empujaba al odio. Pero entonces no podía saber que, años más tarde, en otro balcón de Quito, el odio se transformaría en amor furioso, desatado, adúltero, y que su vida se despeñaría, entre batallas, conspiraciones y placeres prohibidos, hasta la soledad y la miseria de un desierto perdido del norte de Perú.

El capitán Salinas no dudó en afirmar, en su declaración, que su "enemigo capital es don Simón Sáenz". Y en su defensa, realizada por él mismo, ya que no tenía dinero para pagar a un letrado, agregaría: "Don Simón Sáenz, abusando de la amistad íntima que él, doña Josefa y su marido el auditor tienen con el padre Polo, siendo este compadre de ambos, y a causa de su sencillez, contándoles de mi plan le influyeron e hicieron creer era para República, impeliéndole lo denunciase como tal. El padre Polo dijo lo que dijo en su conocimiento porque su idolatrado don Simón Sáenz no estaba de presidente".

Con este temprano sentimiento revolucionario y el anidado resentimiento contra su padre, Manuela se acerca a la edad en que sus progenitores tienen que decidir su futuro. La plácida niñez en la hacienda Catahuango toca a su fin: los juegos con las esclavas Jonatás y Nathán van a ser mudados por el discreto trato con las monjas del convento de Santa Catalina, donde Joaquina y Simón la internan para que reciba la educación de las jóvenes de su clase.

Boussingault, sin cuyas observaciones la vida de Manuela Sáenz tendría menos encantos de los precisos y más incógnitas de las necesarias, ilumina esa decisión de los padres de meterla en un convento, donde lo que menos regía era una férrea disciplina. Dentro de sus imponentes muros no solo se ofrecía a las jóvenes una educación epidérmica y utilitaria, sino que era refugio de mujeres escapadas de sus maridos o esposas a las que la autoridad eclesiástica recluía allí por algún motivo, rodeadas de hijos y criadas que daban al convento un aire familiar, como de andar por casa. Y, por supuesto, los frailes tenían acceso libre a las celdas conventuales. El convento de Santa Catalina, por lo demás, bajo la férula espiritual de los frailes dominicos, va a pasar a la historia quiteña como una de las instituciones religiosas más escandalosas del Ecuador colonial y republicano. Escribe Boussingault:

> A los 17 años entró como interna a un convento donde aprendió las labores de aguja y los bordados en oro y plata que son motivo de admiración para los extranjeros; luego le enseñaron la preparación de helados, sorbetes y confituras. Las religiosas instruían a sus discípulas en la lectura y en la escritura, únicos conocimientos que posee una joven de buena sociedad. Las damas suramericanas, gracias a su vivacidad y a sus perfecciones naturales, son a pesar de eso mujeres agradables, pero absolutamente privadas de instrucción. En mi época no leían jamás, ni siquiera malos libros, aun cuando, sin duda, existían raras excepciones.

Boussingault asegura que no parece que Manuela Sáenz formara parte de esas raras excepciones, por más que Ricardo Palma afirmara que "doña Manuela leía a Tácito y a Plutarco; estudiaba la historia de la Península en el padre Mariana y la de América del Sur en Solís y Garcilaso; era apasionada de Cervantes, y para ella no había poetas más allá de Cienfuegos, Quintana y Olmedo". Lo que se ha constatado es que leyó a Cervantes, quizá en el ejemplar del *Quijote* de Bolívar, casi descuadernado por el uso, pues una noche Manuela comparó burlonamente al hidalgo manchego y al Libertador. Aunque la comparación más ácida la hizo el propio Bolívar. La tradición ha puesto en su boca, antes de morir, la afirmación de que había habido en la historia tres grandes majaderos: Cristo, don Quijote y él mismo. Si no literatura clásica, lo que le enseñaron las monjas de Santa Catalina –bordar, confitar– le será de gran utilidad, al cabo de los años, en los arenales de Paita, cuando debió de preguntarse: "¿Y ahora, qué?".

Pero aún falta mucho para que se haga esa pregunta. En el convento le asaltan otras urgencias entre bordados, pastelillos y rezos: no se le va de la cabeza la mirada de los jóvenes quiteños cuando los domingos sale de su encierro a pasar el día con su familia. Y para explicarle esos sentimientos, ahí tiene a su esclava Jonatás, que la visita cada día y le habla del deseo y la pasión que desata en los hombres, de los placeres del amor, y de un joven y apuesto militar al servicio del rey que bebe sus vientos, dispuesto a dar su vida por un beso suyo. Pero ¡sirve al rey, está en el bando que ella odia! ¿Y qué importa? ¡Es un hombre joven, guapo y valiente, enamorado de ti! Ni los bordados, ni los pastelillos, ni los rezos consiguen que olvide las melosas palabras de Jonatás, quien un día ve en los ojos de Manuela un brillo especial cuando le habla de él, y le hace entrega de una carta encendida de amor de Fausto d'Elhuyar.

Jonatás jugó unos meses su papel de celestina, hasta que una mañana Manuela se decide a salir temprano, con cualquier excusa, para encontrarse con Fausto. La pareja desaparece unos días, al cabo de los cuales Manuela regresa al convento. Ni Boussingault pudo saber si la enamorada Manuela fue abandonada por su joven amante o ella resolvió que el apuesto militar no era tan fogoso como creía. El científico y cronista francés se limitó a decir: "¿La abandonó su raptor y la restituyó a su familia? Es lo que no sé". Pero eso era lo menos importante. Manuela había dejado su virginidad en algún rincón de los Andes quiteños, y sus padres pensaron que había que buscarle un marido complaciente, que no prestara atención a esas cuestiones. La suerte favoreció a Simón Sáenz, y también a Manuela, pues se casaría con un hombre sin gracia, pero indulgente.

James Thorne pasó por la vida de Manuela Sáenz con más sombras que luces. Se sabía que era católico, pero lo demás es especulación, cuando no puro misterio. Los dos acuciosos biógrafos de Manuela, el ecuatoriano Alfonso Rumazo González y el estadounidense Victor W. von Hagen, discrepan frontalmente respecto a Thorne. Uno lo ve como hombre de negocios, llegado a tierra americana, quizá desde Cádiz. El otro lo convierte en doctor y agrega que tal vez pudo conocer a Manuela en alguna de las visitas médicas a su madre. Ambos coinciden en que el inglés doblaba en edad a su mujer, que por el matrimonio recibió del padre de la novia una dote de 8.000 pesos oro, y que llegó a hacer una gran fortuna. Pero discrepan sobre Joaquina Aizpuru, la madre de Manuela: Von Hagen la da por muerta antes de que su hija ingresara en el convento de Santa Catalina, y Rumazo afirma que vivía cuando Manuela se casó con Thorne. Tampoco coinciden en la ciudad donde se ofició la ceremonia, si en Quito o en Lima. Si la boda se celebró en Lima, como sostiene Von Hagen, Manuela no pudo cometer adulterio inmediatamente hasta que conoce a Bolívar, el 16 de junio de 1822. Si se casó en Quito, según la versión de Rumazo, Manuela podía haberse vuelto a encontrar con Fausto. Salvador de Madariaga, en su poco amable biografía del Libertador, da por sentado que Manuela, tras su matrimonio, continuó sus amoríos con Fausto.

Rumazo, el primero en escribir sobre Manuela Saénz, cuenta así la boda:

Queda concertada la boda para mediados de 1817; entretanto el novio visitará a su prometida una vez por mes en casa de doña María, nunca a solas, mientras las mismas monjas, los parientes y la madre preparan el ajuar ricamente bordado, todo en lino y seda, con grandes monogramas en cada una de las piezas [...], Manuela recibe la noticia [de su compromiso] con extraordinaria frialdad; no se sonríe por respeto a su madre, pero la cosa le parece suficientemente ridícula; sobre todo a ella, que ya sabe lo que es unirse con intenso amor. Pero después de todo, está bien la combinación. Casada ya, cesarán las habladurías respecto de su aventura con D'Elhuyar y será una mujer respetada en el mundo social; podrá divertirse, llevar una vida placentera, tornarse en eje y centro de interesantes fiestas, de paseos [...]. En habiendo un hombre con suficiente dinero, suficiente edad y suficiente flema para soportar todo eso, que venga el matrimonio [...]. El inglés comienza a enamorarse perdidamente de su novia [...]. Su locura llega a admitir una exigencia eclesiástica: la ceremonia ha de celebrarse, y se celebra, con misa a la que asiste gran número de invitados. Son las presiones de la época, además. Después de la misa sigue la fiesta en la casa de doña María, con danzas y licores, al compás de una orquesta de bandolines y guitarras; luego, al amanecer del día siguiente, en casa de Simón Sáenz; y por último, al tercer día, en casa del padrino principal o de la madrina más destacada, puesto que son varios los unos y las otras. Solo al cabo de tres días y tres noches se permite que los novios se entreguen al secreto de su amor en la hacienda Catahuango [...]. Si se hubiese buscado cuidadosamente una mujer antítesis que el doctor Thorne para el temperamento de la quiteña, no se habría dado con ella. Manuela lo describió más tarde en pocas palabras: "Como hombre, usted es pesado; la vida monótona está reservada a su nación. El amor les acomoda sin placeres, la conversación sin gracia, el saludar con reverencia, la chanza sin risa". Con una realidad semejante, no podía producirse sino una violenta crisis en el nuevo hogar [...]. Ella es exaltada, fogosa, de impetuosidad incontenible; solo un temperamento de impulso más poderoso y violento podría dominarla: la resistencia pasiva le causa desesperación [...]. Busca entonces una fuga adecuada para no desequilibrar su espíritu por completo: acepta los galanteos de su primer amante, D'Elhuyar. Vuelve a los amoríos pecadores con él, muy ocultamente, muy ayudada por la negra Jonatás, hasta con cierta tolerancia de su madre que advierte desde los primeros días lo absurdo del matrimonio de su hija.

Los detalles que ofrece Von Hagen resultan más creíbles. A no ser que Manuela viajara a Quito tras casarse, antes del viaje que realizó en 1822, de lo que no hay constancia, difícilmente pudo haber sido infiel con D'Elhuyar, pues que se sepa el oficial no viajó a Lima, donde residía su efímera amante. Von Hagen da otra versión del casamiento:

> Se convino, pues, el matrimonio. Simón Sáenz bendijo a la pareja y partió para España. James Thorne llenó sus cofres con los 8.000 pesos oro y se embarcó con Manuela para Lima. Residieron en distintas casas de la parroquia de San Sebastián, para cumplir con las leyes de la ciudad, que prescribían que cada cual debía casarse en el lugar de su residencia. San Sebastián, fundada en 1561, era una de las más antiguas parroquias de Lima. Limitada por el ruidoso y turbulento río Rimac, que descendía en cascada desde los Andes, sus lindes estaban a dos manzanas del corazón de la ciudad. Se distinguía por la calidad de sus vecinos; vivían allí muchos limeños con título. Los condes de Casa Boza ocupaban la más importante de las casas y el conde de Fuerte González tenía su mansión en la calle de las Palmas. Allí cerca estaba *Al signo de las seis palmas*, una farmacia del siglo XVI a la que acudían todos los médicos de Lima, porque tenía fama de no adulterar nunca las medicinas. Los disolutos también conocían esta farmacia, porque obtenían en ella ciertos elixires del amor. San Sebastián era sin duda un distrito de campanillas. [...] James Thorne fue invitado a pasar los días precedentes al matrimonio en el hogar de Domingo Orué, ahora en negocios

con él. Manuela, desdeñando a sus antiguos parientes, los Sáenz y Tejada, pasó a la casa de don Toribio Aceval, secretario del virrey. Era amigo del padre de Manuela, caballero de la Orden Militar de Calatrava y dueño de un coche, en posesión solo de los más nobles y que era mayor índice de importancia que cualquier apellido o rango. El 22 de julio de 1817, Manuela, con velo negro, falda flotante y chapines de baile, fue con James Thorne al palacio del Arzobispo para someterse al examen prematrimonial. Había muchas cosas de Thorne que Manuela ignoraba. Thorne nunca le había dicho su edad exacta, aunque era probable que le doblara la edad, por lo menos. Nunca había explicado por qué él, un inglés, podía vivir en Lima cuando la mayoría de sus compatriotas estaban excluidos, tampoco había dicho cómo había llegado a América [...]. Tenía excelentes relaciones; podía obtener una audiencia con el virrey siempre que se lo propusiera, era amigo de muchos españoles bien situados y sus negocios como factor y naviera tenían mucho alcance. Aquí, como testigo del matrimonio, estaba León de Altolaguirre, contador principal de la Tesorería del Rey [...]. Thorne no descubrió su edad; se limitó a decir que tenía más de veinticinco años. Había nacido en el pueblo de Ayleburis, en Buckinghamshire, un condado que estaba lleno de Thornes, pecheros de sangre y condición. Hubo una cosa que Manuela descubrió con relación a Thorne. Uno de los testigos declaró que había llegado de Cádiz con James Thorne como preso [...]. Todo quedó sin contestar. Manuela nunca supo la edad de Thorne ni lo que a este le sucedió en Cádiz. Se casaron en la iglesia de San Sebastián, en la noche del 27 de julio. Manuela, velada y ungida, formuló sus votos de esposa a James Thorne; el caballero don Toribio Aceval actuó de padrino, según había prometido al padre, e hizo entrega de la novia. Cambiaron los votos y, como los dos eran católicos, se presumía que para toda la eternidad.

Pudiera ocurrir, sin embargo, que ambos historiadores llevaran razón. Para aceptar esta posibilidad, hay que traer un testimonio de

Boussingault muy orientativo. Don Juan, como le llamaba la Sáenz, dice en una carta a su madre: "Manuelita aborrecía el matrimonio y sin embargo tenía la manía de casar a las personas, como diciéndoles 'el himeneo no obliga a nada, es una pasión de placer'. Hay que saber que en ese entonces en la América española, el matrimonio era un acto puramente religioso. Era suficiente que en presencia de un sacerdote los futuros declararan que deseaban ser unidos; recibían la bendición y ahí terminaba todo. Se casaban en cualquier parte: en la calle, en el baile y así muchos de mis camaradas quedaron casados entre dos vasos de ponche, entre otros el coronel Demarquet, quien después se mordía los dedos, aunque su mujer fuera bella, encantadora y procedente de una familia muy honorable". Bien pudo suceder, entonces, que Manuela Sáenz y James Thorne se casaran primero en Quito, como asegura Rumazo, para quien la ceremonia en Lima sería ya prácticamente innecesaria y por ello no la menciona, o esta unión en la capital limeña fue la más relevante para Von Hagen, que desconoció así el primer enlace. Aunque si se casaron en Quito –lo que haría posible el temprano adulterio de Manuela con su primer amante– o lo hicieron en Lima, los primeros historiadores que se ocuparon de la quiteña coincidieron en que, tras la boda, la pareja fijó su residencia permanente en Lima, donde Thorne controlaba más efectivamente sus negocios, y que en los primeros meses de convivencia se vio que aquel matrimonio estaba condenado al fracaso.

VII

–¿*D*ónde estará la Morito, que aún no ha llegado?

Juana Rosa se pone de pie y sacude con energía sus largas faldas, de las que se desprende una ligera nube de polvo.

–Voy a buscarla, amita.

–No, no, espera un poco, no me dejes sola. ¿Qué habrá sido de Eulalia, habrá tenido muchos hijos? Me imagino que allí, en Madrid, se habrá sentido feliz, rodeada de realistas, sin rozarse con ningún mulato indígena, viendo con frecuencia al rey, que era objeto de su adoración. ¡Pobre y feliz Eulalia, a lo mejor ya es abuela! Hace años me llevé una gran alegría cuando vino a verme mi sobrino, el hijo de mi hermana Josefa, que era fraile capuchino, ¿te acuerdas, Juana? También Josefa era una realista furibunda, y también se casó y se fue a vivir a España, aunque luego se trasladó creo que a Burdeos. Y la Campuzano, ¿qué habrá sido de ella? ¡Aquellos bailes en los salones de los Torre Tagle! Un día me tuve que poner brava con Josefa, la marquesa de Torre Tagle, y recordarle que, en cosas de rameras, ella podría sacarme ventaja. ¡Toda la vida me ha perseguido esa palabra porque amé a Bolívar! En Lima decían que yo era una Mesalina y, en Bogotá, Mariano Ospina me llamó barragana. La barragana, decía cuando me nombraba, y que había mancillado la República. ¿Y no la mancilló él conspirando para asesinar a Bolívar? Mi amigo del alma William Wills, ¡cómo tocaba el violín el adorable inglés!, porque entraba en mi cuarto con libertad, Boussingault difundió que era mi amante. Wills hizo un retrato exacto de Ospina cuando le llamó "viejo jesuita", y eso era, un hipócrita resentido. Decía que los militares venezolanos humillaban a los colombianos, que había que acabar con la dictadura de Bolívar, que Bolívar se había arrogado el papel de dictador.

El día es ceniciento y caluroso. De tanto en tanto, Juana Rosa observa con atención la cara de Manuela, como queriendo adivinar un gesto que implique una orden.

–Amita, ¿quieres que te traiga agua?

–Sí, sí.

Manuela continúa hablando, pero Juana ha entrado en la casa y ya no la oye.

–Y mira a ver si quedan algunos trapos, para cuando venga la Morito. Mi querido Wills llevaba razón, Ospina era un viejo jesuita, no es que fuera jesuita, pero actuaba con la misma malicia que ellos, y bien que lo demostró, según me enteré muchos años después, aquí en Paita, cuando autorizó el regreso de los jesuitas a Colombia, de donde habían sido expulsados hacía más de setenta años, y no solo les facilitó el regreso, sino que puso la educación en sus manos. ¡Qué diría Simón Rodríguez! Lo peor fue que estuviera en la conspiración para asesinar a Bolívar. Si aquella noche de septiembre lo hubieran asesinado, yo no sé qué habría pasado. ¿Sabes, Juana?, yo creo que eso va a recordar la historia de mí, que aquella noche yo le salvé la vida y dijo que yo era la Libertadora del Libertador ¿Sabes por qué? Porque es lo que me pregunta la gente que viene a verme, quieren saber qué pasó esa noche. Y hasta el general Obando diría que, a pesar de mis malas cualidades, aquella noche me había portado con mucha generosidad. Le agradecí lo de la generosidad, pero ¿quién era él para hablar de mis malas cualidades? Estaba metido hasta el cuello en el asesinato del general Sucre, y aunque él quizá no lo sabía, aunque lo sospecharía, Bolívar le tenía bien tomada la medida. Yo tuve la responsabilidad de guardar y archivar copias de las cartas que escribía y recibía Bolívar y recuerdo bien que en una de ellas decía que Obando era un asesino, un bandolero cruel y un verdugo asqueroso y un tigre feroz que no estaba saciado con la sangre que había derramado de los colombianos, y ahí está ahora de presidente de la República de Colombia. No fue el único intento de matarlo, hubo otros atentados, algunos no se conocieron, pero afortunadamente ninguno tuvo éxito.

Por eso creo que lo que hice esa noche será lo único que interese a los historiadores. Hasta O'Leary me escribió hace dos o tres años pidiéndome que le contara los más pequeños detalles que recordaba de la noche del 25 de septiembre de 1828, pues estaba reuniendo los papeles y cartas de Bolívar para un libro y que no se perdieran, para que los historiadores tuvieran testimonios verídicos, y le escribí una carta muy larga en la que le contaba lo que recordaba, y le di autorización para que le entregaran en Bogotá, donde estaba bien guardado, un baúl con papeles y muchas cartas de Bolívar y otros documentos que a buen seguro que le habrán servido.

Juana Rosa regresa al lado de Manuela con un vaso de agua en una mano y unos trozos de tela de colores en la otra. Manuela bebe a sorbos, agarrando el vaso con las dos manos, que le tiemblan ligeramente.

–En el cajón de los hilos estaban estos trapos, creo que hay bastantes. Amita, no te oía. ¿Por qué tanta gente quería matar a don Simón?

–Porque les estorbaba en sus ambiciones. Todos querían mandar, pero no eran como Bolívar, el Libertador de las Américas, y con él sus ansias de poder no tenían sentido, aunque echaran cuentos de que quería coronarse emperador de América y que todo lo resolvía con los fusiles. Él no quería ninguna corona, las coronas las heredan los hijos, y él no tenía hijos, aunque tuvo una hija. ¡Sí, una hija!

–¿Una hija, mi amita, con quién?

–No una hija de carne y hueso, una hija muy especial: ¡Bolivia! La creación de aquel país, al que pusieron su nombre, yo creo que fue la alegría más grande de su vida, si no la que más, y él redactó la Constitución, que fue muy criticada. Mi hija predilecta, decía cuando se refería a Bolivia. A veces, medio en broma, decía que el nombre de Bolivia era más bonito que el de Colombia, y hacía esta comparación: *bo*, decía, suena mejor que *co*, *li* es más dulce que *lom* y *via* más armonioso que *bia*. ¡Qué locura! También le criticaban de soberbio, de ególatra, que había creado un país sin salida al mar, ¡qué sé yo las cosas que decían! Lo que pretendía Bolívar, con la creación de ese país, era que las inagotables minas del Potosí no cayeran en manos peruanas o argentinas. Se complacía mucho de su éxito diplomático con el general Morillo, pero lo de Bolivia lo superó con creces. No por vanidad, sino por su política, ponía la creación de Bolivia en lo más alto de sus logros.

–Amita, todo el mundo quiere mandar, los únicos que no mandamos nunca somos los negros.

–Juana, los negros ya no sois esclavos, sois personas libres, y en América ya no mandan los españoles, mandamos nosotros, y se lo debemos a Bolívar. Cuántos disgustos tuve con mi padre y mi hermana Eulalia. Luego conocí a Bolívar, sí, pero la revolución yo la llevaba en la sangre. Convencí a mi hermano de que se pasara a los patriotas. Me culpaban de meterme en política. Se lo dije al general Flores en una carta, qué política iba a hacer yo. Pero me vi envuelta, y si quería defender la obra de Bolívar me tenía que involucrar. En Bogotá oía hablar de la Constitución de 1821, que si el gobierno popular representativo, que Colombia debía de ser libre e independiente, no patrimonio de ninguna familia, que tenía que haber tres poderes con un presidente de la República elegido cada cuatro años. Todo me parecía muy bien, pero mi sueño era el sueño de Bolívar, una gran Colombia. En una carta a Bolívar de su hermana María Antonia, muy afecta a la causa realista, le advertía de que si le proponían coronarle emperador, rechazase la propuesta por infame, porque quien lo propusiera quería buscarle la ruina.

En 1813 se declara la Segunda República de Venezuela, instaurada en Caracas el 7 de agosto, tras la arrolladora Campaña Admirable. Otro sueño vano del recién nombrado Libertador. El segundo intento republicano entra en agonía en julio de 1814, cuando el terrible José Tomás Boves, con las largas lanzas de sus feroces llaneros, derrota al ejército comandado por Bolívar y Nariño en la batalla de Puerta. Y el 5 de diciembre, en la batalla de Urica, también ganada por los realistas, la Segunda República es definitivamente enterrada, aunque el sanguinario Boves encuentra la muerte por el lanzazo de un soldado patriota.

O'Leary califica a Boves como el más sanguinario y feroz de todos los monstruos engendrados por la revolución de América: todo un mérito en una guerra con un largo catálogo de sevicias, capaz de avergonzar al más insensible de los humanos. Nacido en 1782 en Oviedo, Boves estudió náutica en Gijón y sirvió en la Real Armada Española. Su ajetreada vida –estuvo preso por contrabandista– le llevó a tierras venezolanas y terminó como reconocido caudillo de los llaneros, auténticas bandas de jinetes feroces y armados, sin más ley que su valor, su osadía y su individualismo radical, expresado en las coplas: "Sobre los llanos la palma / sobre la palma los cielos / sobre mi caballo yo / y sobre yo mi sombrero". El cuatrerismo y la rapiña, con una crueldad desatada, eran las fuentes de su subsistencia.

La guerra, en buena medida, era una forma de vida para esos hombres que no sabían para qué luchaban: simplemente seguían al caudillo de turno. Primero a Boves contra los patriotas y luego a Páez contra los realistas. El caso era guerrear en sus veloces y bien amaestrados caballos, que parecía que los vomitaba en oleadas la tierra caliente de los llanos, con sus terribles y largas lanzas de tres varas y media, descamisados, con la piel renegrida por el sol, sin conocer la piedad o el perdón. Se contaba que un llanero negro de las filas realistas, al ser preguntado por qué batallaba, contestó que su única ambición era conseguir camisas para sus hermanos y para él mismo.

La crueldad –la imputación más grave que se recriminó a los españoles en América, contrarrestada con la generosidad, que también se les reconocía– tuvo en Boves un prototipo ejemplar. O'Leary, impactado por la brutalidad del asturiano, dejó algunas referencias de sus hazañas: Boves ordenaba que arrancaran la piel de los pies de los prisioneros y les obligaba a andar en carne viva sobre vidrios rotos. En una ocasión hicieron prisionero a un hombre mayor y algo enfermo. Cuando iban a ejecutarle, un hijo suyo de unos quince años se ofreció a cambiar su vida por la de su padre. Boves le propuso otro pacto: si no soltaba ningún gemido mientras le cortaban las orejas y la nariz, serían libres los dos, padre e hijo. Tras la carnicería en el rostro del joven, que soportó impasible la tortura, Boves decidió que la vida de ambos no le reportaba ningún beneficio y los mandó matar.

El 15 de junio de 1813, en la localidad de Trujillo, Bolívar dio a conocer su *Decreto de guerra a muerte*, que los historiadores consideran el punto más negro en la vida del Libertador. El *Decreto* tenía un antecedente más expeditivo y macabro; no eran tiempos para espíritus pusilánimes. El patriota Antonio Briceño, un modelo un poco más suavizado que el realista Boves, había publicado el 16 de enero de 1813 lo que se conoce como el *Convenio de Cartagena*. Briceño, a quien los realistas apodaron el Diablo, caudillo exaltado y sin freno, hacía un llamamiento para liberar a la patria del "infame yugo" español y proponía "exterminar en Venezuela la raza maldita de los españoles de Europa sin exceptuar a los isleños de Canarias". Presentaba las siguientes recompensas: el soldado patriota que presentara veinte cabezas cortadas de españoles sería hecho abanderado; el que le presentara treinta, teniente, y el que le presentara cincuenta, capitán. Murió fusilado por los realistas el 15 de junio de 1813, horas antes de que Bolívar firmara su *Decreto de guerra a muerte*. Bolívar, a punto de cumplir treinta años, solemnizó el decreto enumerando todos los cargos en virtud de los cuales firmaba el documento: brigadier de la Unión, general en jefe del Ejército del Norte y Libertador de Venezuela.

> Los bárbaros españoles que os han aniquilado con la rapiña, y os han destruido con la muerte, que han violado los derechos sagrados de las gentes; que han infringido las capitulaciones y los tratados más solemnes; y en fin, han cometido todos los crímenes, reduciendo la República de Venezuela a la más espantosa desolación [...] que desaparezcan para siempre del suelo colombiano los monstruos que la infectan y han cubierto de sangre, que su escarmiento sea igual a la enormidad de su perfidia.

Los efectos no se hicieron esperar. Un ejemplo: el 8 de febrero de 1814, Bolívar se dirige al comandante del puerto de La Guaira, José Leandro Palacios, y al coronel Juan Bautista Arismendi, comandante de Caracas, ordenándoles "que inmediatamente se pasen por las armas todos los españoles, presos en esas bóvedas y en el hospital, sin excepción alguna". Cinco días después, el comandante informa: "En el obedecimiento a orden expresa del Excmo. Sr. General Libertador, se ha comenzado la ejecución de todos los presos españoles y canarios reclusos en las bóvedas de este puerto, pasándose por las armas esta noche cien de ellos". El día siguiente: "Ayer tarde fueron decapitados ciento cincuenta hombres de los españoles y canarios encerrados en las bóvedas de este puerto, y entre hoy y mañana lo será el resto de ellos". El día 15: "Ayer tarde fueron decapitados doscientos cuarenta y siete españoles y canarios, y solo quedan en el hospital veinte enfermos y en las bóvedas ciento ocho criollos". Y el día 16: "Hoy se han decapitado los españoles y canarios que estaban enfermos en el hospital, últimos restos de los comprendidos en la orden de S. E.".

En 1814, los consejeros del rey español empiezan a ver con claridad la difícil situación en que se encuentran las colonias de la Capitanía General de Venezuela y del virreinato de Nueva Granada. Y para cortar esa marea independentista que parece imparable, deciden enviar una "expedición pacificadora", cuya misión es acabar a sangre y fuego con la revolución. La expedición, compuesta por sesenta buques, quince de ellos navíos de guerra, integrada por unos quince mil hombres al mando del general Pablo Morillo, militar experimentado, tocó tierras venezolanas el 9 de abril de 1815. En los cinco años siguientes, entre derrotas y victorias, Bolívar va ganando la partida hasta culminar en la trascendental batalla de Boyacá en mayo de 1819, donde no solo vence a los ejércitos realistas, con lo que el virreinato de Nueva Granada toca a su fin, sino que en diciembre, a propuesta suya, se reúne el Congreso de Angostura para crear la República de la gran Colombia, que comprendía los territorios de Venezuela, Colombia y Ecuador, este último aún bajo poder español, aunque por poco tiempo. El gran sueño de Bolívar, nombrado presidente de la República, se veía cumplido. Cada territorio tiene un vicepresidente, y en Cundinamarca, que así se llamó el virreinato de Nueva Granada, fue nombrado Francisco de Paula Santander.

El gobierno de España, en manos de los liberales, ordena al general Morillo que firme un armisticio con Bolívar, lo que de alguna manera significaba el reconocimiento de facto de la Republica de la gran Colombia. Seguirán los enfrentamientos entre ambos ejércitos –la batalla de Carabobo, por la que España perdía Venezuela, y la batalla de Pichincha, por la que perdía Ecuador–, pero Bolívar ya veía la luz del triunfo final. El 27 de noviembre de 1820 se encuentran Bolívar y Morillo. Si hemos de creer a O'Leary, el general español quedó poco impresionado por la figura de Bolívar. Se hallaba en el poblado de Santa Ana, a quince kilómetros al norte de Trujillo, con un escuadrón de húsares, rodeado por cincuenta oficiales de su Estado Mayor vestidos con uniforme de gala y las condecoraciones brillando al sol. O'Leary anunció la llegada de Bolívar y este apareció acompañado de diez oficiales. Morillo se dirigió O'Leary: "¿Ese hombre pequeño de levita azul, con gorra de campaña y montado en una mula es Bolívar?". Aquel hombre le había arrebatado al Imperio español seis millones de kilómetros cuadrados de sus posesiones más preciadas. El general Morillo y Bolívar firman el *Tratado de Armisticio y Regularización de la Guerra* que ponía fin a los años de terror. La guerra no concluiría completamente, pero ahora tenía un respaldo moral evidente. Y, con la claudicación española, la guerra de Independencia se volcaba inexorablemente a favor de los patriotas.

De no ser por una mención del general Páez, en una carta a Bolívar de 1826, se podría dudar de que hubiera existido un diálogo entre Morrillo y el Libertador. Algunos historiadores pasan de largo por esta entrevista. Según una versión, Bolívar se queja de que la represión realista hubiera acabado con la vida de patriotas de extraordinaria valía intelectual, como Camilo Torres o Francisco José de Caldas. La respuesta de Morillo, con el cinismo pragmático del militar, invita a Bolívar a agradecer que España hubiera ejecutado a esos abogados, pues, de seguir con vida, trastornarían la vida republicana con sus artimañas y, si la República quería subsistir, se hubieran visto obligados a ejecutarlos ellos mismos. En la carta a Bolívar, Páez parece encomiar la respuesta de Morillo: "No puede figurarse los estragos que la intriga hace en este país, teniendo que confesar que Morillo le dijo a usted la verdad en Santa Ana, sobre que le había hecho un favor en matar a los abogados". Tras la entrevista, Morillo envió al gobierno de España un informe en el que afirmaba: "Es cierto que [Bolívar] tiene de su estirpe española rasgos y cualidades que le hacen muy superior a cuantos le rodean. Él es la revolución". Por su parte, Bolívar le confesó a Perú de la Croix: "¡Qué mal han comprendido y juzgado algunas personas aquella célebre entrevista! ¡Qué tontos y qué malvados! Jamás, durante todo el curso de mi vida pública, he desplegado más política, más ardid diplomático que en aquella ocasión. Creo que ganaba al general Morillo como le había ganado en casi todas sus operaciones militares". Semanas más tarde Morillo regresaba a España. Estando al mando de las tropas de Galicia, recibió en La Coruña la visita de sus antiguos contendientes, el general Soublette y O'Leary, que se encontraban de viaje por España. O'Leary relató que, al enterarse Morillo de que estaba escribiendo sobre la vida de Bolívar, le hizo entrega de valiosos documentos incautados por los realistas.

En sus memorias, O'Leary transcribe su diálogo con Morillo antes de la entrevista del general español con Bolívar:

–Me pintan como un moro y me asombro, capitán, de que usted no tenga miedo de dormir en la casa de un moro.
  –No, mi general, los que usted llama insurgentes y herejes no tememos a los moros, y mucho menos a un morillo.

O'Leary remata el diálogo aceptado que el general Morillo le llamara insurgente, pero protesta, como hijo de la católica Irlanda, porque le tilde de hereje.

El gobierno de Madrid, en sustitución de Morillo, nombró al general Miguel La Torre, una designación no muy acertada al ser un militar sin el prestigio y las energías resolutivas de su antecesor. Bolívar infringió a La Torre una dura derrota en la batalla de Carabobo, con la que se lograba la total independencia de Venezuela.

–La hermana de su excelencia no quería que fuera rey, ni tú tampoco, pero si hubieras tenido un hijo con el señor Bolívar podría haber llegado a emperador. ¿No era eso bueno?

–¡Ya te he dicho que yo no podía tener hijos! Pero, él, ¿por qué no tuvo hijos, teniendo tantas amantes? A mí no me engañaba con eso de que yo era la única imagen de su altar, demasiado bien sabía yo que sin mujeres en su cama no podía vivir. Si de joven en Londres, en una casa de putas, organizó un escándalo. Me lo dijo Perú de la Croix. Bolívar les contó a un grupo de oficiales, en una sobremesa, que en

Londres, estando con una puta, como él no hablaba inglés, ella entendió algo así como que él era un griego pederasto y armó un gran escándalo, a tal punto que Bolívar tuvo que salir corriendo de allí. ¡Él, griego pederasto, pero si los bujarrones le daban asco! Perú también me dijo que estando Bolívar, creo que en Cartagena, quería visitarle el nuevo cónsul de Holanda, que llevaba unos días en la ciudad y había escandalizado a la sociedad insinuándose a todo joven negro que se le cruzara. Bolívar no quiso recibirle y comentó que él creía que en Holanda no había hijos de Sodoma, que solo los había en Italia y Grecia. Pero las mujeres, ¡cómo le gustaban las mujeres a Simón Bolívar! Alguna gente llevaba la cuenta de sus amantes. Perú de la Croix, al que Bolívar hacía sus confidencias más íntimas, me dijo que se conocían los nombres y apellidos de más de veinte mujeres con las que el Libertador se había acostado. Antes de que yo lo conociera, le había pedido matrimonio a Bernardina Ibáñez, que le dijo que no. Y hubo otra que también le salvó la vida en un atentado, y, si Luis Perú no estaba equivocado, tuvo un hijo con ella. Se llamaba María Joaquina Costa y era de Potosí. Una mujer muy hermosa. Al parecer, al ponerle una corona de oro, le susurró: "Tenga cuidado, quieren asesinarlo". El intento de matarlo iba en serio y él, para agradecerle el aviso, se la llevó a la cama. ¡Así era mi señor!

–Los hombres siempre engañan, niña Manuelita.

–¿Me lo dices a mí, Juana Rosa? Bolívar era un amante inagotable, pero ¿qué tenía ese hombre? ¿Era guapo? No. ¿Era alto, esbelto? Tampoco. ¡Pero sus ojos te abrasaban! A su lado se abría tu corazón, y tus piernas. No tenía que pedirlo, ¡con cuántas no me engañaría! Algunas se metían en su cama, como si fuera un servicio que debían prestar a su excelencia. ¿Conoces, Juana, lo de los tres etcéteras? Verás, Bolívar iba a pasar con su ejército por un pueblo peruano, San Idelfonso de Caraz, y el Estado Mayor del Libertador avisó al gobernador de aquella villa que preparara alojamiento para Bolívar en una casa lo más digna posible, bien limpia, con una cama cómoda y etcétera, etcétera, etcétera. Al gobernador aquellos tres etcéteras le confundieron. No entendía qué querían decir, supongo que tú tampoco, Juana. El caso es que, al ir después de la palabra cama, y dada la fama de mujeriego del Libertador, el gobernador pensó que se refería a tres mujeres, las más bonitas del poblado. Y, efectivamente, cuando Bolívar se presentó en la casa, junto a la cama había tres jóvenes dispuestas a ofrecerle sus encantos. Pero Bolívar venía de un gran recibimiento, con un estrado levantado a propósito, y se le había acercado una joven muy hermosa, vestida de blanco, para entregarle una corona de flores. Bolívar se quedó con el ramo y la portadora y se la llevó al aposento. Allí, al ver a las tres "etcéteras", las despidió con muchos halagos y finuras para quedarse a solas con Manuela Madroño, con la que cargó los siguientes seis meses, mientras yo me pudría de celos. No hubo rincón de los Andes donde no llegara la noticia de que Bolívar tenía una nueva querida y que la vieja Sáenz ya no lo era. Años después, aquí, en Piura, me dijeron que la tal vivía por el sur de Perú y que aún presumía de haber sido la querida del Libertador. Me consumían los celos y quería morirme, pero las amantes pasaban y yo quedaba. Siempre volvía a mí.

–Te quería mucho, amita.

–Con el Libertador yo me comparaba con Eloísa. Tú no sabrás quién fue Eloísa; tampoco yo hasta que mi amiga Rosita Campuzano me dejó un librito que guardaba a buen recaudo porque los curas decían que quien lo leía iba al infierno. ¡Valiente tontería! Allí venían los amoríos de Eloísa, una damita francesa, con su profesor Abelardo. Tuvieron un hijo al que le pusieron el nombre bien raro de Astrolabio. Un tío de Eloísa ordenó que le cortaran los testículos a Abelardo. Cada uno vivía en un convento, pero se escribían cartas, vamos, como Bolívar y yo, y también yo era la alumna enamorada de mi maestro Bolívar. Eloísa era mi modelo. A su muerte, los enterraron en una misma sepultura. En eso no me parezco en nada. Cualquier día me enterrarán en estas tristes arenas de Paita, tan lejos de él...

–Y con tantas mujeres, amita, como metió en su cama, ¿solo tuvo ese hijo que dices?

–No sé, pero decían que su simiente no era buena. Yo puedo decir que tenía el vigor de un semental. No puedo asegurar que fuera hijo de Bolívar, aunque Luis Perú no tenía por qué mentirme. Él me dio la noticia más amarga de mi vida, me informó de que Bolívar había muerto. Y aquí me enteré de que Luis Perú se había quitado la vida en París, donde vivía solo, pobre y supongo que tan desesperado como yo, que también he pensado alguna vez en quitarme la vida. ¡Qué triste destino el de tantas personas que rodearon al Libertador! Es como si un mal conjuro hubiera caído sobre nosotros. Aquí estoy yo, pobre y paralítica. Y el general Sucre, asesinado; Monteagudo, asesinado; el general Córdoba, también asesinado, porque aquello fue un asesinato; el mayor Ferguson murió trágicamente aquella noche de septiembre a manos del maldito teniente coronel Carujo, así arda en los infiernos, a quien él había protegido y le pagó disparándole un tiro en el corazón. ¿No es doloroso y trágico?

–Tienes que pensar en cosas alegres.

–Pero ¿quedan cosas alegres? Aquellas fiestas, los bailes en los salones de Lima, los grandes banquetes en la quinta de La Magdalena... Cuando conocí a Bolívar le gustaba mucho bailar, y entre sus brazos te sentías segura, ¡cerca de sus ojos negros, tan vivos y apasionados! Fernando Bolívar, su sobrino, contaba que cuando el sacerdote le dijo que debía prepararse para morir, Bolívar pidió que le llevaran un espejo, y mirándose en él, exclamó: "¡Con estos ojos no me muero!".

–¿Vivirá aún Fernanda Barriga, amita?

–Seguramente sí, era bien joven cuando la saqué de Quito y se la puse de cocinera a Bolívar. Decía que su excelencia, así le llamaba siempre, se había hecho a sus condimentos y que nadie como ella conocía los gustos de Bolívar en la mesa. Mucha gente creía que Bolívar era muy exigente en la mesa y que solo comía cosas exquisitas, lo que no es verdad. Le gustaban las legumbres y apenas comía carne, y prefería las arepas de maíz al pan, los dulces no los probaba, comía mucha fruta, y no podían faltar en la mesa ajíes picantes, cuanto más picantes mejor, y solo bebía vino en la comida, dos o tres copitas de Burdeos tinto y una o dos de champán. Y no era adicto al café, ni soportaba que se fumara en su presencia; a mí me lo consentía, pero me regañaba con frecuencia. Contaba que una botella de vino de Madeira le había hecho ganar una batalla en Ibarra. Había decidido no atacar, porque los realistas ocupaban una fuerte posición. A la hora del almuerzo, su mayordomo puso en la mesa la última botella de vino de Madeira y, tras varias copitas, se le alegró de tal manera el espíritu que decidió atacar y derrotó a los godos. Luis Perú decía que Fernanda fue muy leal al Libertador. En su lecho de muerte, antes de que entrara en agonía, se pasaba el día en la cocina preparando tisanas para su excelencia y calentando una y otra vez ladrillos para calentarle los pies. Fernanda estuvo presente cuando le dieron el viático a Bolívar, un sábado bien entrada la noche. El sacerdote entró en la habitación, con mucho acompañamiento de velas encendidas, y el Libertador tuvo que hacer un esfuerzo para gritar: "¡Saquen esas luminarias, que esto parece una procesión de ánimas!".

–¡Hasta muriéndose tenía el genio vivo!

–Cuando se enfadaba se le cambiaba la voz. Pero poca gente lo vio enfadado. Sabía dominarse. Aunque perdía los nervios si le iba mal en el juego de naipes que llaman ropilla, que jugaba para distraerse con sus oficiales más cercanos. Si perdía, se quejaba del mal juego, se irritaba de su mala suerte, se levantaba de la silla y seguía jugando de pie, y se le veía herido en su amor propio. Yo le vi alguna vez tirar los naipes y el dinero, y abandonar el juego. Y recuerdo que, en una ocasión, dijo avergonzado a sus compañeros de partida: "Vean lo que es el juego. Yo he perdido batallas, he perdido mucho dinero, me han traicionado, me han engañado abusando de mi confianza. Nada de eso me ha conmovido como perder una partida de ropilla. Es cosa singular que una actividad tan frívola como el juego, por el que no siento ninguna pasión, me irrite, me ponga indiscreto y me desordene si la suerte es contraria". Luis Perú decía que su corazón era mejor que su cabeza, y que cuando se enfurecía no le duraba mucho. El corazón le impedía cometer algún desafuero irremediable.

–¿Y eso que contaban de la leche de la negra que le dio de mamar?

–¡Juana Rosa!

–Decían que una esclava negra le había dado la teta.

–Eso yo se lo oí a su fiel criado José Palacios. Como la madre de Bolívar murió siendo él muy niño, lo crió a pecho una esclava negra de la familia llamada Hipólita. Cuando yo cuidaba la correspondencia del Libertador, pasó por mis manos una carta de Bolívar a su hermana María Antonia en la que llamaba madre a Hipólita y decía que su leche había alimentado su vida, e incluso decía que no había conocido otro padre más que ella. ¿No es hermoso? Y el general Páez decía a sus espaldas que Simón Bolívar era decididamente feo. ¿Qué sabría aquel sanguinario llanero de la belleza de las personas? Y otro que tal, José María Riva Agüero, que llegó a presidente de Perú para deshonra de la República, a quien Bolívar llamó ladrón y canalla, que es lo que verdaderamente era, esparcía la insidia de que el Libertador tenía más sangre negra que española. En Lima todo se sabía, allí era muy difícil guardar secretos, y corría el cuento de que Riva Agüero se burlaba del Libertador diciendo que, si quería coronarse emperador, que se fuera a Haití a buscar allí una princesa negra, que era lo que le correspondía.

–Pues, niña Manuela, entre los negros se decía que su excelencia no nos quería y que mandó fusilar a un general solo porque era negro.

–¿De dónde sacas semejante babosada? Yo no llegué a conocer al general Manuel Piar, porque supongo que te refieres a él, pero no era negro del todo; su madre era una negra de Curaçao y su padre fue un venezolano blanco, aunque algunos chismes decían que era hijo natural de un príncipe de Portugal y de una negra brasileña. Yo oí que era un militar muy valiente y ambicioso, tan ambicioso que se rebeló contra Bolívar. Bolívar decía que con el fusilamiento de Piar, creo que en el año 17, se evitó una guerra de negros contra blancos y que nunca había habido una muerte más útil para la República, pues salvó al país de una guerra civil. Y nadie como él sintió su muerte. Matarle porque era negro, ¡qué infamia! Nunca vuelvas a decirlo.

–Bueno, amita... ¿Y nunca te habló el señor don Simón de su matrimonio con aquella godita que murió bien jovencita?

–Nunca me habló de su matrimonio. Perú de la Croix me lo contó. Bolívar se casó en Madrid bien joven y bien enamorado con una prima lejana llamaba Teresa y, pocos meses después, cuando vivían en Caracas, ella murió y él quedó desolado, tanto que juró que no se volvería a casar, y esto sí que lo cumplió, aunque estuvo a punto de romper el juramento al pedir matrimonio a la tal Bernardina. Luis Perú contaba que Bolívar le aseguró que si su esposa no se hubiera muerto él no habría entrado en política... aunque yo creo que la política la tenía metida en la sangre.

VIII

*C*uando James Thorne y Manuela Sáenz llegan a Lima en 1817, la ciudad parece hecha a la medida de los sueños de Manuela. Fundada por Francisco Pizarro el 18 de enero de 1535 con tan solo setenta vecinos, se había convertido ya en la urbe más poblada de la América hispana meridional, después de México, con unos sesenta mil habitantes, de los que casi la tercera parte era de origen español. Y con diez mil negros, mestizos, indios, mulatos, cuarterones, quinterones, zambos... Sus siete parroquias y otros tantos conventos justifican el abrumador número de manos muertas: mil doscientos frailes, tres mil quinientas monjas y dos mil mujeres en los beaterios. Y en la Inquisición prestan servicios unas cincuenta personas. Asentada en la ribera del río Rimac, a unos diez kilómetros de la costa del Pacífico, Lima se extiende por un amplio valle que se cubre en junio de una alfombra amarilla con los lirios que llaman amancaes. Estas flores anuncian que ha pasado la temporada de las tenues neblinas matinales (la camanchaca) y la garúa. En Lima se va a operar, bien entrado el siglo XIX, una gran transformación: el aire pesadamente religioso deja paso a los cafés, abundantes en las calles principales, y las mujeres limeñas, mestizas o españolas, visten a la moda sedas coloridas y lucen con ostentación joyas de oro macizo. Pero Lima tiene el inconveniente de los temblores de tierra. A lo largo del siglo XVIII sufre seis terremotos; el del 28 de octubre de 1746 deja la ciudad prácticamente en ruinas. Cuando, días después, llegan Antonio de Ulloa y Jorge Juan, no pudieron levantar el plano de la ciudad; de las casi tres mil casas de Lima apenas quedaban en pie veinte edificaciones.

La Lima de principios del siglo XIX era, pues, una ciudad en su mayor parte reconstruida, que cambiaba de fisonomía a la par que de costumbres. Las fiestas y bailes de la alta clase social, donde se había incrustado la Sáenz con el inteligente despliegue de sus encantos, se cruzaban con la revolución por extraños y recónditos vericuetos. La Lima colonial se movía con un ritmo desacompasado; con la guerra aún lejana pero presente en los salones, entre danzas de minué y copas de ponche, la vieja aristocracia fluctúa entre la lealtad al rey o la adhesión a los nuevos aires con olor a pólvora y sangre pródigamente derramada. En la vieja y orgullosa ciudad se ama y se conspira. La aventura y el riesgo calientan la sangre de Manuela, que se sabe deseada por los hombres, y siente que la revolución la necesita cuando recuerda al capitán Juan de Salinas, denunciado por su padre. Manuela inició entonces una secreta actividad revolucionaria, burlando a las autoridades coloniales y a los círculos españolistas, que tendría más adelante reconocimiento público.

En esa Lima bulliciosa donde la actriz María Micaela Villegas, la Perricholi, se convertía en la amante del virrey Manuel Amat y Juniet. En su vejez, vistiendo hábitos religiosos, arrepentida de su disipada juventud, con el deseo de ser enterrada "sin la más mínima pompa, porque no la merezco por mis pecados", morirá el 30 de mayo de 1819, a los setenta y un años. En esa Lima evocada de palacios y conventos, de hermosas mujeres y caballeros arrogantes con la espada al cinto, la Sáenz será el centro de atención de cualquier sarao que se precie de elegante y divertido. Y muy pronto encuentra compañía en el juego engañoso de fiestas y revolución que sirven para llevar y traer proclamas patrióticas, informes sobre el enemigo, órdenes secretas de los sublevados. Rosita Campuzano, nacida en Guayaquil, abrió en Lima una casa suntuosa hacia 1817, protegida por un amante español ya cincuentón que fue sustituido por el general Domingo Tristán. Joven, guapa y soltera, aunque con amante oficial, Rosita se hizo asidua de los salones aristocráticos en los que Manuela brillaba como reina indiscutida. El encuentro de ambas, tan dispares de carácter, producirá una íntima relación. Rosita llegará a ser la amante de San Martín y, como Manuela, terminará en la miseria.

Ricardo Palma conoció a las dos mujeres en el declive de sus vidas, cuando el lujo de los salones limeños, el esplendor de sus vestidos y de sus joyas y los bailes elegantes eran un recuerdo lacerante. Habían vivido su enérgica pasión cerca del poder que las abrasó, como polillas atraídas por la luz. Rosita vivía en un departamento limeño:

> Una señora que frisaba en los cincuenta, de muy simpática fisonomía, delgada, de mediana estatura, color casi alabastrino, ojos azules y expresivos, boca pequeña y mano delicada. Veinte años atrás debió de haber sido una mujer seductora por su belleza y gracia y trabucado el seso a muchos varones en el ejercicio de su varonía. Su conversación era entretenida y no escasa de chistes limeños, si bien a veces me parecía presuntuosa por lo de rebuscar palabras cultas [...]. A los quince años bailaba como una almea de Oriente, cantaba como una sirena y tocaba en el clavecín y en la vihuela todas las canciones del repertorio musical a la moda. La niña era ambiciosa y soñadora, con lo que está dicho que después de cumplidas las diez y ocho primaveras prefirió, a ser la esposa de un hombre pobre que la amase con todo el amor de su alma, ser la querida de un hombre opulento que, por vanidad, la estimase como valiosa joya [...]. Rosita, con el entusiasmo febril con que las mujeres se apasionan de toda idea grandiosa, se hizo ardiente partidaria de la patria [...]. Decíase también que el virrey La Serna quemaba el incienso del galanteo ante la linda guayaquileña y que no pocos secretos planes de los realistas pasaron así desde la casa de doña Rosa hasta el campamento de los patriotas en Huaura.

Palma no pudo resistir la tentación de hacer una comparación de las dos mujeres. Escribe en sus *Tradiciones peruanas*:

> En la Campuzano vi a la mujer con toda la delicadeza de sentimientos y debilidades propias de su sexo. En el corazón de Rosa había un depósito de lágrimas y de afectos tiernos, y Dios

le concedió hasta el goce de la maternidad, que le negó a la Sáenz. Doña Manuela era una equivocación de la naturaleza, que en formas esculturalmente femeninas encarnó espíritu y aspiraciones varoniles. No sabía llorar, sino encolerizarse como los hombres de carácter duro [...]. La Protectora amaba el hogar y la vida muelle de la ciudad, y la Libertadora se encontraba como en su centro en medio de la turbulencia de los cuarteles y los campamentos. La primera nunca paseó sino en calesa. A la otra se la vio en las calles de Quito y en las de Lima cabalgada a manera de hombre en brioso corcel, escoltada por dos lanceros de Colombia.

Manuela, pues, una librepensadora que usaba la hombruna agua de colonia, y Rosita, una devota creyente que perfumaba su pañuelo con los más exquisitos extractos ingleses. Si Palma informa de que Manuela leía a Tácito o a Plutarco, a Garcilaso, Boussingault afirma que, en el registro del Santo Oficio de Lima, la Campuzano figuraba como lectora de las cartas de Eloísa y Abelardo y otros libritos pornográficos. Una atea leyendo a los clásicos, y una rezandera solazándose con pornografía. Concluye el autor de *Tradiciones peruanas*: "La Campuzano fue la mujer-mujer. La Sáenz fue la mujer-hombre".

La mujer-hombre empieza a tener serias dificultades en su matrimonio. Thorne ve con malos ojos tantas fiestas, tantos bailes, tanto entrar y salir. Su parsimonia inglesa ya aguanta con dificultad esa agitación permanente de su esposa, a la que le reclama una y otra vez una vida más hogareña, más reglamentada, más civilizada según su modo de entender la convivencia familiar. Pero la Sáenz se revuelve indómita para no atarse a esa vida pastueña que pretende el marido. Además, Lima bulle, se agita, anda en convulsión, y Manuela no quiere ver los toros desde la barrera. A finales de agosto de 1820 se conoce la noticia que enardece los ánimos de los patriotas: el general José de San Martín, libertador de Argentina y Chile, se ha hecho a la mar en Valparaíso con una escuadra de cuatro mil hombres al mando de lord Cochrane. Su objetivo: liberar Perú. No pasan dos meses y los patriotas saltan alborozados por las calles limeñas: el 9 de octubre, el puerto de Guayaquil, vital estratégicamente para la guerra, se declara independiente de la dominación de España. Y el remate, que pone a los patriotas al borde del éxtasis: el batallón "Numancia" de las fuerzas realistas, que había enviado el virrey de Nueva Granada para reforzar las defensas de Lima, se ha pasado con todos los pertrechos al bando libertador. Manuela está exultante: su hermanastro José María forma parte de ese batallón, que había salido de Bogotá en febrero del año anterior con poco más de mil hombres, la mayoría colombianos al mando de oficiales españoles, recorriendo más de dos mil kilómetros a pie antes de llegar a Lima. Una horrible marcha jalonada de cadáveres de soldados agotados por el esfuerzo y las enfermedades, abandonados para pasto de las alimañas, y de deserciones y misteriosas desapariciones. Al llegar a la capital limeña, el batallón había perdido 350 efectivos. Manuela recibió con alborozo a José María y paseó con el apuesto oficial por los salones de la capital. Y no solo le pasea y agasaja: despliega una batería de argumentos y razones, que tan bien desgrana tras años de "agente secreto", hasta que José María Sáenz le promete a su hermana que en adelante luchará por la independencia. Los dos hermanos empiezan una activa labor de zapa en el seno del batallón que lo inclinará definitivamente hacia las fuerzas revolucionarias.

El teniente general José de la Serna es el nuevo virrey de Perú. Su antecesor, Joaquín de la Pezuela, había sido cesado por su ineptitud para conducir la guerra. Con José de la Serna de virrey, que caería derrotado en Ayacucho, los patriotas tenían a un enemigo difícil: audaz, enérgico, con un especial sentido de la estrategia militar. El virrey comprende que la suerte de Lima ya está echada con el general San Martín en las mismas puertas. En un movimiento táctico sorprendente, decide no plantar cara y, sin disparar un solo tiro, abandona la ciudad, con la intención de asfixiarla desde el exterior cortando sus suministros. San Martín entra en la ciudad a las siete de la tarde del 10 de julio de 1821, en lo que constituyó una de las tomas de posesión más extrañas de la liberación de América. Hombre austero y disciplinado, llegó a Lima acompañado solo de su ayudante, y con tan exigua compañía entró en el palacio de los virreyes. Algún cronista apuntaría, no sin malicia, que los primeros que vieron a San Martín en el palacio fueron los frailes.

¿Qué principios guiaban a San Martín? Bartolomé Mitre, historiador y presidente de la República argentina, en la monumental biografía que le dedicó al libertador de Perú, resuelve así el interrogante:

> San Martín no fue ni un mesías ni un profeta. Fue simplemente un hombre de acción deliberada, que obró con una fuerza activa en el orden de los hechos fatales, teniendo la visión clara de un objetivo real. Su objetivo fue la independencia americana, y a él subordinó pueblos, individuos, cosas, formas, ideas, principios y moral política, subordinándose él mismo a su regla disciplinaria. Tal es la síntesis de su genio concreto [...]. Inteligencia común de concepciones concretas; general más metódico que inspirado; político por necesidad y por instinto más que por vocación, su grandeza moral consiste en que, cualesquiera que hayan sido sus ambiciones secretas en la vida, no se le conocen otras que sus designios históricos; en que tuvo la fortaleza del desinterés, de que es el más noble y varonil modelo.

Por su parte, el historiador colombiano Indalecio Liévano Aguirre lo vio con otros ojos. En su canónica biografía de Simón Bolívar describe la emoción de Manuela Sáenz y Rosa Campuzano en la entrada del general argentino en Lima. Viene precedido de todos los honores, libertador de Argentina y Chile, hábil estratega, heroico militar apuesto y varonil. Manuela no se paraba en barras ante una aventura que le saliera al paso. ¿Por qué no con San Martín? Manuela se llevará una desilusión. Escribe Liévano:

> La opaca entrada de San Martín en Lima; su falsa modestia que denunciaba su timidez; su rigidez puritana; su aparente desprecio por las multitudes, hijo de su temor a ellas; su tendencia a resolverlo todo en conciliábulos secretos, y su apego al orden conservador de las clases americanas, producto de su resisten-

cia a afrontar –con sentido creador– una auténtica situación revolucionaria, dejaron en el alma de Manuela, desde el primer momento, pésima impresión. Indudablemente aquel no era el hombre que había esperado con secreto entusiasmo; con la rapidez con que las mujeres llegan a sus juicios fundamentales sobre los hombres, presintió con tristeza las horas difíciles que aguardaban a la revolución.

Pese a su autocontrol y disciplina, San Martín cae en los brazos de Rosa Campuzano, aunque sus amores tendrán la discreción con la que se ocultan los pecados. Por otro lado, San Martín no supo ver que la creación de la Orden de Caballeros del Sol, que premiaba a quien se había distinguido en acciones independentistas, va a ser considerada antidemocrática, con fuerte aroma monárquico. Tal es la decepción que causa en ciertos medios patrióticos. San Martín pertenece a la logia Lautaro, que ha tenido un activo papel en la independencia, y se le empieza a conocer burlonamente como "el rey José". Así pues, se echa amante y crea una orden. Rosita le ha ganado por la mano a su íntima y tal vez desilusionada Manuela. En esa relación la adúltera no es ella, sino él, casado en Argentina desde noviembre de 1812 con Remedios Escalada, quien le había dado una hija. En Argentina, los rumores afirman que el matrimonio ya estaba roto antes de que San Martín partiera a las campañas de Chile y Perú, y la causa de la ruptura fue haber sorprendido a su mujer en acto de infidelidad. Más tarde se demostraría que eran maledicencias, fruto de las luchas políticas, pero San Martín no volvió a ver a su mujer a su regreso de Perú.

Con la partida de San Martín de Perú, Rosita Campuzano caerá en el abandono y el olvido, de donde la rescatará en parte Ricardo Palma. El 21 de enero de 1822 aparece en Lima el decreto por el que se estable la Orden de Caballeros del Sol, y los nombres de Manuela y Rosita están incluidos en una lista, con otras cien damas y treinta y dos monjas, a las que se ha concedido el grado de Caballeresas del Sol por sus servicios y sacrificios a la causa libertadora. Las patriotas condecoradas, según el decreto, "usarán el distintivo de una banda bicolor, blanco y encarnado, con una medalla de oro con las armas nacionales al anverso y en el reverso la inscripción 'Al patriotismo de las más sensibles'".

En el atardecer del 20 de septiembre de 1822, en el barrio limeño de La Magdalena, donde Manuelita vivirá sus amores con Bolívar meses después, el general José de San Martín, vestido de civil y desarmado, se dirige al puerto de El Callao y aborda el navío *Belgrano*. Ordena a su capitán que ponga rumbo a Valparaíso. Va acompañado de su fiel paje Eusebio Soto, algún bulto con su modesta ropa y ciento veinte onzas de oro para las necesidades de un viaje sin retorno. En su memoria quedaría grabado aquel 28 de julio, con el gran desfile militar y la solemne Declaración de Independencia de Perú, inmortalizada en una medalla conmemorativa en una de cuyas caras se leía: "Lima libre juró su independencia el 25 de julio de 1821". Y en el reverso: "Bajo la protección del ejército libertador del Perú, mandado por San Martín".

En memoria de los peruanos, escribió antes de su partida:

> Presencié la declaración de la independencia de los Estados de Chile y el Perú. Existe en mi poder el estandarte que trajo Pizarro para esclavizar el Imperio de los incas, y he dejado de ser hombre público; he aquí recompensados con usura diez años de revolución y de guerra.
>
> Mis promesas para con los pueblos en que hecho la guerra están cumplidas: hacer su independencia y dejar a su voluntad la elección de sus gobiernos.
>
> La presencia de un militar afortunado (por más desprendimiento que tenga) es temible a los Estados que de nuevo se constituyen; por otra parte ya estoy aburrido de oír decir que quiero hacerme soberano. Sin embargo, siempre estaré pronto a hacer el último sacrificio por la libertad del país, pero en clase de simple particular, y no más.
>
> En cuanto a mi conducta pública, mis compatriotas (como en general de las cosas) dividirán sus opiniones; los hijos de estos darán el verdadero fallo.

Peruanos: os dejo establecida la representación nacional: si depositáis en ella una entera confianza, cantad el triunfo; si no, la anarquía os va a devorar.

Un párrafo de la proclama parecía dirigido a las ambiciones de Bolívar: "La presencia de un militar afortunado es temible a los Estados que de nuevo se constituyen".

La profecía no tardaría en cumplirse. En Lima la memoria era corta y la injuria larga. Al conocerse la partida de San Martín, consecuencia de su entrevista con Simón Bolívar en Guayaquil a mediados de ese año, cualquier malhadado rumor callejero se daba como verdadero, y se decía que el idolatrado Protector huía ante el fracaso de su plan de coronarse emperador, que las tropas patriotas le habían retirado su confianza, y que las treinta mil libras las había robado del tesoro peruano. La proclama de despedida quedará en papel mojado y Perú entrará en una peligrosa y dramática guerra de facciones que estuvo a punto de devolverla al yugo español. Es entonces cuando los peruanos llaman a Simón Bolívar para salvar la República.

Juana Rosa ha movido el sillón, haciendo chirriar las ruedas sordamente en el suelo de arena. El cielo está ceniciento, como el mar, y el calor aprieta. La brisa ha dejado de soplar. Nada se mueve, cuesta trabajo respirar. Pero el aire puede empezar a soplar inesperadamente, y de los farallones de arenisca se levantará una cortina ocre que desprenderá pequeñas nubes de polvo que se agarran a la superficie. Una de las tareas de Juana Rosa es quitar esa ligera película polvorienta de un trozo cuadrado de madera clavado en la pared de la vivienda, donde se lee en grandes letras escritas a mano:

TOBACCO

ENGLISH SPOKEN

MANUELA SÁENZ

La vivienda es una pequeña tienda de artículos heterogéneos: tabaco en rama y manufacturado en largos, apretados y oscuros cigarros, fuertes como el demonio, que le surten algunos barcos cuando hacen escala en Paita, además de encajes y pastelillos que Manuela aprendió a hacer en el convento de Santa Catalina. Hacia 1920 pasó por Paita el historiador peruano Luis Alberto Sánchez, uno de los mayores intelectuales de su país, y sintió la curiosidad de buscar alguna huella de Manuela Sáenz. En el pueblo aún vivía Paula Orejuela, la Morito, ahijada de la Sáenz, ya muy vieja pero con un buen recuerdo de su madrina.

El historiador se interesó por saber qué decía Manuela de Bolívar; la respuesta de la Morito, hija de una comadrona de Paita, fue decepcionante, bien porque dijera la verdad o porque aprendió en aquella casa que del Libertador no se hablaba con desconocidos:

> Jamás hablaba de él, señor, ni siquiera vi un retrato de él, a pesar de que la acompañé durante tanto tiempo. No había recuerdos del Libertador en casa de Manuelita. Ella vivía retirada en su casa, haciendo flores. No tenía dinero y había que ganarlo. La ayudaban sus dos sirvientas, Dominga y Juana Rosa. Yo las ayudaba. Hacíamos flores de trapo y luego las vendíamos. Todo el día cosía sus flores. Las tres trabajábamos juntas. No era orgullosa sino con la gente de fuera.

Por la Morito se supo que Juana Rosa murió unos días antes que su ama, y que Manuela era madrina de algunos niños que su madre ayudaba a traer al mundo; si eran varones, les ponían el nombre de Simón, y Simona si eran hembras.

–Sí, sí, qué razón llevaba aquel capitán de barco: arena, arena, arena. De eso me acordaba yo, y mira que han pasado años, cuando vino a verme el poeta peruano, sí, don Ricardo Palma, que me preguntó, mira qué tontería, que por qué había venido a parar a Paita, y me vino a la memoria lo del capitán del barco, y le dije en broma, aunque yo creo que él se lo tomó en serio, que vine a Paita porque un médico me había recetado que tomara frecuentes baños de arena para mis dolores reumáticos. ¡Dolores reumáticos, si a mí solo me dolía el alma! No ves, ¡ay!, Juana... Los tres hombres a los que más quise están muertos: mi señor, el general Sucre y mi hermano José María.

Y ahora se muere el loco de don Simón Rodríguez. Mucha gente le llamaba el maestro de América, pero yo no sé por qué. Bolívar decía que don Simón Rodríguez le había metido en el corazón las ideas de la justicia, de la grandeza, de la libertad. ¿Y ha muerto confesado? Estaba medio loco, pero no era un hipócrita, tenía ideas bien raras. Si pudiera moverme, habría ido a su entierro, no le tenía un afecto especial, si apenas nos conocíamos, pero había tratado con intimidad al Libertador y los dos podíamos hablar mucho de Bolívar. Bueno, pero ya está muerto, y él me recuerda las otras muertes. Yo también tenía que haber muerto ese día, ¿te acuerdas, Juana?, cuando Jonatás trajo la culebra venenosa y la puso en mi hombro para que me mordiera. Recuerdo el dolor tan fuerte cuando me picó dos veces. Y don Juan el francés decía que yo era otra Cleopatra. ¿Qué sabría él lo que hay en el corazón de una mujer? Sí, hubiese sido mejor que yo hubiera muerto aquel día.

–Mi niña Manuela, es mejor vivir.

–¡Vivir, así, paralítica y pobre, en este desierto! Llegamos aquí en el 35 y estamos en marzo de 1854, casi veinte años... ¿Dónde está ahora el orgullo y la rabia con los que les decía yo a los bogotanos que mi patria era todo el continente americano, pues yo había nacido bajo la línea ecuatorial? No veo más que miseria y solo me ha mantenido viva el recuerdo de la pasión que tuve por mi señor, ¡con lo que me hizo sufrir! Tú eras una niña para que te acuerdes del día en que, como una gata en celo, le llené la cara de arañazos. Ocho días estuvo sin salir de su cuarto para que nadie le viera las heridas. En seguida me arrepentí, pero se lo tenía merecido, ¡engañarme a mí! Y también a la extranjera aquella, la Hart, la tuve que enseñar las uñas y decirle bien alto que yo era la Sáenz. Bien pronto me di cuenta de que nunca le podría tener para mí sola, la guerra y las mujeres eran su vida, y yo le pedía, le rogaba que me dijera que no quería a nadie más que a mí. ¡Cómo voy a olvidar aquella carta suya! Yo lloraba de felicidad al leer lo que me decía, que no amaría a nadie más y que el altar en el que yo habitaba para él no sería profanado por ninguna otra imagen, ¡ni siquiera la de Dios! Pero solo eran palabras hermosas, solo palabras. Como en su entorno las noticias corrían como la pólvora, me enteré de que uno de sus oficiales le había afeado que, en vísperas de salir a luchar con los realistas, anduviera rodeado de mujeres, y lo decía por mí. ¿Estás pensando que yo engañaba a mi marido? Era otra cosa, Juana, el matrimonio no ata a nada, ata el amor, la pasión, y cuando se acaba deja más dolor que un matrimonio roto. Se lo dejé dicho bien claro al inglés, dejarle a él por Bolívar no significaba nada. Se lo dije en una carta que me costó mucho escribir, pero tenía necesidad de decírselo. Se estaba convirtiendo para mí en una tortura, y así me quité un peso grande.

El 4 de agosto de 1898, el periódico *El Grito del Pueblo* de Guayaquil, publica un artículo con el título "Dos retratos del natural":

Latacunga, Julio.- En esta ciudad posee el señor José María Batallas dos retratos al óleo, uno del Libertador Simón Bolívar, y otro de su ayo don Simón Rodríguez, que se reputan tomados directamente de los personajes que representan.

Fueron encontrados entre los trastos de don Simón Rodríguez que existían en la vecina parroquia de San Felipe, donde aquel residió algún tiempo, y se deduce que si alguien debiera tener el retrato verdadero de Bolívar era su ayo. Van a ser estos lienzos exhibidos con una información fidedigna por el señor Batallas en la Exposición Nacional que se proyecta organizar en Quito. El de Bolívar, que está algo deteriorado, es de medio cuerpo. Tiene bigote, lo que no pasa en ninguno de sus retratos, en que se le presenta afeitado.

El de don Simón Rodríguez es de parecido completo según lo atestigua el señor Camilo Gómez, natural de esta, que lo acompañó por mucho tiempo y a quien aquel consideraba como hijo adoptivo. Refiere este un interesante episodio de la vida del célebre ayo del Libertador. Cuando al señor Gómez le enseñó el retrato de don Simón Rodríguez, manifestó su admiración, exclamando: "Solo le falta hablar", e hizo la siguiente narración de cómo lo conoció y de sus últimos momentos:

"Don Simón residió en esta ciudad algún tiempo; para vivir daba lecciones de primeras letras a las hijas de una señora Viteri. Lo acompañaba José Rodríguez, a quien quería como a hijo y lo llamaba por el nombre de Cocho. Trabé relación de amistad con este joven que era de mi misma edad y con él visitaba la casa de don Simón, el que pronto me consagró especial cariño. Al poco tiempo de conocernos se dirigió don Simón a Guayaquil con su hijo, y los seguí dos meses después.

"En esa ciudad celebró un contrato con un señor Zegarra para refinar esperma, empresa que fracasó. Acosado por las exigencias de Zegarra para que le devolviera el dinero con que lo habilitara, don Simón Rodríguez resolvió dirigirse al departamento de Lambayeque, en el Perú, llamado por un caballero para que implantara no sé qué negocio.

"Sin esperar embarcación a propósito, nos embarcamos en una balsa de sechuras que se hallaba en la vía. Fuimos arrastrados por corrientes contrarias a causa de un temporal, y solo mes y medio después pudimos arribar a una caleta de pescadores, que creo se llama cabo Blanco, habiendo sufrido hambre y sed, pues se nos acabaron los víveres y el agua.

"Don Simón se encontraba grave. José se trasbordó a una chata y sin decirnos nada nos dejó abandonados. Saltamos a tierra sin recursos; todo el equipaje de don Simón se reducía a dos cajones con libros y manuscritos. Tres semanas permanecimos en la choza de unos indios pescadores, los cuales al fin me dijeron que no podían continuar manteniéndonos y que don Simón tenía una enfermedad que podía contagiarlos.

"Logré convencerlos de que era un hombre importante aquel viejo enfermo y que podría reportarlos alguna utilidad, si me acompañaban hasta algún pueblo cercano. Accedieron y me llevaron a Amotape cerca de Paita. Me dirigí a casa del cura y le impuse de lo que pasaba. Después de algunas dificultades me proporcionó dos caballos y diez pesos. Regresé con los indios a cabo Blanco. Hice montar a don Simón y lo conduje a Amotape.

"Al llegar a la entrada del pueblo vi con sorpresa presentarse algunos hombres, que nos salieron al encuentro y nos detuvieron diciéndonos que tenían orden del cura para llevarnos a su quinta que estaba cerca. Tomamos ese camino y llegamos a la casa de la quinta en la que no había más que una habitación, con una silla vieja y en el rincón un poyo de barro en el que acosté a don Simón. El cura no volvió a acordarse de nosotros, y nos faltaba todo. Ignoraba yo la causa de este abandono. Todos los días iba al pueblo a buscar el alimento para don Simón, que era preparado por una señora caritativa. Me dijo entonces esta que el cura había prohibido la entrada al pueblo de don Simón y prohibido que lo visitaran los habitantes porque había descubierto que era un hereje. Todo el mundo temía aproximarse a la quinta, y esquivaban hasta tener trato conmigo.

"Aislado y sin medios de asistencia sufría lenta agonía el enfermo, hasta que las señoras Gómez, hermanas del señor Gómez de la Torre, que por entonces estaban tomando baños en la Brea, vinieron a visitarlo acompañadas de dos padres jesuitas. Don Simón, que estaba acostado, los miró con profunda indiferencia y se volvió del lado contrario, sin dirigirles la palabra. Pasaron algunos días y me sorprendió una mañana don Simón diciéndome que fuera a llamar al cura. Me dirigí a casa de este y fui mal recibido; el cura me contestó que no quería ver a un protestante. Insistí, manifestándoles que deseaba confesarse el enfermo.

"Entonces convino en acompañarme. Don Simón, tan luego lo vio entrar se incorporó en la cámara, se sentó, hizo que el cura se acomodara en la única silla que había y comenzó a hablarle, algo así como una disertación materialista. El cura quedó estupefacto y apenas tenía ánimo para pronunciar algunas palabras tratando de interrumpirlo. Era yo muy joven y no comprendía el alcance de diez que decía don Simón, solo recuerdo que manifestaba al cura que no tenía más religión que la que había jurado en el monte Sacro con su discípulo. Volviéndose hacia mí, díjome que saliera. La conferencia fue larga. Cuando salió el cura iba más tranquilo y más complacido de lo que estaba al venir. A las once de la noche del día siguiente comenzó la agonía de don Simón Rodríguez; a intervalos exclama: ¡Ay, mi alma! Expiró y permanecí cerca del cadáver hasta la madrugada. Me dirigí al pueblo a participar lo ocurrido al cura, el que me trató rudamente por despertarlo tan temprano. Una señora que me vio salir llorando, se acercó a consolarme y me aconsejó que escribiera al cónsul de Colombia en Paita, lo que hice inmediatamente.

"Recibí al día siguiente la contestación formada por el señor Emilio Escobar, que encargaba se hiciera el entierro a su costa. El cura entonces sufragó los gastos y aun ordenó que se colocara el cadáver en un nicho que existía en el cementerio. Además, tal vez por orden del cónsul, me proporcionó un vestido de paño y diez pesos. Cuando me proponía dejar el pueblo se presentó Cocho y acompañado por este nos dirigimos a Paita, llevando los dos cajones de libros de don Simón.

"En este puerto encontramos a los ecuatorianos señores García Moreno, Rafael Carvajal, José María Cárdenas y otros emigrados, a los que les referí la muerte de don Simón Rodríguez. García Moreno tomó de entre los papeles contenidos en el cajón una carta de Bolívar a su maestro. Protegidos por aquellos caballeros y con recomendaciones de la señora Manuela Sáenz, partí para Panamá, pues creía que yo era hijo de don Simón y tanto ella como los emigrados no me trataban por mi apellido, sino por el de Rodríguez".

El artículo concluía con la apostilla de que el señor Gómez era "un anciano formal y honrado y que está en pleno uso de sus facultades".

Quien no aparece con honradez luminosa en el relato es el tirano Gabriel García Moreno, sanguinario dictador al que la Iglesia católica ecuatoriana quiso promover un proceso de canonización, que se apropia sin ningún derecho de una carta de Simón Bolívar a su maestro Simón Rodríguez. Pero, ¿qué culpa iba a gravitar sobre la conciencia de un tirano desmandado por aquella rapiña, no por pequeña menos delictiva? Su conciencia estaba para más altos menesteres, a fuer de católico ultramontano. Días después de la muerte de Simón Rodríguez, en la misma Paita, García Moreno escribe a un cuñado suyo y le informa, no de cómo ha muerto en la miseria y el abandono el hombre que acompañó a Bolívar en su juramento de honor en el monte Sacro, sino de los últimos arreglos de su alma: "Se ha confesado y ha recibido el viático con grandes muestras de arrepentimiento. Este es un ejemplo más de que la incredulidad muere antes que el hombre y que la voz de la conciencia es irresistible en los últimos momentos de la vida". Así se conmovía este incansable rezandero, que tampoco se cansaba de abastecer el cadalso de cuellos de sus enemigos, ni de humillar a un héroe de la batalla de Pichincha, el general negro Fernando Ayarza, ya venerable anciano, que luchó al lado de Bolívar y, por el delito de llevarle la contraria, le condenó a recibir en el patio de un cuartel quinientos azotes. Un testigo presencial dijo que "hizo desnudar las espaldas del reo y como el ejecutor vacila, él le arrebata el látigo y castiga al negro".

En el relato de Camilo Gómez publicado en *El Grito del Pueblo* no se menciona que el cura que asiste en sus últimos momentos a Simón Rodríguez llevara los santos óleos, aunque pudiera ser que los llevara ocultos y él no los viera. Solo vio que el cura "salió más complacido" de lo que estaba al llegar. Complacencia que trasladó al certificado de defunción, depositado en la parroquia de Amotape, con estas palabras: "Año del Señor de mil ochocientos cincuenta y cuatro, a primero de marzo, yo don Santiago Sánchez, presbítero cura propio de la parroquia de San Nicolás de Amotape; en su iglesia di sepultura eclesiástica al cuerpo difunto de don Simón Rodríguez, casta de español, como de edad de noventa años al parecer, el que se confesó con su entero conocimiento y dijo que fue casado dos veces y que era hijo de Caracas, y la última mujer finada se llamó Manuela Gómez, hija de Bolivia, y que solo dejaba un hijo que se llama José Rodríguez; recibió todos los santos sacramentos y se enterró de mayor, para que conste firmo".

IX

*A*sí, en la soledad de los arenales peruanos, se acabó la vida del más errático e iluso personaje del drama bolivariano. No dejó tras él ningún reguero de muertes y traiciones, ni persiguió otra gloria que los sueños de su quimera. Fue una rara arborescencia de la revolución. Su efímera fama y el vago recuerdo que de él se conserva se creó bajo la sombra protectora del Libertador. Sin Bolívar y, de no haber sido testigo de su juramento en el monte Sacro, Simón Rodríguez, el maestro de América, sería apenas un espectro excéntrico que cruza la historia de la guerra de Independencia americana. Las crónicas le han ido cargando de adjetivos: mujeriego, descarado, cínico, impostor, simpático, provocador, loco, irascible, chiflado, impredecible, extravagante, desventurado, severo, inflexible, amargado, triste... ¿Fue tan poliédrico o fue un iluso desnortado, parasitario de la gloria de Bolívar?

Simón Rodríguez nació en Caracas el 28 de octubre de 1771, hijo natural de Alejandro Carreño y Rosalía Rodríguez; por un temprano odio a su progenitor, eliminó el apellido paterno. Fue maestro de primeras letras de Simón Bolívar. La Venezuela colonial y finisecular se le hacía irrespirable y sale del país, primero a Jamaica, luego a Estados Unidos y por fin a Europa, adonde llega en 1801 con el nombre de Samuel Robinson, adoptado no tanto para borrar su pasado, sino como seña de identidad de un futuro cargado de misterios. Alguien ha señalado que tal vez Samuel viniera de Uncle Sam (de States of America) y Robinson por el náufrago creado por Daniel Defoe. En el París napoleónico se empadrona como "Samuel Robinson, hombre de letras, nacido en Filadelfia, de 31 años".

A finales de 1803, Simón Bolívar viaja a Madrid con el objetivo de entregarle a su suegro algunos recuerdos de María Teresa. Apenas llegado a la capital de España, un decreto del rey obliga a los naturales de las colonias españolas a abandonar la ciudad por el peligro de hambruna. En 1804 Bolívar se halla en París irritado con la monarquía española, que no ha sabido evitar la hambruna y lo ha tratado como a un español de ínfima categoría. Pero París cura a Bolívar algunas heridas. Es testigo de los fastos suntuosos de la coronación de Napoleón. Y, tras el dolor por la pérdida de María Teresa, cae en los brazos ardientes de Fanny de Villars, casada con el conde Berthelem Regis Dervieux de Villars, en cuya mansión queda alojado. Al enterarse de que de que Samuel Robinson se halla en Viena, parte para encontrarse con su maestro. Tras una breve estadía en la capital austriaca, ambos regresan a París y, en 1805, emprenden viaje a Italia, que para Simón Rodríguez significará entrar en la historia del Libertador de las Américas. En Roma visitan las ruinas en una tarde impregnada de una atmósfera solemne que marcará el inicio de la épica libertadora. Simón Rodríguez escribirá un relato de aquella excursión que repetirá en 1850 en Quito, con las mismas palabras, según el escritor colombiano Cornelio Hispano, al médico, geógrafo y político Manuel Uribe Ángel:

Un día, después de haber comido, y cuando ya el sol declinaba, emprendimos con Bolívar paseo hacia el monte Sacro. El calor era tan intenso que nos agitábamos en la marcha lo suficiente para llegar jadeantes y bañados de sudor. Llegamos al mamelón, nos sentamos sobre un trozo de mármol blanco, resto de una columna destrozada por el tiempo. Yo tenía los ojos fijos sobre la fisonomía del adolescente, porque percibía en ella cierto aire de notable preocupación y concentrado pensamiento. Después de descansar un poco, y con la respiración más libre, Bolívar, con cierta solemnidad que no olvidaré jamás, se puso de pie, y, como si estuviera solo miró a todos los puntos del horizonte, y, a través de los amarillentos rayos del sol poniente, paseó su mirada escrutadora y fulgurante sobre la tumba de Cecilio Metelo, sobre la Via Apia romana. Luego, levantando la voz, dijo: "¿Conque este es el pueblo de Rómulo y Numa, de los Gracos y los Horacios, de Augusto y de Nerón, de César y de Bruto, de Tiberio y de Trajano? Aquí todas las grandezas han tenido su tipo y todas las miserias su cuna. Octavio se disfraza con el manto de piedad público para ocultar la suspicacia de su carácter y sus arrebatos sanguinarios. Bruto clava el puñal en el corazón de su protector, para reemplazar la tiranía de César con la suya propia. Antonio renuncia a los derechos de su gloria para embarcarse en las galeras de una meretriz. Sin proyectos de reforma, Sila degüella a sus compatriotas, y Tiberio, sombrío como la noche y depravado como el crimen, divide su tiempo entre la concupiscencia y la matanza. Por un Cincinato hubo cien Caracallas; por un Trajano, cien Calígulas y por un Vespasiano, cien Claudios. Este pueblo dio para todo: severidad para los viejos tiempos; austeridad para la República; depravación para los emperadores, catacumbas para los cristianos; valor para conquistar el mundo entero, oradores para conmover, como Cicerón; poetas para seducir con su canto, como Virgilio; satíricos, como Juvenal; filósofos débiles, como Séneca; y ciudadanos íntegros, como Colón. Este pueblo dio para todos, menos para la causa de la humanidad: Mesalinas corrompidas, insignes guerreros, procónsules rapaces, sibaritas desenfrenados, aquilatadas virtudes y crímenes groseros; pero para la emancipación del espíritu, para la extirpación de las preocupaciones, para el enaltecimiento del hombre y para la perfectibilidad definitiva de la razón, bien poco, por no decir nada. La civilización que ha soplado del Oriente ha mostrado aquí todas sus faces, ha hecho ver a todos sus elementos; mas en cuanto a resolver el gran problema del hombre en libertad, parece que el asunto ha sido desconocido y que el despejo de esa misteriosa incógnita ha de verificarse en el Nuevo Mundo [...]. Juro por el Dios de mis padres; juro por ellos; juro por mi honor y juro por la patria, que no daré descanso a mis brazos, ni reposo a mi alma, hasta que haya roto las cadenas que nos oprimen por voluntad del poder español".

Las solemnes palabras han sido pronunciadas y la nobilísima intención manifestada, pero el cumplimiento de la promesa deberá esperar unos años. Bolívar, un joven de apenas veinte años, dueño de una fortuna inmensa, valorada en unos 350.000 pesos oro, huérfano de padre y madre, viudo y con un excelente apetito sexual, no fácil de saciar, se va a tomar con calma el regreso a Venezuela. La vieja Europa era una joven sirena de voz melodiosa e irresistibles encantos; le inspiraba profundas palabras en el monte Sacro o le llevaba a perder una noche a las cartas 100.000 francos o a gastarse 150.000 en una estancia en Londres. Pero también leía a Montesquieu, Voltaire, Locke, Buffon, Rousseau o Condillac, y mantenía fecundos encuentros con Alexander von Humboldt, quien dirá a Bolívar: "Creo que su país ya está dispuesto a recibir la emancipación de España, pero ¿quién será el hombre que podrá acometer tan grande empresa?".

A finales de 1806, Bolívar siente que su tiempo en Europa ha llegado a su fin. Embarca en Hamburgo y, tras una breve visita a Nueva York y Filadelfia, llega a Venezuela en febrero de 1807. Simón Rodríguez se queda en Italia, con un equipaje lleno de utopías, y se convertirá en un trotamundos, un hombre sin ataduras ni hogar.

El discípulo y el maestro no volverán a encontrarse hasta dieciséis años después. En 1823 Bolívar ha desgajado las colonias del tronco español –solo queda el Perú, pendiente de la batalla de Ayacucho–, y Simón Rodríguez ha regresado a América, con su equipaje de sueños y las derrotas que le ha propinado la vida. Así resumía su estancia europea: "Permanecí en Europa por más de veinte años. Trabajé en un laboratorio de química industrial, en donde aprendí algunas cosas; concurrí a juntas secretas de carácter socialista; vi de cerca al padre Enfantin, a Olindo Rodríguez, a Pedro Leroux y a otros muchos que funcionaban como apóstoles de la secta. Estudié un poco de literatura, aprendí lenguas y regenté una escuela de primeras letras en un pueblecito de Rusia".

Bolívar escribe el 19 de enero de 1824, en Pativilca, Perú, una carta de relamida prosa a Simón Rodríguez:

¡Oh, mi maestro! ¡Oh, mi amigo! ¡Oh, mi Robinson, Ud. en Colombia! Ud. en Bogotá y nada me ha dicho, nada me ha escrito. Sin duda es Ud. el hombre más extraordinario del mundo, podría Ud. merecer estos epítetos pero no quiero darlos por no ser descortés al saludar un huésped que viene del Viejo Mundo a visitar el nuevo. ¿Se acuerda Ud. cuando fuimos al monte Sacro en Roma a jurar sobre aquella tierra santa la libertad de la patria? Con qué avidez habrá seguido Ud. mis pasos; estos pasos dirigidos muy anticipadamente por Ud. mismo. Ud. formó mi corazón para la libertad, para la justicia, para lo grande, para lo hermoso. No puede Ud. figurarse cuán hondamente se han grabado en mi corazón las lecciones que Ud. me ha dado; no he podido jamás borrar siquiera una coma de las grandes sentencias que Ud. me ha regalado. En fin, Ud. ha visto mi conducta; Ud. ha visto mis pensamientos escritos, mi alma pintada en la pared, y Ud. no habrá dejado de decirse: todo esto es mío, yo sembré esta planta, yo la regué, yo la enderecé tierna, ahora robusta. Fuerte y fructífera, he aquí sus frutos; ellos son míos, yo voy a saborearlos en el jardín que planté; voy a gozar de la sombra de sus brazos amigos".

Unos meses después de leer esa carta, con doscientos pesos facilitados por el general Santander por indicación de Bolívar, Simón Rodríguez llega a Lima. O'Leary, testigo de la escena, relata así el reencuentro del maestro y el discípulo: "Bolívar le abrazó con filial cariño y le trató con una amabilidad que revelaba la bondad de un corazón que la prosperidad no había logrado corromper".

Simón Rodríguez conoce en Lima a Manuela Sáenz, pero no la menciona en sus cartas, quizá porque, para el maestro de América, las mujeres quedaban al margen de sus preocupaciones intelectuales. Volverán a verse, brevísimamente, en 1843, en una rápida visita de Rodríguez a Paita, en la ocasión en que le dijo a Manuela que dos soledades no podían hacerse compañía.

Cuando las provincias del Alto Perú se constituyen en República independiente, en agosto de 1825, con el nombre de Bolivia, el mariscal

José de Sucre, el vencedor de Ayacucho, ofrecerá a Simón Rodríguez un cargo en el gobierno de la nueva nación. Nombrado director de Enseñanza Pública, de Ciencias Físicas, Matemáticas y Artes, y director general de Minas, Agricultura y Caminos Públicos de la República Boliviana, el puesto venía dotado con seis mil pesos anuales. Pero Simón Rodríguez y Sucre estaban condenados a no entenderse; hay constancia de que el maestro robó dos millones de pesos de las arcas de la nación, una conducta que al parecer Sucré le afeó. Cuando se produce la ruptura, Simón Rodríguez y Bolívar se habían separado para siempre. El 7 de enero de 1826, el Libertador y su viejo ayo se dieron el último abrazo en Chuquisaca. Y ya nunca en la vida de Bolívar aparece el nombre de Simón Rodríguez. Zarandeado por el destino inmisericorde, Simón Rodríguez escribe a un amigo bogotano: "Después de haber gastado los dos millones que me robé, he quedado como usted puede imaginarse. Ni enseñando, ni en ninguna otra especie de industria, puedo ganar el pan". Desnortado durante treinta años, su instinto le llevó a morir cerca de Manuela Sáenz, como si buscara una protección en el recuerdo inextinguible de Bolívar.

El general San Martín abandona Perú, rumbo a Valparaíso, donde su amigo el general Bernardo O'Higgins le recibe con honores. Rosita Campuzano busca consuelo en Manuela. Pero la Sáenz no está en su mejor momento. La convivencia con James Thorne se hace intolerable. Al inglés no le gusta la vida que lleva su esposa, aunque cada día está más enamorado de ella, con un amor que atosiga a la inquieta quiteña. La abandonada Rosita y la acosada Manuela se consuelan mutuamente, sin dejar de asistir a las fiestas de una aristocracia devenida en patriota, luciendo, en sus elegantes vestidos a la moda de París, las bandas y las medallas de Caballeresas del Sol.

El 16 de febrero de 1847, con setenta años, muere James Thorne, y da comienzo un pleito paradójico. Thorne había nombrado a Manuel Escobar, el 7 de agosto de 1835, su albacea fideicomisario y tenedor de sus bienes. En el testamento, redactado por Escobar el 25 de octubre de 1847, se podía leer: "El dicho mi instituyente don Jayme Thornet fue casado y velado según orden de Nuestra Madre Iglesia con doña Manuela Sáenz, de cuyo matrimonio no tuvieron hijo alguno". En otra disposición se afirmaba que Thorne "era deudor a su mujer doña Manuela Sáenz de la cantidad de 8.000 pesos, que le fueron entregados en la ciudad de Panamá por su suegro el señor don Simón Sáenz de Vergara y que fue su voluntad que mientras se reunían fondos para el pago de la predicha cantidad, se pagase a la señora acreedora el interés del seis por ciento anual a fin de que ayude a sus gastos en el pueblo en donde resida". Thorne dejaba sus bienes a cuatro herederos, que no se nombran como hijos ilegítimos, pero cuya paternidad no logra enmascarar la prosa notarial: "Nombro herederos por partes iguales a doña Dolores y a Grimanesa Alvarado y a doña Isabel y a don Jorge Concha, con quienes se consideraba en obligación y deuda por motivos particulares y de conciencia que no tuvo por necesario se explicasen supuesto que no tiene herederos forzosos".

Al conocer el testamento, Manuela inició los trámites para cobrar los ocho mil pesos o, en su defecto, los intereses que se estipulaban, para lo cual dio las oportunas autorizaciones al abogado Cayetano Freire. Pero el albacea Manuel Escobar se opuso con el pretexto de que aquel dinero era una dávida, no una deuda, y que había perdido el derecho a recibirla por haber abandonado a su marido. El abogado Freire contraatacó: si había sido adúltera Manuela Sáenz, también lo había sido James Thorne, y el continuo adulterio del inglés impidió que, después de 1842, Manuela Sáenz volviera con su marido. El alegato del abogado Freire decía:

Yo en ningún tiempo habría tomado el nombre del señor Thorne para gestionar puntos concernientes a su vida privada doméstica, pero tanto don Manuel Escobar como su defensor me obligan a contrariar mi propósito y a exponer que si doña Manuela Sáenz se ha visto separada de su marido por algún tiempo, ha sido porque la conducta de este la obligó a ello. Cartas existen por las que Thorne rogaba a doña Manuela el que viviese a su lado, pero esta no podía asentir a esa solicitud por las relaciones ilegitimas que aprisionaban a su marido, quien era público que en Huayto vivía con una mujer, cuyo trato ilícito existía desde muchos años atrás, de los que ha dejado los hijos adúlteros a quienes Escobar ha nombrado herederos suyos en la cláusula veinte, y cuya herencia no pueden percibir bajo ningún título, porque expresamente lo prohíben todas las leyes. Esto es lo único que hay de verdad en el caso a que se alude, y esta y no otra ha sido la causa de que este matrimonio no haya caminado acorde y de ello es responsable Thorne, y en mucha parte Escobar, y aquel sin duda ha sido el motivo por el que tan terminante ordenó se pagase a su mujer la cantidad que le adeudaba.

Manuela Sáenz no recibió un peso de la dote que su padre había entregado a James Thorne.

Juana Rosa se levanta y le pregunta a Manuela:

–¿Nos metemos en casa, ama Manuelita?

Las ruedas del sillón gruñen en el piso de arena y su ruido se confunde con el parloteo de Manuela.

–Cuando me puse a escribirle pensaba que me iba a salir una carta muy seria, pero enseguida me vino la burla y ya no lo pude remediar, él no tenía la culpa de ser como era, tan serio, tan ordenado, tan aburrido, era como era, igual que yo soy como soy. Pienso que todo lo que nos pasó era irremediable que nos pasara, mi padre me pudo buscar un marido mejor, pero qué le importaba a mi padre lo que yo pensara, todo fueron prisas por casarme, como si en el mundo no hubiera jóvenes que perdían su virginidad antes de tiempo, ¿o yo era la única? Los hombres podían tener todas las amantes que quisieran, pero no las mujeres. ¡Ah, las amantes! Cuando llegué a Lima con Thorne, esa fue la única alegría de mi matrimonio, escapar de Quito, que no solo me parecía una cárcel, sino una cárcel llena de chismes y rumores maliciosos, eso, que escapar de Quito e irme a vivir a Lima me parecía un sueño, y yo creía que allí iba a ser todo diferente. ¡Diferente! A las pocas semanas vi que todo era igual o peor que en Quito: hacía años que Micaela Villegas no era la amante del virrey Amat; había partido para Madrid dejándola sola y con un hijo que no veía ni un céntimo de la herencia paterna, y en Lima no se hablaba de otra cosa, que si la Perricholi hacía esto, que si la Perricholi se vestía así, que la Perricholi le había pedido al virrey la luna y este le había construido una fuente, que el hijo de la Perricholi y Amat viajó a Madrid y allí le humillaron... Y, a todo esto, la pobre Perricholi estaba retirada modestamente en su casa, vistiendo un hábito religioso, arrepentida de lo que creía que eran sus pecados. Yo solo la vi una vez en Lima, a lo lejos, saliendo de una iglesia. Cuando murió, la enterraron sin ninguna pompa, y nadie se enteró.

–A nosotras tampoco nos enterrarán con ninguna pompa, amita.

–¡Puedes estar segura! Pero déjame que siga. Cuando llegué a Bogotá tras los pasos de Bolívar en el año 27, era una ciudad triste al lado de Lima; la gente tenía una seriedad que a mí me parecía ridícula, tan ceremoniosos todos, pero ¡igual de chismosos que los limeños! No llevaba unas semanas y lo que yo hacía les escandalizaba, que si montaba a caballo como un hombre, que llevaba pistolas, que Jonatás y Nathán vestían como soldados, y que yo era una adúltera, una ramera, una marichuela. Nunca había oído esa palabra, marichuela; pregunté y resultaba que, ochenta años atrás, hubo una tal María Lugarda, amante del virrey José Solís, y a quien los bogotanos llamaban así. Se acordaban de ella por haber sido amante del virrey, pero no de que luego, arrepentida, se metió a un convento, y también el virrey, que murió fraile. Esto de ser amante de los hombres principales es el cuento de nunca acabar. Los bogotanos nunca me quisieron, y los caraqueños menos, a pesar de que nunca estuve en Caracas, yo creo que porque tampoco querían a Bolívar, azuzados en su odio por Santander y Azuero y Ospina y... En aquellos años se publicaba en Bogotá el periódico *El Cachaco*, en el que movía los hilos Santander, donde se criticaba al Libertador, y mira, esa palabra, cachaco, que al parecer era de origen indígena, que significa sucio y desarreglado, se le cambió el sentido, y se llamaba cachacos a ciertos bogotanos.

–Mi niña, ¿dejo abierta la puerta?

–Sí, y abre también la ventana, que entre algo de brisa. Mira, Juana Rosa, me han llamado de todo. Me echaron por adúltera, pero ¿cuántas mujeres no han sido adúlteras? Al crecer empecé a darme cuenta de algunas cosas. Veía el silencio de mi madre cuando la visitaba mi padre; ella no se alegraba, se quedaba callada, obediente, como las yeguas que humillan la cabeza y no andan sin el freno en la boca, era el silencio de la hembra sumisa que espera al macho sin alegría. Ese silencio de mi madre me ha perseguido toda la vida, y me he rebelado contra él... El día en que escapé del convento con Fausto d'Elhuyar decidí que no sería una amante callada y sumisa. No me valía esa ley: sé adúltera, sé ramera, pero calla, no protestes. Luego el amante te abandona, harto de ti, y tú te metes en un convento: la pecadora arrepentida, el espejo de esta sociedad hipócrita. Ahí tienes a la Marichuela en un convento, a la Perricholi vistiendo hábitos al final de su vida, a mi amiga Rosita Campuzano cerrando los ojos, sumisa. También Santander, el hombre de la Ley, abandonó a la señora Nicolasa Ibáñez; se cansó de ella y la echó de la casa donde ella, durante quince años, le había esperado sin reprocharle nada, y hasta le obligó a devolverle los regalos. ¡Qué hombre más ruin! Por menos yo le arañé la cara a Bolívar. Pero con Bolívar aprendí a observar a los hombres, llegué a tener un olfato mejor que sus dos hermosos perros, y nunca me traicionó el corazón. Por eso querían desprestigiarme, porque los conocía, y por eso decían que yo alteraba la paz. Casandro fue el peor.

—¿Casandro?

—Así llamaba Bolívar a Santander. Casandro era un príncipe de Grecia. Iba a suceder a Alejandro Magno, pero no quería esperar, y con ayuda de Yolas, su copero, envenenó a Alejandro, a su madre, a su esposa, a su amante y a un hijo. Envenenó a toda la familia de Alejandro. Ya te digo, Juana, un malvado completo, y por eso le llamaba así Bolívar a Santander, aunque ahora que lo pienso, no sé cómo no se le ocurrió llamar Yolas a Vicente Azuero: uno ideaba los crímenes y el otro los ejecutaba.

—Pero tú, amita, lo salvaste de morir.

—¡Y mil veces lo haría! En el año 25 el sol de Bolívar brillaba en lo más alto: los triunfos de Junín y Ayacucho, Perú libre, la creación de Bolivia. Había logrado la independencia de cuatro naciones y creado una nación nueva, ¿de qué personaje de la historia se puede decir lo mismo? Pero no supimos ver, o al menos yo no supe verlo, que aquel sol en lo alto tenía por necesidad que empezar a descender, ¡y mira que eran numerosas las señales! A partir de ese año, la oposición de Santander a Bolívar se hizo más violenta, en Perú se sublevó Bustamante, se disolvió la Convención de Ocaña, y Bolívar tenía que tomar el mando supremo de la nación; no pudo mantener vigente la Constitución de Cúcuta, llegó la infausta noche del 25 de septiembre y el destierro de Santander, que seguía moviendo sus tenebrosos hilos en la política colombiana; estallaba la guerra contra Perú, con aquella dolorosa batalla de Tarqui, con hermanos matándose entre sí. ¿Cómo no vimos que aquello llevaba a Bolívar al precipicio? A partir del año 25 ya no hubo alegría en la vida de Bolívar. A veces he pensado que habría sido mejor que se hubiera muerto en aquella ocasión en Pativilca.

–¿Pues qué pasó, amita?

–En los primeros días del año 24, cuando regresaba a Lima tras haber echado al traidor Riva Agüero del Perú, cayó muy enfermo en Pativilca; todos creían que se iba a morir de tabardillo, esa horrible enfermedad, pero salvó milagrosamente la vida, y no creo que se debiera a los remedios del médico, ¿Sabes, Juana Rosa, que Bolívar no tenía ninguna fe en los doctores? En Bogotá, tras la salida de Perú, en los años 27 o 28, le atendía un médico inglés, el doctor Charles Moore, un hombre muy tímido, apenas hablaba, ni siquiera con Bolívar, por el respeto enorme que le tenía. Bolívar decía, medio en broma, que el doctor estaba muy orgulloso de ser su médico y que eso le hacía creer que aumentaba su ciencia, pero él no confiaba en sus remedios, no le gustaban las medicinas, solo confiaba en las tisanas, aunque a veces condescendía y, para no herir el amor propio del doctor, le pedía alguna receta. ¡Cuántas veces no le oí que su médico era para él un mueble de lujo, sin utilidad! Repetía que los médicos eran como los obispos, unos dan recetas y otros bendiciones... El caso es que salió con bien del tabardillo y tuvo que enfrentarse a otra enfermedad: ¡el odio de sus enemigos!

–Pero, niña Manuela, ¿si su excelencia mandaba tanto como no llevó a esos traidores al cadalso?

–¡Ay, Juana! Podía haber mandado fusilar a Santander, pero lo desterró. Bolívar no era el dictador cruel que quieren hacernos creer;

fue muy duro, cuando le obligaban las necesidades de la guerra, pero siempre respetó las leyes. Recuerdo cómo se enfurecía si lo motejaban de dictador o de usurpador. ¿Usurpador yo, decía, que antes de serlo prefiero la ruina de Colombia? Pocas veces le vi tan enfadado y dolido como cuando se enteró de que, en Europa, un señor inglés muy sabio y prestigioso, Benjamín Constant, le llamó usurpador al asumir, en el año 29, el mando supremo de la nación. ¿Qué podía hacer, si todo se desmoronaba?

En febrero de 1822 Bolívar suministra, desde Colombia, abundante material de guerra y provisiones a las fuerzas de Sucre, quien se había fijado el objetivo de liberar Quito, adonde Bolívar tenía previsto llegar semanas después para iniciar el asalto. En el camino, en el sur de Colombia, se le cruzó el ejército realista y el 7 de abril se produjo la batalla de Bomboná, una de las más sangrientas de la independencia de la gran Colombia. La victoria cayó del lado de las tropas patriotas, pero perdieron unos días y Sucre tuvo que acometer por su cuenta la toma de la capital de la Audiencia Real. El 23 de mayo, los tres mil hombres al mando del general Sucre se hallaban en la ladera del volcán Pichincha, a unos tres mil metros de altitud, en las afueras de la ciudad de Quito. A bien tempranas horas de la mañana del día 24 se produjeron las primeras escaramuzas entre patriotas y realistas, estas al mando de Melchor Aymerich, y todo fue tan rápido que a las doce del mediodía los hombres de Sucre dieron el grito de victoria. En la larga campaña militar por la independencia del virreinato de Nueva Granada, la Audiencia Real de Quito y la Capitanía General de Venezuela, la batalla de Pichincha fue de segundo orden, pero de importantísimo valor político: con ella no solo se conseguía la independencia de Ecuador, sino que se cerraba el ciclo de lo que llegó a ser la República de la gran Colombia. En Pichincha se dio la primera acción unitaria de los pueblos de América bajo el estandarte de la libertad: quiteños, colombianos, venezolanos, peruanos, chilenos y argentinos, apoyados por ingleses e irlandeses. El 25 de mayo, Sucre, a sus veintisiete años, entraba triunfante en Quito, con las tropas realistas acuarteladas en la ciudad. El 16 de junio de 1822 entraba Bolívar en la ciudad, custodiada por la mole del Pichincha, "en medio de los indescriptibles transportes y delirios del heroico pueblo quiteño, embriagado con el gozo de poseer a su Libertador", según un testigo. Radiante, transportado por la gloria, Bolívar mira complaciente a los miles de quiteños que le aplauden y vitorean, en medio de los aires militares de una banda de música. Sucre sale a recibirle a las afueras de la ciudad. Bolívar luce un espléndido uniforme de gala y llega acompañado de doscientos oficiales y un millar de soldados con los gallardetes de sus lanzas tremolando al aire. El cortejo avanza hacia la plaza mayor de Quito bajo una lluvia de pétalos de rosa. Los balcones están engalanados y abarrotados de ansiosos espectadores. La música no cesa y los vítores contagian un delirio colectivo. Pedro Fermín Cevallos, el primer historiador del Ecuador independiente, luciría para la ocasión su serena prosa, sin grandes exaltaciones: "Recibiendo muestras fervorosas de amor y gratitud por medio de arcos y entre vivas y bendiciones con que los hijos de Quito demostraron el entusiasmo de su aprecio". En Bogotá, Santander es informado de que hasta el más mísero campesino se había echado a la calle para verlo e intentar tocarlo, "y el que menos lo llamaba el nuevo Moisés".

Manuela Sáenz, arrobada en un balcón, arroja al Libertador una corona de laurel que le toca el rostro. Bolívar levanta la mirada y sus ojos se cruzan un instante. El cortejo llega a la plaza Mayor. Delante del palacio municipal se ha levantado un tablado donde doce jovencitas quiteñas, vestidas de ninfas, dan la bienvenida al héroe. Y tras largos discursos de las autoridades, se oficia un largo *Te Deum* en la catedral. Por la noche se celebra un baile fastuoso en casa de Juan Larrea. A la mañana siguiente se conoce en todo Quito que la Sáenz ha visitado esa noche la cama del Libertador. Bolívar está pletórico. Espera con ansiedad las noches, para aquietar el deseo que le despierta la alborotada Manuela, y a la vez cuenta con impaciencia las horas, que parecen eternizarse, para su entrevista con San Martín, con quien quiere dejar rotundamente zanjado que Guayaquil es parte indisoluble de Colombia y no de Perú, como desea el general argentino. Noches de amor furioso y días en la procura de ese broche que va a cerrar, con tanta gloria y honor, la independencia de Ecuador incorporado al sueño de la gran Colombia. Días de amor y política, las dos grandes pasiones de su vida, estrujadas hasta la última gota de placer. A finales de junio de 1823, todo queda arreglado para que la entrevista con el general San Martín se celebre en Guayaquil. Allí, el 2 de julio, Bolívar hace su entrada triunfal, con los arreos más vistosos de su uniforme militar, la gran casaca bordada en oro de las grandes solemnidades, con un gesto calculado al milímetro de mostrar sus intenciones anexionistas.

Manuela se queda en Quito, aferrada al dulce recuerdo de los abrazos de Bolívar, a sus ardientes besos. Siente aún en la piel sus caricias, su solicitud de entrega total, los estremecimientos que, por primera vez ha experimentado, en lugar de las frías y mecánicas caricias de James Thorne. Y falta le hace ese recuerdo, que la tiene absorta, para poder afrontar la tragedia que se cierne sobre su familia paterna. La batalla de Pichincha se ha sentido en su seno como un terremoto devastador. Su padre, Simón, y dos de sus hermanas, María Josefa y Eulalia, ambas casadas con oidores de la villa, han visto caer de golpe sus esperanzas de furibundos realistas y se sienten desprotegidos y vulnerables en el nuevo tiempo del Ecuador emancipado. Toman una decisión tajante: parten para España y ya nunca regresarán a Ecuador. La relación de Manuela con ellos ha sido tormentosa. Pero, con sentimientos angustiados en su corazón, siente la despedida como una derrota a la que hay que poner algún lenitivo y la nostalgia de Bolívar lo es; piensa en él a todas horas, y una agradable quemazón le invade el cuerpo.

En Guayaquil, aún con el polvo del camino y el olor de Manuela en su piel, Bolívar hace una visita de cortesía a doña Eufemia Llaguno de Garaycoa, madre de tres varones hijos y ocho hijas. Doña Eufemia, como su marido, ya difunto, provienen de familias de la aristocracia vizcaína que, desde los inicios de la guerra de Independencia, se han decantado por el lado patriota. La sociedad guayaquileña se dividía en peruanófilos y colombianófilos, y a tal punto llevan su inclinación política que hacen gala de ella vistiendo ropas de colores distintos. El verde y el azul eran los preferidos de los partidarios de que Guayaquil se integrase con la gran Colombia. El hogar de los Garaycoa Llaguno era decididamente patriota y colombianófilo. Doña Eufemia presenta a Bolívar a sus once hijos. Al llegar el turno de Joaquina, de quince años, con el rubor encendiéndole las mejillas, temblorosa por la emoción, la chica solo pudo articular un saludo que a Bolívar le debió de sonar como el canto de la más cautivadora sirena: "Mi Glorioso", dijo. Se abrió un abismo y, en un segundo, los abrazos de tantas mujeres y el olor de Manuela se desvanecieron. Ante Joaquina, el corazón del seductor Simón Bolívar, ya entrado en la cuarentena, aturdido por aquella belleza solo pudo responder: "Mi Gloriosa". Ese amor ya casi otoñal de Bolívar permanecerá muchos años en su corazón. Y esos días en Guayaquil, a la espera de encontrarse con San Martín, serán un recuerdo melancólico.

El 26 de julio el general San Martín pisa por primera vez, en el puerto de Guayaquil, suelo ecuatoriano. Permanecerá en la ciudad poco más de un día. Abandonó el puerto guayaquileño al alba del día 28. Bolívar había ganado la partida: Guayaquil queda incorporada a la República de Ecuador. El Libertador se comprometía a expulsar los restos de las tropas realistas que quedaban, fuertemente armadas, después de que San Martín declarara la independencia de Perú. A las pocas semanas, el general argentino dimitió de todos su cargos peruanos y marchó a Argentina; desde allí, el 10 de febrero de 1824, partió al exilio en Europa, y nunca regresó.

El éxito avivó al guerrero y al amante. Desde entonces ya no dejará de pensar en el sur, donde él cree que se encuentra el último reducto de su gloria, y en esos días exultantes no le basta la quietud amorosa de la "Gloriosa". Siente ese dulce sentimiento, ese sosiego platónico, pero la excitación del triunfo sobre San Martín le exige la hembra y va tras el rastro de Manuela. Todo es trepidante y confuso en las semanas que siguen: encuentros ardientes con la Sáenz, trajín de vértigo en su secretaría, de donde salen diariamente gran cantidad de cartas para todos los puntos de la gran Colombia, viajes rápidos por la zona, primeros envíos de soldados a Perú y marcha sobre la ciudad de Pasto, que el 28 de octubre ha vuelto a proclamarse leal a Fernando VII. En Pasto, precisamente, Bolívar y Sucre acaban con la revuelta realista de un modo expeditivo y contundente; allí recibe la primera carta de Manuela Sáenz de que tenemos noticia, en respuesta a una suya donde Bolívar, que se hallaba en Yucanquer, una miserable aldea en la montaña, se quejaba de aburrimiento. Manuela escribe el 28 de diciembre de 1822:

> En la apreciable de usted de fecha del 22 del presente, me hace ver el interés que ha tomado con las cargas de mi pertenencia. Yo le doy a usted las gracias por esto, aunque más las merece usted porque considera mi situación presente. Si esto sucedía antes, que estaba más inmediata, ¿qué será ahora que está a más de sesenta leguas de aquí? Bien caro me ha costado el triunfo de Yucanquer. Ahora me dirá usted que no soy patriota por todo lo que le voy a decir. Mejor hubiera querido yo triunfar de él [de Bolívar] y que no haya diez triunfos en Pasto. Demasiado considero a usted lo aburrido que debe estar usted en ese pueblo; pero por desesperado que usted se halle, no ha de estar tanto como lo está la mejor de sus amigas, que es Manuela.

Bolívar juega con dos fuegos; Manuela le abrasa de deseo, Joaquina parece el cálido lenitivo de su corazón otoñal. Dos meses antes de su carta a Manuela desde Yucanquer, el Libertador no puede olvidar a Joaquina y, con las artimañas de un experimentado conquistador, escribe una carta "a las señoras Garaycoas" el 14 de septiembre de 1822, en realidad un mensaje de amor a Joaquina:

> Mis amabilísimas damas: la Gloriosa me ha proporcionado la dicha de ser saludado por ustedes. Yo no esperaba una satisfacción tan agradable para mi corazón, porque no las creía a ustedes tan buenas con un ingrato como yo, que no escribe a nadie por indolente y también por ocupado. A la Gloriosa, que las serranas me han gustado mucho, aunque todavía no las he visto; que no les tenga envidia, como decía, porque no tiene causa con unas personas tan modestas que se esconden a la presencia del primer militar. La Iglesia se ha apoderado de mí; vivo en un oratorio; las monjas me mandan la comida; los canónigos me dan de refrescar; el *Te Deum* es mi canto y la oración mental mi sueño, meditando en las bellezas de las dotadas a Guayaquil, y

en la modestia de las serranas que no quieren ver a nadie por miedo del pecado. En fin, mi vida es toda espiritual, y cuando ustedes me vuelvan a ver ya estaré angelicado. Bolívar. A la Gloriosa que soy el más ingrato de sus enamorados.

La posdata es muy reveladora. Nada tiene que ver esa prosa, y las intenciones de Bolívar que ocultan en parte y en parte revelan, con lo que en una ocasión, no mucho después, le dice a Manuela: "Yo también quiero verte y reverte y tocarte y sentirte y saborearte y unirte a mí por todos los contactos". Pasan los años y Bolívar no olvida a Joaquina, a la que alguna vez llamará "Amable loca", mucho antes de llamar así a Manuela, y a quien va a poner casi un título de honor, como una solemne declaración de amor: Gloriosa Simona Joaquina Trinidad y Bolívar. Todavía el 6 de diciembre de 1827, el Libertador se acuerda de su amor guayaquileño y le envía desde Bogotá, a su "Gloriosa sin rival", una rama de laurel. Pero tampoco Joaquina ha olvidado a Bolívar en esos años, y mucho menos en los infelices días de mayo de 1830, en que el Libertador abandona Bogotá y, río Magdalena abajo, resolverá sus incógnitas con la muerte.

Del 13 de junio de 1830 es la única carta de Joaquina a Bolívar que se ha conservado, tras conocerse en Guayaquil que el Libertador había abandonado Bogotá:

Mi Glorioso: yo estoy fuera de mí, me aflijo, me espanto, no me entiendo cuando considero que usted estará ya fuera de Colombia, mas no puedo dudarlo según las últimas noticias. Usted, que conoce mi entusiasmo y todo lo que usted es para mí, aún no puede persuadirse de cuánto lo siento; intenté manifestarlo a usted escribiéndole por el correo del interior luego que vi su último mensaje; dije a usted, como en esta, cuanto me fue posible; mas todo es nada; no hay palabras que transmitan mis sentimientos hacia mi Libertador, al Padre de Colombia. En medio de lo que nos oprime el peso de esta desgracia, yo me reanimo al considerar que siempre tengo a usted en mi corazón; que allí le veo, le hablo con la confianza que me inspiran sus bondades; le oigo, le abrazo, le admiro, y yo finalmente me lisonjeo con la confianza de que usted en todas partes es quien es, en todo el mundo es admirado y lo será mucho más con este rasgo del más heroico desprendimiento, que asombrará a los ambiciosos y pondrá un sello en los labios de sus gratuitos e injustos enemigos. Las más cordiales aficiones de su invariable admiradora, que tiene la gloria de suscribirse con los grandes títulos que usted mismo le dio en su generosidad. Gloriosa Simona Joaquina Trinidad y Bolívar.

Qué distinta esa expresión sosegada, de íntimo dolor de Joaquina, de las quejas y amenazas de Manuela: "Sé que está usted enfadado conmigo, pero no es culpa mía. Con el dolor de este disgusto, apenas puedo dormir. Pero como las cosas son así, no iré a su casa de usted hasta que me lo pida o quiera verme".

Manuela Sáenz entra en la historia por la puerta del dormitorio de Simón Bolívar.

SEGUNDA PARTE

EL ESPEJO DE LA TRAGEDIA

I

*E*l sur le llama. Es una voz interna, soterrada, insistente, la que oye Bolívar. Ha dado la independencia a tres naciones, pero falta echar definitivamente de Perú a los españoles. Confía en sus fuerzas. Los hados y su genio militar no le van a abandonar en la etapa final. Pero Bolívar lucha a la vez por el amor. Manuela le obsesiona como ninguna mujer antes: la siente, la huele, la palpa con la memoria. Joaquina, tan reciente, le ilumina el espíritu, pero las circunstancias imponen su ley: una, en la lejanía de Guayaquil, es el sentimiento platónico; la otra, que pronto estará de regreso en Lima, en la más cercana proximidad, la llamada de la carne. En el sur, definitivamente, se juntan la guerra y el amor, los polos en que orbita el universo de Simón Bolívar.

Pero le asaltan algunas vacilaciones. Un presentimiento le hace ver un oscuro túnel. El 14 de enero de 1823 escribe en Pasto una carta a Santander:

> Yo me confieso rendido y voy a descansar mis huesos donde pueda. Se ha dicho bastante que yo soy ambicioso, y yo creo que no lo soy, y para certificarme a mí mismo que no soy ambicioso, me estoy poniendo fuera de combate para quitarme las tentaciones [...]. Mándeme usted la orden para recibir mi haber, como pueda, para tener con qué retirarme del servicio, yo soy pobre, viejo, cansado y no sé vivir de limosna: con que ruego a usted y al Congreso que me haga esta caridad. Lo poco que me queda no alcanza para mi indigente familia que se ha arruinado por seguir mis opiniones; sin mí ella no estaría des-

truida, y por lo mismo yo debo alimentarla […]. Yo preveo que al fin tendré que irme de Colombia y por lo mismo debo llevar un pan que comer.

¿Qué sucedió entre enero y marzo para que Bolívar cambie drásticamente de opinión? No es seguro, pero el 12 de marzo los negros nubarrones del pesimismo parecen haberse disipado, y Bolívar le dice a Santander: "No puedo ponderar a usted el deseo que tengo de irme a poner en posesión de Lima y El Callao, porque en mis manos aquello no se pierde jamás, y en las de esa gente aquello se pierde en el momento". Un año después, cuando lleva unos meses en Perú, las turbulencias de la política peruana le afectarán más de lo que él podría imaginar. En sus cartas de ese periodo parece vivir en un estado ciclotímico que la presencia de Manuela Sáenz no logra equilibrar. En Pativilva envía el 23 de enero de 1824 una carta a Santander que revela su amargura:

> Los quiteños y los peruanos no quieren hacer nada por su país, y, por lo mismo, no iré yo a tiranizarlos para salvarlos […]. Hasta ahora he combatido por la libertad, en adelante quiero combatir por mi gloria, aunque sea a costa de todo el mundo. Mi gloria consiste ahora en no mandar más y no saber de nada más que de mí mismo […]. Siempre he tenido esta resolución, pero de día en día se me aumenta en progresión geométrica. Mis años, mis males y el desengaño de todas las ilusiones juveniles no me permiten concebir ni ejecutar otras resoluciones. El fastidio que tengo es tan mortal, que no quiero ver a nadie, no quiero comer con nadie, la presencia de un hombre me mortifica; vivo en medio de unos árboles de este miserable lugar de las costas del Perú, en fin que me he vuelto un misántropo de la noche a la mañana […]. Ya que la muerte no me quiere tomar bajo sus alas protectoras, yo debo apresurarme a ir a esconder mi cabeza entre las tinieblas del olvido […]. Bonaparte, Castelreagh, Nápoles, Piamonte, Portugal, España, Morillo, Ballesteros, Iturbide, San Martín,

O'Higgins, Riva Agüero y Francia, en fin, todo cae derribado, o por la infamia o por el infortunio; ¿y yo de pie?, no puede ser, debo caer.

Bolívar entra en el año 1824 con gran decaimiento, quizá a causa de su mala salud. Sus biógrafos así lo apuntan, a excepción de Salvador de Madariaga, para quien tan verdadera es la quiebra de su salud, que radicaba "en su constante actividad como caudillo de una revolución continental", como que "consumía su desmedrado cuerpo en los placeres, sobre todo en su amor inmoderado de la mujer".

En enero de 1824, Joaquín Mosquera, uno de sus más estrechos colaboradores, lleva a Pativilca un información para Bolívar. Así relata Mosquera el encuentro:

> Encontré a Bolívar ya sin riesgo de muerte del tabardillo, que había hecho crisis, pero tan flaco que me causó su aspecto una muy acerba pena, flaco y extenuado, sentado en una silleta de vaqueta, recostado contra la pared de un pequeño huerto, atada la cabeza con un pañuelo blanco y sus pantalones de jin que dejaban ver sus dos rodillas puntiagudas, sus piernas descarnadas, su voz hueca y débil, su semblante cadavérico. Y ¿qué piensa usted hacer ahora?, le pregunté. Y me respondió, triunfar.

Apenas una semana después, Bolívar le escribe a Santander que ha padecido "una complicación de irritación interna y de reumatismo, de calentura y un poco de mal de orina, de vómito y dolor cólico". Y que por ello ha estado "desamparado y me aflige todavía mucho, yo no puedo hacer un esfuerzo sin padecer infinito. Estoy acabado y muy viejo [...] además me suelen dar de cuando en cuando unos ataques de demencia, aun cuando estoy bueno, que pierdo enteramente la razón". Aun con esos padecimientos y ataques de locura, Madariaga se rinde a la evidencia y deja bien sentado, en su biografía, que el año de 1824 es el *annus mirabilis* del Libertador. Las victorias de Junín y Ayacucho bien lo merecían. Y O'Leary afirma que "aquellos fueron días gloriosos en la vida del Libertador".

Entre septiembre de 1823 y agosto de 1826, Bolívar vivirá la aventura peruana, entre la gloria de las armas y la miseria de los hombres. Llegar a Lima fue para él una complicada negociación a dos bandas: con el gobierno de Perú, por un lado, y con el Congreso de la República de Colombia, por otro, con el general Santander de vicepresidente poniendo trabas. Tras tres meses de enojosas negociaciones, el 3 de agosto de 1823 el Congreso de Colombia autoriza a Bolívar a entrar en Perú y asumir el mando de las tropas colombianas enviadas a territorio peruano. El Libertador partirá del puerto de Guayaquil, embarcado en el bergantín *Chimborazo* que, a pesar de un accidental incendio a bordo, llega cinco días más tarde a El Callao.

Tres años después su estancia en el país toca a su fin. En agosto de 1826, Lima era un avispero de conspiraciones y en Bogotá las llamas de la desunión amenazaban a la gran Colombia. Bolívar se encuentra entre la Escila de abandonar Perú a una probable destrucción y la Caribdis de permitir que su obsesivo empeño de una gran Colombia se desgaje por las ambiciones de unos caudillos periféricos. Era irremediable abandonar Perú con la sensación de un derrotado, aunque le acompañe la gloria de las victorias de Junín y Ayacucho y el alto honor de haber creado Bolivia. En la tarde del 1 de septiembre de 1823, Lima le ofrece a Bolívar, en su entrada a la ciudad, el recibimiento que solo se dispensaba a los grandes héroes, si bien entre los miembros del gobierno de la República peruana había recelos y animadversiones por la intromisión de un colombiano en los negocios del país. El presidente de Perú, el marqués de Torre Tagle, le da la bienvenida como salvador de la patria, otra vez con peligro de caer bajo las tropas de España. El pueblo que abarrotaba las calles le vitoreaba sin parar, y la Asamblea Nacional le convierte en dictador de la nación.

Instalado en la residencia que le habían preparado, Bolívar recibió a una comisión del Congreso y a los miembros del gobierno que fueron a cumplimentarlo. Y los recelos por la presencia del "colombiano Bolívar" se verían muy reforzados cuando el Libertador dijo en el Congreso que con él se iban a acabar los abusos y que se iban a introducir "reformas radicales en todos los ramos de la administración, que hasta entonces había sido viciosa y corrompida". Bolívar llevaba unas horas en el país y ellos ya se veían insultados, debieron de pensar congresistas y ministros; pero era notorio que, como sus antecesores, no habían descuidado en absoluto sus intereses privados.

El Congreso, para dar toda la solemnidad que requería el caso, fijó a las doce de la mañana del día 13 la presencia del Libertador en la sala de sesiones, a fin de que quedara reconocida la soberanía nacional de Perú. Como la mañana de su entrada en Lima, la ciudad amaneció engalanada y las calles, avenidas y balcones repletos de espectadores. O'Leary escribió una crónica de la sesión del Congreso: "El Libertador volvió a su casa en compañía de Torre Tagle, quien sin duda debió comprender durante esta ceremonia su poco valimiento; pero si no tuvo bastante penetración para comprenderlo, sí debió maliciar la opinión que de él se formó Bolívar".

Exactamente un mes después, Manuela llega al puerto de El Callao a bordo del bergantín *Helena*. También viene Bernardo Monteagudo, a pesar de que pesaba sobre él, si volvía a Perú, la amenaza de ser pasado por las armas. No fue enviado ante un pelotón de fusilamiento y llegaría a jugar un papel importante en la política bolivariana, pero caería asesinado en enero de 1825. El regreso de Manuela a Lima no solo planteaba el clásico conflicto del triángulo amoroso, sino que afectaba irremediablemente a la política de Bolívar en Perú. Manuela no se parecía en nada al arquetipo de querida, amante o entretenida, cualquiera de las maneras con las que se quisiera llamarla: no era callada, ni sumisa, aguardando en casa la llegada del señor. La Sáenz saltaba como una chispa a la primera provocación. Había salido de Lima como esposa respetada y condecorada por el general San Martín, y volvía amante de Bolívar, rebelde y transgresora.

O'Leary se dio cuenta pronto de la calidad del personaje que se había metido en la vida de Bolívar, y le propuso al Libertador que la resolutiva quiteña podría encargarse de llevar y custodiar sus archivos oficiales y secretos. ¿No había nadie en el entorno de Bolívar capacitado para esa tarea? ¿El Libertador no se fiaba de nadie? ¿O se trataba de justificar la presencia de Manuela? Preocupaciones inútiles. Muy pronto, aunque residía en el domicilio conyugal, Manuela pasa la jornada en La Magdalena, donde brillaba con luz propia. Vivía, no obstante, rodeada de murmuraciones por su desarreglada vida conyugal. Su vida se exponía a los ojos de todos, y abundaban las incógnitas y las informaciones confusas. Algunos historiadores transitan por la biografía de Manuela Sáenz con la precaución de quien atraviesa un campo de minas.

Con la documentación que nos ha llegado apenas se podría afirmar nada fehacientemente comprobable de la vida de Manuela Sáenz hasta la carta de ruptura que escribe a su marido. La leyenda, como una planta, agarró muy bien y medró mejor, hasta hacerse selvática, a la sombra de la quiteña. ¿Semanas después ya se ocupaba de custodiar el archivo secreto de Bolívar, como se ha dicho, o se hizo cargo de las actividades comerciales de su marido (que por esos días se encontraba en Chile) en virtud del poder notarial que Thorne le había otorgado? El encargo de ocuparse de los archivos de Bolívar había sido, durante algún tiempo, una suposición basada en comentarios orales. Pero una carta de Tomás Heres, dirigida a Bolívar el 16 de diciembre de 1825, demuestra su veracidad:

Incluyo a V. E. el número 8 de *El Peruano*, en el cual encontrará V. E. la villanía con que Canterac ha negado ser carta suya la carta que se publicó aquí y lo que yo he escrito a este respecto, ciertamente con poca razón, porque estaba ciego de ira cuando tomé la pluma. Para que se publicara el facsímil, he pedido la carta a Manuelita, que, en virtud de las normas de V. E. ha tenido dificultad en dármela. Si al fin la venzo, y recibo la carta, dejaré una copia legalizada por tres escribanos y remitiré el original a los señores Obando y Paredes para que publiquen cuatro o cinco mil ejemplares de ella, procurando que algunos vayan a manos del rey de España. Si V. E. lo tiene a bien, podría dar orden a Manuelita para que me proporcionara siempre cuantos documentos le pidiera en lo sucesivo, porque es muy regular que con el tiempo tenga que recurrir a ellos para dar algunas contestaciones.

La carta que Heres le pedía a Manuela era la que Canterac escribió a Bolívar tras la batalla de Ayacucho, en la que el general en jefe de las fuerzas españolas felicitaba al Libertador: "Como amante de la gloria, aunque vencido, no puedo menos que felicitar a V. E. por haber terminado su empresa con la jornada de Ayacucho". Cuando Canterac regresa a España, niega haber escrito tal carta, conducta "indigna de un caballero español", como apostilló O'Leary.

Habían pasado dos años desde aquel 28 de julio de 1821 en que el general San Martín, en la plaza mayor de Lima y ante miles de limeños, declaró la independencia de Perú con estas palabras: "Desde este momento el Perú es libre e independiente por la voluntad general de los pueblos y por la justicia de su causa que Dios defiende". Pero nadie se engañaba: era una independencia hipotecada. El virrey de la Serna se había hecho fuerte en Cuzco, es decir, que toda la sierra peruana y el Alto Perú –las tres cuartas partes del territorio peruano– seguían perteneciendo a la corona de España. Solo eran libres e independientes las costas y el norte del país. Una situación compleja debido, sobre todo, a la unión de las tropas frente al caos de las fuerzas patriotas –colombianos, argentinos, chilenos...–, donde no faltaban los intentos de entregar de nuevo Perú a España.

En el seno del gobierno peruano las cosas están aún peor. Pocos días antes de llegar Bolívar a Lima, el presidente, José de la Riva Agüero, intentó, en un golpe de fuerza, anular las decisiones del Congreso. El intento fracasó y Riva Agüero, que había llevado las negociaciones con Bolívar para su entrada en Perú y quien debía darle la bienvenida, fue destituido. El Congreso tuvo que nombrar al marqués de Torre Tagle. Riva Agüero desconoció las órdenes del Congreso y huyó a Trujillo, al norte del país, donde un ejército de tres mil hombres le sostendría un tiempo como presidente rebelde, si bien ya bajo la condena de alta traición del Congreso.

Aún no habían llegado las horas verdaderamente amargas para Bolívar. El 20 de septiembre escribe a Santander:

> Lima es una ciudad grande, agradable y que fue rica; parece muy patriota; los hombres se muestran muy adictos a mí y dicen que

quieren hacer sacrificios. Las damas son muy agradables y buenas mozas. Hoy tenemos un baile en que las veré a todas [...]. Yo, cada día más contento en Lima, porque hasta ahora voy bien con todo el mundo: los hombres me estiman y las damas me quieren: esto es muy agradable; tienen muchos placeres para el que puede pagarlos..., por supuesto que no me falta de nada. La mesa es excelente, el teatro regular, muy adornado de lindos ojos, coches, caballos, paseos, toros, *Te Deum*, nada falta, sino plata.

¿Olvidaba Bolívar lo que le dijo a Henry Cullen en la carta de Jamaica? Refiriéndose al Perú colonial, que no había cambiado mucho en 1823, Bolívar escribe: "El Perú encierra dos elementos enemigos de todo régimen justo y liberal: oro y esclavos. El primero lo corrompe todo; el segundo está corrompido por sí mismo. El alma de un siervo rara vez alcanza a apreciar la sana libertad: se enfurece en los tumultos o se humilla en las cadenas". Unos párrafos antes había dicho que "el virreinato del Perú, cuya población asciende a millón y medio de habitantes, es sin duda el más sumiso y al que más sacrificios se le han arrancado para la causa del rey; y bien que sean vanas las relaciones concernientes a aquella porción de América, es indudable que ni está tranquila, ni es capaz de oponerse al torrente que amenaza a las más de sus provincias".

No tardaría en llegar el momento en que Bolívar se arrepintiera de haber ido a Perú. Pocas semanas después del cálido recibimiento que le hiciera Torre Tagle, a finales de 1823, el presidente peruano ya andaba enredado en una conspiración con los españoles para echar del Perú a Bolívar y las tropas colombianas. Un arrepentimiento que habría que matizar, si atendemos la observación del historiador alemán Gerhard Masur, uno de los grandes biógrafos del Libertador:

En esa época, la vida de Bolívar era realmente principesca, aunque debemos considerar como legendarias exageraciones de la fantasía los relatos de que comía en platos de oro y con cuchillos y tenedores del mismo metal. Bien es verdad que los moradores de Lima le mimaban y lo es también que eso le hacía feliz. Entre los muchos obsequios que se le hicieron había un uniforme aparatosamente adornado y una espada de oro incrustada con diamantes, que le ofreció la capital. En aquel entonces, Bolívar vivía fuera de los límites de la ciudad y ocupaba una casa de campo llamada La Magdalena. Se hizo famosa como serrallo del Libertador, lugar donde Manuela, aun siendo favorita indiscutida, compartía con muchas otras el afecto del gran hombre. Es muy probable que esos relatos fueran exagerados por envidia de malas lenguas, pero cuando el río suena, piedras lleva. No cabe la menor duda de que Bolívar llevaba en La Magdalena la vida de un monarca, pero en aspectos secundarios seguía siendo un hombre moderado. En los registros de sus despenseros no figura nada que revele derroche o despilfarro, si bien sería ingenuo creer que en un libro de cuentas aparezca reflejada toda la verdad. Bolívar asignó una pensión de tres mil pesos al abate de Prat, y le rogó que aceptara "la mezquina cantidad". Viudas y huérfanos recibían los gajes de su generosidad. Vivía como patricio que era por nacimiento, como caballero y como héroe.

El adusto historiador Vicente Lecuna, tan atento a que el honor y la gloria no dejasen de brillar en el altar a Bolívar –severo y enérgico, humano y generoso, le retrata permanentemente–, se ofende con la calificación de La Magdalena como un serrallo y tacha de leyenda improcedente la existencia de supuestos amoríos de linajudas damas limeñas "presurosas a entregarse al héroe". Para Lecuna, las cortas estancias que el Libertador pasaba en Lima las compartía, sí, con Manuela Sáenz, que vivía en casa aparte, pero nada de orgías serrallescas, si bien aceptaba que, naturalmente, "no faltaran al héroe algunas otras aventuras, pero serían tan reservadas que no dejaron huellas ni recuerdos". Lecuna se apoyaba en el "experto historiador Luis Alayza y Paz Soldán", quien afirmaba que el Libertador no tuvo en Lima amoríos porque "estaba cerca la absorbente Manuelita". También apela al historiador Jorge M. Corbacho, para insistir en que ni en la tradición de la sociedad limeña ni en los papeles de la época hay indicios de excesos amorosos; de haberse producido esas travesuras de las limeñas, Lecuna deduce que habrían originado las acres censuras de los tartufos "que creen que hay cartabones para la fantasía de una mujer, o que tiene límite la admiración que inspira un hombre tan nunca visto como Bolívar". Parecía, sin embargo, que Lecuna quería tapar el sol con un dedo. Cornelio Hispano, que escudriñó la vida íntima y secreta de Bolívar, describía La Magdalena, junto con la quinta de Bolívar en Bogotá, y las perfumadas alcobas de Caracas, Angostura, Cartagena, Quito o Cuzco, como campos de batalla amorosos. El Libertador, según el historiador colombiano, no comprendía las dulzuras del amor secreto: necesitaba la ostentación, y en Perú lo llevó al extremo, favorecido por el clima enervante del país y la relajación de las costumbres.

Más gráficamente se expresa José Gabriel Pérez, secretario general de Bolívar, en una carta a un oficial, donde cuenta que han desaparecido unos botones de oro del Libertador, y dice que La Magdalena "es una Babilonia y tal parece que todas las mujeres hermosas se hubieran dado cita para venir a trastornarnos las cabezas. ¡Qué variedad de tipos, de bellezas, de coqueterías! ¡Quién sabe si aquí hubiera sucumbido la virtud del casto José!".

Una carta de Bolívar a una dama desconocida muestra que alguna vez el Libertador resistió la tentación:

Señora, anoche encontré la carta que usted ha tenido la bondad de escribirme y que tanto me ha dado que pensar. Desde luego que mi deseo ha sido el de complacer a usted en oír cuanto tiene que decirme. Pero ¿de qué servirá todo esto? De nada absolutamente. En la situación de usted, en la mía, yo no encuentro otro recurso digno de usted, de su honor, de su reputación y de su familia que es el de olvidar cuanto ha pasado, que, aunque de ninguna consecuencia, al fin podría serle a usted funesto y a mí deshonroso. Medite usted un solo instante los resultados que podría tener un mal paso dado por mí o por usted. Medite usted un momento si a mí me fuera permitido otro objeto con respecto a usted que el de obtener su mano y medite usted un momento si esto podría suceder. No, mi señora, no podría suceder, por razones que usted no dejará de penetrar. Así, mi señora yo ruego a usted que se tranquilice, que vuelva a su familia aquel reposo, aquella dicha que podría escapársele si todo no vuelve a su antiguo estado, así como estaba antes. Si usted o yo hiciéramos un escándalo, ¿qué se diría de usted, que se pensaría de mí, y qué no sufrirían aquellas personas que la conocen y la estiman?

Rumazo González, acaso el más promanuelista de los historiadores que han estudiado a la quiteña, afirma que en aquellos días "regía brillantemente las fiestas en La Magdalena doña Manuela Sáenz, único amor verdadero, profundo, extraordinario del Libertador. Mujer muy bella, de mucho mundo, depositaria del archivo secreto de Bolívar, tuvo la finura de evitar toda suerte de escándalo cuando lo más encumbrado de la sociedad limeña acudía a danzar con el americano más célebre de la historia continental y el galante caballero más refinado que pedirse podía en esa ciudad acostumbrada a la vida palaciega virreinal". No solo las damas caían rendidas ante el magnetismo del Libertador, sino que también algunos hombres contribuían en transformar la quinta en una corte al viejo estilo absolutista, con súbditos bien entrenados, dispuestos a doblar la rodilla ante el gran héroe Bolívar. El general Miller, en sus memorias, decía que una alta personalidad del gobierno peruano, en una de las fiestas de La Magdalena, se echó a tierra y le pidió a Bolívar que le pisara el cuello para "poder jactarse de haber tenido en su pescuezo el pie del hombre más grande de América". El general José María Restrepo, estrecho colaborador de Bolívar, dio el nombre de quien quería ser pisado: Manuel Lorenzo Vidaurre, que de adulador empalagoso pasó a ser traidor. Según Restrepo, en el transcurso de un baile en La Magdalena, Vidaurre, delante de los danzantes, se puso en el suelo a cuatro pies, como un perro, y se dirigió así a Bolívar: "Señor, ante el héroe superior de los hombres no creo deber ni poder presentarme sino en esta posición. Hónreme su excelencia dejando sentir su planta bienhechora sobre mis espaldas". En una carta Vidaurre decía a Bolívar: "Admiré a V. E. antes de tratarle; me asombró en la cercanía; en la ausencia, el recuerdo de sus hechos me lo hacen más grande". Y llega a estos extremos enfermizos: "¡Ah! Yo amaba al general Simón más de lo que había pensado y escrito. Era el esposo que poseyendo a su amada no ha hecho el balance de su afecto". Quizá porque le remordía la conciencia de esas humillaciones, acaso por su carácter tornadizo o porque el signo de los tiempos le condujo dócilmente a la traición, el caso es que el "perro" Vidaurre se trocaría en uno de los más encarnizados enemigos de Bolívar en Perú. Y cuando ya Bolívar no le tenía a su alcance, le atacó donde más podía doler al Libertador: el dinero.

Convertido en acucioso contable, Vidaurre calculó que el gobierno peruano se había gastado en atender a Bolívar, en esos cuatro años, 300.000 pesos en gastos personales y 200.000 en joyas y obras de arte. Vidaurre callaba, sin embargo, que buena parte de ese dinero y de esas joyas fueron regaladas por el Libertador a diferentes personas y a numerosos miembros de su ejército. O'Leary confesaría que las valiosísimas llaves de oro que la ciudad de Cuzco le había otorgado al Libertador, después Bolívar se las regalaría a él. Vidaurre también silenciaba que Bolívar nunca quiso disponer del millón de pesos que el Congreso le había donado para su libre disposición. Por la codicia era difícil atacar a Simón Bolívar. No le preocupaba el dinero, sino la gloria. Más factible era buscar otras debilidades, como el extremoso cuidado que ponía en el arreglo y limpieza de su cuerpo, que en tiempos de guerra podría parecer excesivo: en los cuatro años de permanencia en tierras peruanas, el tesoro nacional de Perú desembolsó 8.000 pesos en la compra de agua de colonia inglesa para uso del Libertador. Cuando la noticia fue conocida, hizo fortuna en el lenguaje popular y quedó como un dicho: "gastas más que Bolívar en colonia".

Pero ¿únicamente el Libertador se dejaba llevar por la sensualidad y los placeres que podían reblandecer el espíritu? Burdett O'Connor, coronel irlandés al mando de una división, llegó en auxilio de Lima en diciembre de 1823. Bolívar estaba en campaña contra Riva Agüero y fue recibido por el general Tomás Heres, jefe del Estado Mayor. O'Connor cuenta así la entrevista: "Me recibió en el palacio de Gobierno, echado sobre una cama de extraordinario lujo. El marqués de Torre Tagle, a quien el Libertador había dejado de presidente, estaba sentado a un lado de la cama, y el conde don Juan de Berindoaga, ministro de la Guerra, al otro lado de la cama". Los dos traicionarían más tarde a Bolívar; el segundo, célebre por sus ataques furibundos contra el Libertador, sería fusilado el 15 de abril de 1826. Pero no hay que llevarse a engaño. No era el hundimiento en el relajo y la molicie, sino el reposo del guerrero. Porque eso eran: furiosos guerreros, indómitos luchadores que en aquellos bailes y lechos mullidos, entre halagos y carantoñas, olvidaban por unos días o unas horas que el campo de batalla estaba a escasas leguas de los muros de La Magdalena. Las batallas de Junín y Ayacucho iban a demostrar sobradamente el temple de acero de esos soldados. O'Connor, que describe con asombro al general Heres entre edredones y sedas, dejará semanas después este lacónico relato de la batalla de Junín, que tan valientemente ganaron los patriotas: "No se oyó ni un solo tiro, peleó el arma blanca y lo único que se oía era el choque terrible de las espadas, los sables y las lanzas. Gritos y alaridos de los soldados. Piafar de los caballos".

El amor y la guerra se encadenan en la vida de Bolívar y Perú da abundante cosecha de ambos. También los tortuosos problemas por la política errática y traicionera de los Torre Tagle, Riva Agüero, Manuel Vidaurre y compañía, junto con el general Santander atizando desde Colombia las discordias, metieron a Bolívar en un laberinto de turbias pasiones.

II

*V*olvamos a Lima, a los meses de septiembre y octubre de 1823. Bolívar está haciendo los últimos preparativos para ir al encuentro con Riva Agüero, que se ha establecido como presidente rebelde de Perú en Trujillo, unos quinientos kilómetros al norte de Lima. Sabe que se encuentra ante un grave dilema: tiene que acabar con la farsa de Riva Agüero, pero sospecha que su alejamiento de Lima puede tener consecuencias desastrosas para la ciudad, pues la amenaza realista no ha cesado. Otra preocupación lo inquieta al enterarse de que el médico y naturalista francés, Aimé Bompland, a quien conoció en París, está retenido en Paraguay por orden de José Gaspar Rodríguez de Francia.

Bompland llegaría a ser uno de los más célebres botánicos de Europa; se encontraba en América gracias a Bolívar, que patrocinó su viaje, en compañía de Boussingault, para realizar estudios científicos en Venezuela y Colombia. Por circunstancias de la guerra, Bompland terminó recalando en Argentina y luego en Paraguay, donde el doctor Francia (que inspiraría a Roa Bastos *Yo, el Supremo*), uno de los gobernantes más oscuros y demoníacos de esta historia, mantiene una férrea dictadura. Bolívar se ve en la obligación de hacer algo por Bompland, y dirige una carta al dictador en la que, informándole de la amistad que le une a Bompland, añade que se encuentra "con el sentimiento de saber que mi adorado amigo el señor Bompland está retenido en el Paraguay por causas que ignoro". Hay un párrafo desconcertante en la carta que no queda claro si Bolívar se burla del dictador o se somete él mismo al castigo de la humildad. ¿Podía alguien no haber oído el nombre de Bolívar?

Sin duda V. E. no conocerá mi nombre ni mis servicios a la causa americana; pero si me fuese permitido interponer todo lo que valgo por la libertad del señor Bompland, me atrevería a dirigir a V. E. este ruego. Dígnese oír el clamor de cuatro millones de americanos libertados por el ejército de mi mando, que todos conmigo imploran la clemencia de V. E. en obsequio de la humanidad, la sabiduría y la justicia, del señor Bompland.

Bompland siguió retenido en Paraguay ocho largos años. El dictador despreció la carta de Bolívar. A finales de 1825, Bolívar, según revela Sucre en una carta al general Santander, llegó a pensar en enviar una expedición a Paraguay, que, decía Sucre, "gime bajo el tirano Francia, que tiene aquella provincia no solo oprimida del modo más cruel, sino que la ha separado de todo trato humano". Los planes no llegaron a concretarse.

El 23 de noviembre, Bolívar emprende la marcha a Trujillo, pero no se va a producir ningún enfrentamiento armado; cerca de la ciudad, le llega la noticia de que tres mil soldados de Riva Agüero se han levantado en armas y lo han depuesto. El jefe de los sublevados, el coronel La Fuente, prefirió no fusilar a Riva Agüero, como le pedía desde Lima el gobierno de Torre Tagle. El ministro de la Guerra, Juan de Berindoaga (que sería luego fusilado, a plena luz del día, por traición) firma un oficio que declara que Riva Agüero debe ser "pasado por las armas en un lugar secreto, sin formalidad ni proceso alguno". La Fuente lo llevó al puerto de Huanchaca para que abordara un barco rumbo al exilio. Bolívar se sintió en parte burlado, pues estaba firmemente decidido a llevarle al cadalso por considerarle "un rebelde, un usurpador y un traidor".

José de la Riva Agüero se había movido entre dos aguas, aunque sin fortuna, en la turbia política peruana. Fue, al mismo tiempo, víctima propiciatoria de San Martín y de Bolívar. Se consideraba el gran protagonista de la revolución de Perú, pero el general argentino lo eclipsó. Con Bolívar, sencillamente, se sintió desplazado. En su camino al exilio, permaneció en Guayaquil cuarenta días tirado en un pontón del puerto, sin catre donde dormir, después, dos días en la cubierta de un barco, bajo el sol del trópico, y luego, con grilletes en los pies, arrojado a una cárcel. Viajó al fin a Inglaterra con el pasaje pagado por un vecino de Guayaquil. En Bélgica se casaría con una noble belga y, a la vuelta de su exilio en Perú, escribió abundantemente sobre política peruana. Firmó sus memorias con el seudónimo de Pruvonena. En su obra se encuentran los más duros alegatos contra el Libertador, y es la fuente en la que han bebido muchos historiadores.

Sofocada la rebelión de Riva Agüero, Bolívar abandonó Trujillo el 25 de diciembre. No ha escrito a Manuela ni una sola vez desde que salió de Lima en noviembre. De los planes del Libertador se va a enterar ella, como en otras ocasiones, por las confidencias del secretario Santana, quien el 21 de diciembre escribe desde Trujillo:

> Quiero ser el primero en dar a usted una noticia que yo sé le será en extremo agradable. Dentro de cuatro días marcha el general hacia Lima y creo que para todo el verano en esa ciudad. Ya tiene usted destruida la facción de Riva Agüero; sus tropas y este vasto departamento obedecen al legítimo Gobierno de Perú y confieso que nunca ha obrado el Libertador con tanta destreza, con tanta política y tino que en esta ocasión. Si el Perú es reconocido debe dar a este suceso todo el precio de una brillante victoria; esto nos prepara otra que sellará la gloria del Libertador y la independencia de este desgraciado país. ¡Ah!, mi señora Manuelita, ¡qué país es este y qué hombres! Con cuánto dolor veo al general comprometido tan de corazón; pero yo confío en su fortuna y no puede ser desgraciado quien hace a tantos felices.

El regreso se cumplía según lo previsto: el día 28, Bolívar se encuentra en Nepeña, el 30 en Huarmey y el 1 de enero llega a Pativilca, pero tan enfermo de tabardillo que no podía continuar el viaje. Días después de que lo viera Mosquera, cadavérico pero sin peligro de muerte, llega la noticia temida: Lima había sido tomada por las fuerzas realistas el

28 de febrero. El regimiento Río de la Plata, integrado por argentinos y chilenos, se había sublevado por las pagas atrasadas y entregado el puerto de El Callao al general español José de Canterac.

El Congreso peruano, reunido con urgencia, declara dictador a Bolívar y destituye a Torre Tagle al saber, por una carta de Canterac, que planeaba la traición. En efecto, Torre Tagle, con doscientos oficiales y más de seiscientos voluntarios, se entregaba a los españoles el 28 de febrero: "Convencido de la canalla que constituye la patria, he resuelto en mi corazón ser tan español como D. Fernando [por Fernando VII]", decía Torre Tagle. Y añadía: "El tirano Bolívar y sus indecentes satélites han deseado encorvar el Perú, a este país opulento bajo el dominio de Colombia, pero se han engañado [...]. De la unión sincera y franca de peruanos y españoles todo bien debe esperarse; de Bolívar, la desolación y la muerte".

El marqués de Torre Tagle fue, en definitiva, una figura trágica; le tocó vivir la transformación de Perú de colonia virreinal a nación independiente, cambiar sus viejas lealtades a la Corona para abrazar una fe republicana que, en el fondo, le repugnaba, renunciar a los privilegios de su clase para ser uno más de la canalla que aborrecía. O'Leary dijo de él que amaba mandar no porque fuera ambicioso, sino por ostentación. ¿Fue un traidor? Bolívar así lo pensaba, y Torre Tagle, que lo sabía, decidió no entregarse al Libertador cuando se recuperó Lima, pues daba por descontado que tendría que enfrentarse a un pelotón de fusilamiento o a la horca. En noviembre de 1824, con Bolívar de nuevo en Lima, buscó refugio, junto con su mujer y uno de sus hijos, en el fuerte de El Callao. Allí intentó conseguir inútilmente la protección de Chile. Tras meses de duro asedio de los patriotas, sobreviviendo en condiciones infrahumanas, el marqués de Torre Tagle, su mujer y su hijo murieron de escorbuto.

Mejor suerte corrió, después de todo, Juan de Berindoaga, conde de San Donás, ministro de la Guerra en el gobierno de Torre Tagle. Berindoaga, como el mismo Tagle, es una patética sombra de las luchas de la independencia en medio de las duras venganzas, fidelidades e instinto de supervivencia: colaboró con Bolívar y fue un feroz enemigo del Libertador.

A la entrada de las tropas bolivarianas en Lima, en la noche del 7 de noviembre de 1824, la capital tenía el aspecto de una ciudad abandonada, según la describiría O'Leary. No había nadie por las calles, todo era silencio y soledad, la miseria era evidente a ojos vista. Pero apenas se supo que el Libertador se encontraba en las cercanías, todos los habitantes que se hallaban huyendo del bárbaro Ramírez, un brutal realista que tenía aterrorizada a la población, se precipitaron a las calles. Cuando llegó Bolívar, el inmenso gentío estalló de entusiasmo, le bajaron del caballo para abrazarle y besaban también al caballo. El pueblo enloquecía zarandeando a Bolívar.

Berindoaga logró refugiarse en el fuerte de El Callao y sobrevivir en condiciones infrahumanas trece meses de asedio. Cuando el fuerte se rindió, el 22 de enero de 1826, intentó huir por mar, pero fue hecho prisionero. Después de un largo proceso, donde no se le permitió defenderse en su condición de abogado, fue condenado a muerte por traición. El 15 de abril de 1826, a las once de la mañana, fue ajusticiado en la plaza de Armas de Lima y su cuerpo expuesto en la horca todo el día. Bolívar no quiso oír hablar de perdón. Y no solo desoyó las voces que pedían clemencia, sino que, en una carta del 23 de abril al general Santander, decía: "Esta es la primera vez que Lima ha sido testigo de un acto de rigurosa justicia. El pueblo lo ha visto con agrado y no ha mostrado el menor sentimiento, y aun los mismos parientes de Berindoaga han preferido el silencio a la súplica".

El año de 1824 sería, en efecto, el *annus mirabilis* de Simón Bolívar, pero los cinco meses pasados en Perú contenían un catálogo de horrores y desgracias: traición de Riva Agüero, la pérdida del ejército de Santa Cruz, deserción de los chilenos, levantamiento de la flota peruana, traición de Torre Tagle, entrega de El Callao, pérdida de Lima...

Con Lima de nuevo en manos españolas, la estancia de Manuela en la ciudad corría serio peligro. Los realistas no dejarían escapar una presa tan codiciada. Sin embargo, por un cúmulo de circunstancias favorables, Manuela logró escapar de Canterac, que a buen seguro la hubiera esgrimido como una baza importante. Una carta era la culpable de que hubiese tenido que presenciar la amarga situación de ver Lima en manos del enemigo. En los primeros días de enero,

Manuela supo que Bolívar se encontraba muy enfermo en Pativilca y su primer impulso fue salir a uña de caballo para estar al lado de su amante. Todo estaba dispuesto cuando recibió una carta de Juan José Santana, fechada el 14 de enero en Pativilca: "Mi apreciada señora, por fin tengo la satisfacción de anunciar a usted que el Libertador se halla tan bueno de sus males que está en estado de convalecencia. Sin embargo, al mismo tiempo, tengo el sentimiento de decir a usted que nuestro viaje a Lima no es tan pronto como yo me lo prometía y como todos lo deseamos. Aquí estamos como alma que lleva el diablo, muertos de calor, de fastidio y aburridos como nunca". Manuela decide quedarse en Lima, en la creencia de que allí le sería más útil al Libertador, al poderle informar de lo que ocurría. Pero todo fue tan rápido que se vio cercada.

Rumazo González es contundente al abordar este punto: en ningún documento consta que Manuela saliera de Lima. Hay constancia, sin embargo, de que más tarde Manuela se encontraba en Huamachuco, convertido en cuartel de los libertadores, pero no se sabe nada concreto de cuándo y cómo llegó, ni cuánto tiempo permaneció allí. Es seguro que a finales de mayo se hallaba en Lima, pues el 28 escribe a Santana:

Las desgracias están conmigo, todas las cosas tienen su término, el general no piensa ya en mí, apenas me ha escrito dos cartas en diecinueve días. ¿Qué será esto? Usted, que siempre me ha dicho que es mi amigo, ¿me podrá decir la causa? Yo creo que no, porque usted peca de callado. Y que yo se lo pregunte a usted. Pero ¿a quién le preguntaré? A nadie: a mi mismo corazón que será el mejor y único amigo que tenga. Estoy dispuesta a cometer un absurdo; después le diré cual, y usted me dará la razón si no es injusto. No será usted temerario; se acordará usted en mi ausencia de la que es muy amiga de usted, Manuela.

Cuando escribe esta carta, Bolívar, que ya había dejado su cuartel general en Trujillo, llegaba al pueblo de Huaylas, donde el cabildo quiso festejar a lo grande al Libertador y eligieron, para que le ofreciera un ramo de flores en su entrada triunfal, a la joven más hermosa del contorno, Manuela Madroño, quien esa misma noche ofició, junto a Bolívar, en el altar de Venus, según la manera poética con la que un cronista relataría los eventos de la jornada. Y con la Madroño anduvo Bolívar unas semanas, de lo cual llegó a enterarse Manuelita.

Aunque Rumazo asegura que no hay ningún documento que atestigüe la salida de Manuela de Lima, Von Hagen ofrece otra versión. Pocas horas después de que los realistas se hubieran hecho con el control de la ciudad, las cinco puertas del recinto amurallado habían sido selladas, y registradas las casas de los principales jefes revolucionarios. Nadie podía entrar o salir sin su control. Pero Manuela se encontraba en la villa de La Magdalena, a unos diez kilómetros al oeste de Lima; allí embaló los archivos de Bolívar, su vajilla de oro, sus uniformes y otras pertenencias del Libertador, y, vestida ella con uniforme militar, se incorporó a un heterogéneo grupo –junto al general Lara, Heres, el ministro de la Guerra, Bernardo Monteagudo…– que, al mando del general Miller y aprovechando la oscuridad de la noche, se internó en el desierto para reunirse con Bolívar.

La salida de Lima marca el inicio de los meses épicos de Manuela. La quiteña, según la mayoría de sus biógrafos, se va a transformar en un soldado más, pero no uno que parrandea en las cantinas o se dedica al pillaje; no, será un soldado incrustado en las gestas de las batallas de Junín y Ayacucho: el sobrehumano sacrificio de ascender los Andes por pasos bordeados de precipicios; la feroz violencia cuerpo a cuerpo en Junín, con los lanceros venezolanos enarbolando sus largas lanzas, que podían ensartar dos hombres a la vez, mientras guiaban a los caballos con las riendas atadas a su rodilla derecha. Rumazo González tiñe de épica el relato de las andanzas andinas de Manuela:

> A unos se les han despedazado los vestidos; otros están heridos de caídas; unos enfermos del estómago por causa del agua helada, otros excesivamente rendidos de cansancio. Bolívar, Sucre, Córdoba, Necochea, Manuela, todos hablan a la tropa a la hora del almuerzo […]. Mientras más se aproxima la cima, más intenso es el frío y más violenta la presión. A algunos sol-

dados le sobreviene el soroche, empiezan a sonreír y la sonrisa es un síntoma de agonía. No hay más que emplear con ellos el remedio supremo: darles enérgicamente con un látigo para que reaccionen. Si fracasa ese recurso, abandonado queda el cadáver para alimento de los buitres de los Andes [...]. Todo esto para un hombre es mucho. ¿Qué podría decirse, en tratándose de una mujer, y muy bella, acostumbrada a la molicie de los ricos salones y a la comodidad de las ciudades capitales, refinada además y elegante? Muchos admiraban el amor de la quiteña hacia el Libertador, pero más de uno sin duda calificó todo esto de locura. Especialmente Córdoba, que nunca tuvo simpatías por tan valerosa capitana.

En el relato de la batalla de Junín, Rumazo, sin embargo, contiene los efluvios épicos de su pluma y no menciona la participación de Manuela en la lucha, como harían otros autores al cobijo de la más irreal de las leyendas. Pero tampoco escapa, a la fuerza del mito, y escribe:

Las ambiciones de Manuela de presenciar directamente la lucha en el campo de batalla están a punto de cumplirse y se le hincha el espíritu de coraje, como si algo supremo se acercara a su valerosa existencia. Se la ve nerviosa, vehemente; quería correr, violentar la marcha de la infantería, en ánimo de cumplir la etapa anterior a la lucha en el menor plazo posible [...], inquiere a su amante respecto de los planes. El caraqueño solo le contesta, irrevocablemente: vamos en busca del enemigo y le presentaremos batalla donde esté. ¡A eso hemos venido!

La épica del relato llega a su clímax y Rumazo afloja la prosa:

Viene entonces la orden fulminante del Libertador: la caballería al trote contra el enemigo. Manuela recibe la orden de quedarse con la infantería, y obedece como buen soldado. No hay ningún documento que prueba que estuvo en el sitio mismo de la batalla que va a desarrollarse [...]. Manuela pudo comprobar, al fin, cómo se luchaba por la libertad. Con su anteojo debió de observar desde lejos todos los movimientos militares en los preciosos momentos en que el sol tocaba ya la cumbre de los montes.

La batalla de Junín fue una de las gestas más grandes de la guerra de Independencia de América del Sur. Apenas duró una hora, no se decidía nada definitivo –aunque predispuso la moral de los patriotas para la batalla de Ayacucho, esa sí fundamental–, ambos bandos conservaron prácticamente el mismo potencial que tenían antes de la lucha, pero fue la batalla de la valentía salvaje: sesenta minutos donde solo se oían gritos, alaridos feroces, maldiciones, el sonido metálico de las espadas entrecruzándose, los sordos golpes de las lanzas al atravesar los cuerpos, los gemidos de los heridos, los toques de los cornetines transmitiendo órdenes, el relinchar de los caballos lanceados, que agonizaban coceando nerviosamente al aire o moviéndose despavoridos entre la confusa masa de combatientes, en la tenue atmósfera de los cuatro mil metros sobre el nivel del mar, con el soroche fatigando los esfuerzos del combate. No se gastó ni un gramo de pólvora. La caballería de Bolívar derrotó a la del general español José de Canterac, entre otras razones, porque las tres varas y media de las lanzas de los venezolanos le daban ventaja frente a las lanzas de dos varas de los realistas. Los doscientos cincuenta realistas y los ciento cincuenta patriotas muertos en Junín quedaron como un testimonio al valor que recordaba los tiempos heroicos medievales. Una de esas muertes refleja, mejor que los discursos grandilocuentes, la valentía y el honor con que se luchaba en los altiplanos de la laguna de Junín. En los brindis de los vencedores, reunidos en torno a Bolívar, uno de los oficiales no levantó su copa hasta que, al oír que habían perdido la vida siete oficiales, dijo que se trataba de un error, que habían sido ocho, y cayó al suelo muerto por las graves heridas recibidas. Se llamaba Carlos Sowersby y había luchado con las tropas de Napoleón.

¿Qué hacía Manuela Sáenz entre esos soldados que mataban y morían fieramente? Vicente Lecuna se solivianta con las narraciones de

Rumazo. En el boletín número 112 de la Academia Nacional de la Historia de Venezuela, escribe:

Los papeles que publicamos a continuación, provenientes de la colección del honorable e insigne investigador Juan Bautista Pérez y Soto, tienen sin duda datos curiosos, pero lo verdaderamente importante para la historia es que algunos de ellos desmienten la leyenda de que en la campaña del Perú nuestra heroína [Manuela Sáenz] anduviera en el ejército al lado del general Bolívar y que asistiera a las batallas, como afirman algunos escritores. Ambas cosas son falsas. Las esquelas del secretario Santana prueban superabundantemente su ausencia del ejército en la marcha a través de la cordillera, desde Huaraz hasta el río Apurimac, vale decir en toda la campaña de Junín. [...] Terminada esta parte de la liberación del Perú, el Libertador dejó el mando del ejército unido al general Sucre en Sañaica, en la cuenca de aquel gran río, el 6 de octubre, y regresó al norte a organizar las provincias liberadas, ocupar a Lima, sitiar El Callao y esperar refuerzos de Colombia. El 24 del mismo mes, tras penosas jornadas, llegó a la ciudad de Huancayo. Manuela se había establecido en Jauja, sitio delicioso por su clima, superior todavía a los muchos magníficos que presenta la cordillera, solo distante 50 kilómetros de Huancayo. Como se desprende de las cartas de Santana, Manuela no anduvo en el ejército ni un solo día. [...] El caso de Josefina Machado, la novia de Bolívar [novia, escribe Lecuna, no querida ni amante: novia; al héroe hay que salvaguardarle], acompañada de su madre y una tía y de otras señoras, en la expedición de los Cayos y desembarco en Ocumare, no vale como ejemplo en contra de la tesis que sostenemos, porque el Jefe Supremo en aquellas circunstancias, no podía negar su transporte a la patria a familias de grandes servicios a la causa de la libertad, sumidas en espantosa miseria en las colonias. En este episodio dichas señoras no marchaban en campaña, sino en el viaje de mar, en la esperanza de regresar a sus hogares. [...] Decir que Bolívar dirigió la [campaña] del

Perú llevando a Manuelita al lado, es desnaturalizar los hechos y desfigurar el carácter del hombre y de los guerreros que servían a sus órdenes. Cierto que Manuelita acompañara a Bolívar algunos días en el pueblo de Huamachuco y en la villa de Huaraz mientras en provincias aledañas se organizaba el ejército; allí vivía ella como una persona particular cualquiera, en una casa separada del cuartel general y asimismo vivió en Lima y en Bogotá, siempre en casa aparte, y naturalmente con las reservas del caso visitaba a su amante en su habitación, en la ciudad donde se hallaba el cuartel general, o en el palacio.

Pero ni el moderado Lecuna puede escapar a la atracción y encanto de la épica, a la que termina sucumbiendo:

En todo tiempo Bolívar severo y enérgico, y humano y generoso, según los momentos, mantuvo en alto grado en sus campañas la moral militar. Él compartía con los soldados los rigores de la guerra; con frecuencia en los pasos de río llevaba en las ancas de su caballo algún enfermo o cansado, y no era raro que en las madrugadas de las marchas más penosas ayudara personalmente a los peones del parque a cargar las mulas. Sin tiendas de campaña, ni procurarse comodidades de ninguna clase, dormía en hamaca, o en el suelo sobre un cuero de res o la cobija, a campo raso, si las circunstancias así lo requerían. Recuérdese que en la noche helada de Junín se acostó sobre la escarcha, envuelto en una manta como cualquier soldado.

La observación de Lecuna queda demostrada por una carta de Santana a Manuela, fechada el 28 de agosto de 1823 en Huanta, veintidós días después de la batalla –escaramuza, la llamó Bolívar–, que sería incomprensible si la Sáenz hubiera estado con Bolívar en Junín. Dice Santana:

Muchas cartas he escrito a usted desde que salí de Huarica. Tengo el sentimiento de decirle que no he visto ninguna suya;

no sé cual es su paradero, el estado de su salud y en qué ha parado el viaje a la costa [...] Dígame dónde se halla para poder dirigir mis cartas con seguridad, porque no quiero que en ningún tiempo me acuse usted de indiferente. Estamos a seis leguas de Huamanga y mañana entraremos en esta tercera ciudad del Perú. Los godos van huyendo largo; los nuestros los persiguen y les hacen perder mucha gente. Nosotros no veremos la costa en mucho tiempo, porque las circunstancias de la guerra nos arrastran hacia el Alto Perú [...] Lima y El Callao quedan aislados y cualquier fuerza puede bloquearlos.

A pesar del alejamiento entre Bolívar y Manuela, algún plan debió cambiar y llega el turno del amor. Bolívar partió para Huancayo, donde le esperaba Manuela. Y en Huancayo, saboreando los ecos de la victoria de Junín, entre los ansiosos brazos de Manuela, en esos días de gloria y placer, Bolívar el Libertador va a recibir una puñalada en la espalda. El 24 de octubre de 1824, le llega de Bogotá la comunicación oficial de que el Congreso de Colombia, en una sesión del 28 de julio, le había revocado los poderes extraordinarios y los había traspasado al vicepresidente del Gobierno, el general Santander. En una comunicación de Santander se le ordena ceder el mando de las tropas colombianas destacadas en Perú al general Antonio José de Sucre. Bolívar no podía ser a la vez presidente de la República de Colombia y dictador de Perú.

Santander actúa como otro Bruto, aunque sin mancharse las manos de sangre. Pero su objetivo es claro: matar a Bolívar, política y militarmente. El Libertador vio la argucia y reprimió su furor para no provocar un conflicto de consecuencias imprevisibles en las tropas victoriosas en Junín. A partir de ese día, las relaciones entre Bolívar y Santander quedan definitivamente rotas. Pero, en caso de no haber visto con claridad las estratagemas de Santander, Bolívar tenía a su lado a Manuela, muy dotada para detectar traiciones, como lo demostraría en el tiempo que convivió con el Libertador. Manuela iría conociendo a Santander por las referencias de Bolívar y, como guardiana de su archivo, por los documentos que leía.

La profunda antipatía y enemistad entre el general Santander y Manuela –que tan cara le costaría a la quiteña, al fin y al cabo el eslabón más débil de la cadena de ambición y poder del hombre de la Ley– tiene su origen en esos días peruanos, con la gloria de Bolívar en su punto más alto y ella ardientemente deseada por el guerrero. Manuela contempla arrobada su poder y, posesiva, mira con desconfianza cualquier cosa, hombre o circunstancia que pueda opacarla. Cuando la conozca mejor, Santander verá que la celosa querida de Bolívar es, además de amante, férrea adicta a la política del Libertador y sus ideas revolucionarias, que tan desprejuiciadamente defiende, y puede ser un obstáculo en su camino a la presidencia de la República.

Sucre queda al mando de las fuerzas independentistas que hostigaban al ejército español, mientras Bolívar se dirige a Lima. ¿Qué hizo Manuela? ¿Partió sola hacia la costa, camino de La Magdalena? ¿Marchó con Bolívar a la capital peruana? ¿Se quedó con Sucre? Más sombras en una vida ya excesivamente oscurecida. ¿Estaba Manuela, en los primeros días de diciembre de 1824, en una villa de las afueras de Lima, esperando la llegada de Bolívar, quien retomaría la ciudad el 7 de ese mes? ¿Formaba parte, como un soldado más, de las tropas que al mando del general Sucre derrotan a las fuerzas españolas en Ayacucho el 8 de diciembre?

III

*F*inalizada la batalla de Ayacucho, el general Sucre envía al ministro de la Guerra un largo informe, fechado el 11 de diciembre de 1824, en el cuartel general de Ayacucho. En él hacía una detalla descripción de la batalla y de los oficiales destacados por su pericia y valentía. El nombre de Manuela Sáenz no aparece. Si la Sáenz hubiera participado en el combate, ¿no lo habría reseñado Sucre, que era su amigo? El día antes, Sucre escribió una carta a Bolívar, donde decía que "está concluida la guerra y completada la libertad de Perú", y le informaba de los ascensos que había concedido en el mismo campo de batalla. Tampoco ahí figura el nombre de Manuela que, en caso de haber luchado, ¿no lo habría resaltado Sucre en una carta a Bolívar? La Manuela guerrera, capitana de húsares, es una leyenda originada en las *Memorias* de Boussingault, quien ese año ni conocía a Manuela ni estaba en Perú. Estas *Memorias* se publicarían años después en París, y ahí escribió que Manuela "había dado más de una prueba de su bravura militar, y asistió, lanza en mano, con el general Sucre, a la batalla de Ayacucho, donde recogió como trofeo unos bigotes, con los que se mandó hacer unos postizos". Boussingault transmite una información oída en alguna parte, pero no contrastada. ¿A quién se la había oído? ¿A Manuela? ¿O quería magnificar a su amiga incorporándola a la gesta de Ayacucho?

Porque Ayacucho –la batalla más brillante que se dio en América del Sur, según el general Guillermo Miller– fue una auténtica gesta. La escueta prosa del general Sucre dando cuenta de la victoria, no vela la grandiosidad de la hazaña: "La fuerza disponible [del enemigo] en esta jornada era de 9.310 hombres, mientras el ejército libertador formaba 5.780. Los españoles no han sabido que admirar más, si la intrepidez de nuestras tropas en la batalla, o la sangre fría, la constancia, el orden y el entusiasmo en la retirada".

Bolívar se instala de nuevo en La Magdalena, donde un día de mediados de diciembre, ya entrada la noche, recibió el oficio que le comunicaba la victoria en Ayacucho. Como un loco, se quitó el dormán y lo arrojó al suelo, y empezó a bailar, gritando: "¡Victoria, victoria, victoria!, para asombro y perplejidad de las personas que estaban con él. La gran batalla de Ayacucho, que él estaba destinado a ganar, de no haber sido por las artimañas de Santander, vino a demostrar la generosidad de Bolívar, que no solo no sintió envidia de Sucre, sino que lo nombró mariscal. Y generosidad también de la municipalidad de Lima, que expresó su gratitud en oro al Libertador y al mariscal Sucre. O'Leary, a quien debemos el inventario de los regalos, refiere que, estando Bolívar en Chiquisaca, en 1825, recibió las cajas que contenían los obsequios enviados por la municipalidad de Lima:

> Una espada de oro, del largo de una vara y siete pulgadas, guarnecida de brillantes y marcada con las letras S. B.; una chapa del cinturón de la espada con dieciocho sobrepuestos entre los cuales hay un brillante grande; un cinturón bordado en oro, en paño de grana, con ocho hebillas de oro en una caja forrada de seda con un almohadón; una espada de oro, del largo de una vara y siete pulgadas, guarnecida de brillantes, con tres grandes y veintiséis sobrepuestos, en diversas formas, con las letras A. J. S.; una chapa de oro del cinturón de la espada, con seis sobrepuestos de brillantes; un cinturón bordado de oro, con paño de grana, con ocho hebillas de oro macizo, acondicionado todo en una caja de madera nueva, forrada en seda con su almohadón; dos pares de charreteras de hilo de oro, con divisa de general en jefe, acondicionado cada par en su respectiva caja de plata, con las letras en oro S. B. y la otra con las letras en oro A. J. S.; dos sombreros grandes, guarnecidos con galón ancho de oro, arco de plumas blancas, escarapela colombiana, acondicionados en sus cajas de plata, cada uno por separado, con sus iniciales de oro S. B. y A.

J. S.; un calzón de paño de grana, bordado de hilo de oro, con un laurel de dibujo, once botones de oro macizo pegados y tres sueltos, chicos; una casaca de paño azul con solapa, cuello, faldas, bocamangas, carteras y talle bordados en hilo de oro, veintidós botones grandes de oro macizo, y tres sueltos, forrada en seda en una caja forrada en seda, con su cubierta de colchoncito y su marca S. B.: otro vestido igual con la marca A. J. S.

O'Leary también da razón de los brillantes y pesos de las espadas y cinturones de Bolívar y Sucre: la espada y cinturón de S. E. el Libertador tiene 1.433 brillantes, con peso de 73 quilates; la de S. E. el general Sucre tiene 1.168 brillantes, con un peso de 62 quilates. Total: 135 quilates. La espada de S. E. el Libertador pesa 5 marcos, 5 onzas y ocho adarmes de oro, la de S. E. el general Sucre pesa 6 marcos. Las piezas de los dos cinturones, chapas, las dos botonaduras de los pantalones, 2 marcos, 5 onzas, 9 adarmes; las dos botonaduras de los uniformes pesan un marco, 4 onzas, 3 adarmes. Total: 16 marcos y 4 adarmes. Las cajas de las charreteras pesan 14 marcos, 3 onzas de plata. Las sombrereras, 33 marcos, 3 onzas de plata. Total: 47 marcos, 6 onzas de plata.

Las alegrías de Bolívar de 1824, que lo convertían en *annus mirabilis*, se trocarían en amargura a principios de 1825: el 28 de enero caía asesinado, en un callejón solitario de Lima, el argentino Bernardo Monteagudo, amigo de Manuela y estrecho colaborador de Bolívar.

Monteagudo era un satélite extraño e inquietante, explosiva mezcla de revolucionario, petimetre y aventurero, que orbitó un tiempo alrededor de Bolívar. Había llegado a Lima con el general San Martín, del que llegó a ser ministro de Estado, y pronto su figura, con trazas de mestizo, pequeño de cuerpo, pero arrogante, se hizo bien conocida: atildado en el vestir, con brillantes en las abotonaduras de sus camisas, siempre perfumado, con cocinero francés en su casa, demagogo, mujeriego con precauciones, jacobino sanguinario, escritor de aguda prosa, perseguidor con saña enfermiza de realistas, sabedor por instinto de a quién halagar y a quién convenía mandar al cadalso para mantener viva la llama de su poder. El 24 de abril de 1822, apenas llegado Monteagudo a Lima como ministro de San Martín, publicó un decreto contra los españoles residentes en la capital: todo aquel que llevara capa por la calle (señal de españolidad) o estuviera reunido con más de dos compatriotas sería condenado a pena de destierro y confiscación de bienes, y con la pena de muerte al que se hallara fuera de su casa después del toque de la oración. Conocedor del odio que levantaba, justificaba su radicalidad revolucionaria con estas palabras: "Si el gobierno no es bastante vigoroso para mantener siempre la superioridad de las contiendas civiles, la anarquía levantará su trono sobre cadáveres y el tirano que suceda a su imperio se recibirá como un don del cielo; pues tal es el destino de los pueblos que en ciertos tiempos llaman felicidad a la desgracia que los salva de otras mayores". Una receta, en definitiva, administrada con frecuencia por no pocos dictadores: hay que ser sanguinario, si es preciso, para evitar que llegue el tirano.

Manuela Sáenz y Bernardo Monteagudo se habían conocido en la Lima del general San Martín y todo hace sospechar que entre los dos existió una viva simpatía. Los unía la revolución, aunque quizá los métodos tan expeditivos de Monteagudo hicieran que ella recelara del argentino. Fue Monteagudo quien propuso a San Martín la creación de la Orden de Caballeros del Sol a la que Manuela se sentía orgullosa de pertenecer.

¿Qué pensaría Manuela al enterarse de lo que sucedió la noche en que se celebraba un gran baile de gala por la creación de la Orden? El plan urdido por Monteagudo contra la colonia española había funcionado a la perfección: mientras sonaba la música en los salones de palacio, en medio de exquisitos licores y delicadas viandas, un grupo de soldados sacaba de sus casas a los españoles más connotados de la ciudad, la mayoría en edad madura, y obligados a caminar, con la ropa y el calzado que habían podido ponerse, las doce leguas que separaban la ciudad del puerto de El Callao. Allí fueron embarcados en la fragata *Milagro* en condiciones insoportables, a tal punto que dos de ellos murieron a las pocas horas. Para conseguir la libertad –la posibilidad de embarcar en alguna nave neutral del puerto–, los arrestados debían desembolsar entre mil y diez mil pesos por un pasaporte. Tras la operación, a la fragata *Milagro* la rebautizaron con el nombre de

Monteagudo, según refleja en sus memorias el general español Andrés García Camba.

Cuando Monteagudo apareció en Quito buscando la protección de Bolívar, a raíz de su entrevista con San Martín, Manuela debió de temer que algún peligro acechaba al Libertador y le pondría en guardia sobre sus métodos resolutivos. Monteagudo había llegado a convertirse en una de las personas más odiadas de Lima, sobre todo por los criptorealistas, que le veían como un enemigo sanguinario y arbitrario, y temido por buena parte de los patriotas, que contemplaban sus excesos con preocupación. Así, cuando San Martín se embarcó rumbo a Guayaquil, para entrevistarse con Bolívar, los miembros del gobierno de Torre Tagle, a quien el Protector encargó presidirlo durante su ausencia, vieron su oportunidad y, tras apresarle, lo metieron el 30 de julio de 1822 en la goleta *La Limeña*, con rumbo a Panamá, con la advertencia de que si volvía por Perú sería pasado por las armas.

En Panamá, sin la protección de San Martín, recordaría que en Quito se hallaba Manuela y que allí debía de andar también Bolívar, y en busca de su amparo decide viajar a Ecuador, sin saber que por entonces la quiteña y el Libertador ya se habían conocido. Pero ¿cómo emprender el viaje sin dinero? Necesitaba 1.600 pesos para el pasaje a Guayaquil. Hace una proposición al dueño de la casa en que se aloja: a cambio de ese dinero le entrega un sobre cerrado y lacrado; si en tres meses no le ha devuelto el préstamo, podrá abrirlo y quedarse con su contenido. Al cabo de los tres meses, el prestamista abrió el sobre y se encontró con cuatro magníficas perlas, más valiosas que el dinero prestado.

Bolívar y Monteagudo congeniaron en seguida. Bolívar vio en el argentino un instrumento perfecto para sus planes: los dos comparten un ideal panamericano. Bolívar parece haber caído rendido ante el hábil argentino, y así se lo expresa a Santander: "Monteagudo tiene un gran tono diplomático y sabe de esto más que otros [...]. Tiene mucho carácter, es muy firme, constante y fiel a sus compromisos [...]. Monteagudo conmigo puede ser un hombre infinitamente útil y posee además un tono europeo y unos modales muy propios de una corte". Hay un momento que describe bien los modales del argentino: acompañaba a Bolívar en un acto multitudinario y, cuando el

Libertador se quitó el sombrero y se lo entregó, Monteagudo ordenó con voz autoritaria: "¡Pronto, un criado que tome el sombrero de su excelencia!". Él no quería ser el mayordomo de nadie.

Bolívar le encarga que organice un Congreso de las Naciones Americanas en Panamá, una ambiciosa idea que ha rondado por su cabeza desde 1815 y que terminaría en fracaso, pero a la que el argentino se entrega en cuerpo y alma. El Congreso debía servir para amortiguar los arrebatos de los nacionalismos, que serían funestos en los primeros diez años de independencia. Todo transcurría con normalidad entre Monteagudo y el Libertador, excepto por la inquina de enemigos, que eran legión.

La noche del 28 de enero de 1825, un certero cuchillazo dejó tendido en el suelo el cuerpo de Bernardo Monteagudo. El cadáver fue trasladado a la cercana iglesia de San Juan de Dios y, avisado Bolívar, dejó la fiesta a la que asistía y se dirigió al templo. Ante el cadáver de Monteagudo, envuelto en una capa, Bolívar exclamó: "¡Serás vengado, Monteagudo, serás vengado!". El cuchillo clavado sirvió para localizar a un negro llamado Candelario Espinosa, que no tardó en confesarse autor del crimen. Y esto ha sido lo único meridianamente claro que se ha sabido. ¿Fue una venganza personal o un complot realista? ¿Era una advertencia a Bolívar? ¿Promovió el general español Rodil ese asesinato? ¿Qué se pretendía con él? Preguntas sin respuesta.

Bolívar mantuvo una conversación privada con Candelario Espinosa después de que este confesara su crimen. No se conoce de qué hablaron, pero, como consecuencia de esa entrevista, Espinosa no terminó en la horca, como todos esperaban, sino que, según algunos testimonios, dio con sus huesos en el presidio de Chagres. Otros afirmaban que el Libertador no solo lo salvó, sino que lo nombró sargento de las tropas que regresaban a Colombia. No hubo venganza y todo quedó en el misterio.

Manuela debió de sentir la muerte del amigo como una mezcla de confusión y dolor al descubrir ese turbio mundo de pasiones políticas que rodeaban a Bolívar y que ella empezaba a conocer. Luchar, morir y matar en las batallas, caer desplomados los cuerpos, como si fueran pesados fardos, ante el pelotón de fusilamiento, o quedar colgados en las sogas del cadalso en una macabra levitación, todo eso era cosecha pródiga de los tiempos. Y no le espantaba más de lo que ya le espantaba la violencia. La muerte de Monteagudo, tan confusamente cercana a Bolívar –¿por qué no castigó con la horca a su asesino?–, abría el nuevo escenario por donde ella empezaba a moverse. Pero las ganas de gozar la vida que procuraba la incertidumbre de los días revolucionarios, las fiestas elegantes y los grandes bailes en La Magdalena, van a ocupar de inmediato la vida de Manuela. Y para abstraerla de preocupaciones externas, para centrarse y obsesionarse en su propia vida, va a contar con el mejor de los aliados: los celos. Lo que sabía de la vida de Bolívar antes de que ella lo conociera no le afectaba demasiado, aunque algún aguijonazo de celos sentía en ocasiones, pero ese pasado inconcreto se hace realidad. Lo de Manuelita Madroño ya la había sacado de sus casillas, aunque calló y disimuló.

La Magdalena es una Babilonia, y Simón Bolívar no es un modelo de fidelidad. No es que la Sáenz entre en la paranoia de los celos, y empiece a recorrer el tortuoso camino de las suposiciones. Pero un día encuentra, en las sábanas de la cama de Bolívar, unos aretes de mujer, y en esta ocasión no va a callar. Con los aretes en la mano va en busca de Bolívar y, cuando lo tiene delante, se arroja a su cara y le araña el rostro con la furia de una gata en celo. Bolívar tiene que pedir socorro y dos edecanes sujetan a Manuela. Bolívar, según una comunicación oficial, no asistirá, la semana siguiente, a ningún acto oficial, debido a un persistente resfriado.

Manuela vive esos años el esplendor de su vida y su cuerpo. Bolívar, por el contrario, ya ha iniciado el inevitable declive: sus cuarenta años bien cumplidos, las fatigas de la prolongada guerra, el disfrute del inmoderado amor que sentía por las mujeres, habían acabado por pasarle factura. Los ímpetus ya no eran lo que fueron, pero el genio de Bolívar no se iba a arredrar. A mediados de febrero de 1825, atracó en el puerto de El Callao la fragata insignia *United States,* que no solo era el orgullo de Estados Unidos, sino de todos los océanos, a cuyo mando se encontraba el comodoro Isaac Hull. El poderoso país norteño estaba a punto de reconocer oficialmente a las repúblicas que Bolívar había dado la independencia. La presencia de la fragata en aguas peruanas se revestía así de una especial solemnidad, que se concretó en un banquete a bordo del navío, el 22 de febrero, al que asistieron Bolívar y algunos oficiales de su Estado Mayor.

Como la visita del *United States* se debía a una cortesía diplomática, a bordo viajaban la esposa del comodoro y una hermana de esta, Jeannette Hart, que ocupaban un lugar de honor en el banquete. ¿Cómo iba a resistir Bolívar la presencia de Jeanette sin desplegar toda la gama de sus dotes de conquistador? Alta, de elegante figura, ojos azules, rondando los treinta años, de maneras refinadas, culta. ¿Dejaría el Libertador pasar la ocasión? También ella puso sus ojos en él. Los estragos del tiempo ya se notaban en su cuerpo, pero todavía le quedaba a Bolívar el fuego de sus ojos, esa mirada que tantos corazones femeninos había rendido, y aún tenía el misterioso halo del poder, ese magnetismo que amaban las mujeres y respetaban los hombres. En los días en que la fragata estuvo atracada en El Callao, Jeanette visitaba La Magdalena con la frecuencia suficiente para que Manuela Sáenz, con el corazón al acecho, se percatara de que entre Bolívar y la estadounidense había prendido la llama del amor, que ya no era llama, sino fuego, cuando se enteró de que el Libertador le había regalado a la Hart un retrato suyo en miniatura que le había hecho el pintor austriaco Drexel. Las crónicas no se ponen de acuerdo en si fue con una aguja de coser o un estilete, pero coinciden en que Manuela esperó el momento oportuno. En una visita de la Hart, se plantó ante ella, estilete o aguja en mano, y le recomendó muy vivamente que se fuera cuanto antes de Lima y se olvidara del Libertador. La Hart, sorprendida, le respondió que quien era ella para dar esas órdenes, y Manuela solo dijo: soy la Sáenz. Jeannette Hart mantuvo siempre en su dormitorio el retrato en miniatura de Bolívar pintado por Drexel y nunca se casó. Murió en 1861, a los sesenta y siete años de edad.

Otra fragata de guerra, esta francesa, llegó a la costa peruana en marzo de 1825. El almirante Rosamel pidió audiencia a Bolívar y fue a visitarle a La Magdalena, acompañado de varios oficiales. Uno de ellos, el danés Van Dockum, dejó escrito en un libro de sus recuerdos a bordo de buques franceses, que oyó decir a Bolívar que, al día siguiente de la audiencia, partiría hacia el Alto Perú y que para el mes de julio estaría de nuevo en Lima. El Libertador se refería, según Van Dockum, a la situación del fuerte de El Callao, y dijo que por hábil y valiente que fuera Rodil, no creía que pudiera sostenerse en la fortaleza mucho tiempo, y menos faltándole provisiones. Concluyó Bolívar: "Espero, pues, que pronto veremos el fin de esta guerra desoladora y con ella la libertad de América y su independencia. Cuando esto suceda, me retiraré del escenario en el cual he actuado hasta ahora, y pasaré el resto de mi vida en París. Esos son mis ardientes deseos". El brigadier Rodil aguantó más tiempo del que Bolívar había previsto y la guerra contra España terminaría definitivamente con la rendición del fuerte, pero París quedaría como un sueño amargamente frustrado del Libertador.

En el mes de abril de 1825, Bolívar decide abandonar Lima e ir por la costa al encuentro del general Sucre en el Alto Perú. El calor era excesivo, la crudeza de la brisa de mar por la noche, demasiado fría, y la arena y el polvo que el viento levantaba a todas horas insoportable, según relataría O'Leary. Pero Bolívar iba satisfecho, camino de ver cumplida su gran ambición, la creación de una nueva nación americana: Bolivia, que comprendía las provincias de La Paz, Chuquisaca, Potosí y Cochabamba. Para el Libertador era su jugada maestra, al impedir que esos territorios de ricos minerales cayeran en manos argentinas o peruanas. Cuando el Alto Perú toma el nombre de Bolivia, el Libertador, exultante, bajo el manto de la gloria, le escribe al general Santander: "Mi derecha estará en las bocas del Orinoco y mi izquierda llegará hasta las márgenes del río de la Plata. Mil leguas ocuparán mis brazos. Si usted se desagradó por la ciudad Bolívar, ¿qué hará usted ahora con la nación Bolívar?".

Pero el traslado de Bolívar empieza a complicarse. Rodeado de un gran aparato, integrado por un jefe de Estado Mayor, dos generales, dos edecanes, un comandante, un practicante, un cochero, tres mayordomos, un cocinero, un repostero, y, como asistentes, seis soldados de caballería y doce de infantería, con una escolta de diez soldados de caballería, más un vicario general. Antes de iniciar el viaje, Manuela ha dado instrucciones a su "espía" Santana, para que la mantenga puntualmente informada de cuanto ocurra, y este cumple fielmente el encargo. El 14 de abril, desde un lugar llamado Matarratones, le envía la primera carta donde dice que "todos vamos bien y pasado mañana estaremos en Pisco, y luego en Ica; allí descansaremos y luego seguiremos a Arequipa". En Ica, Bolívar escribe a Manuela de su propia mano.

> Mi buena y bella Manuelita: cada momento estoy pensando en ti y en la suerte que te ha tocado. Yo veo que nada en el mundo puede unirnos bajo los auspicios de la inocencia y del honor. Lo veo tan bien y gimo de tan horrible situación, por ti porque te debes reconciliar con quien no amabas, y yo porque debo separarme de quien idolatro. Sí, te idolatro más que nunca jamás. Al arrancarme de tu amor y de tu posesión, se me ha multiplicado el sentimiento de todos los encantos de tu alma y de tu corazón sin modelo. Cuando tú eras mía, yo te amaba más por tu genio encantador que por tus atractivos deliciosos. Pero ahora me parece que una eternidad nos separa, porque por mi propia determinación me veo obligado a decirte que un destino cruel, pero justo, nos separa de nosotros mismos. Sí, de nosotros mismos, puesto que nos arrancamos el alma que nos da existencia, dándonos el placer de vivir. En lo futuro, tú estarás sola, aunque al lado de tu marido; yo estaré solo en medio del mundo. Solo la gloria de habernos vencido será nuestro consuelo. El deber me dice que ya no seamos más culpables. No, no lo seremos más. Bolívar.

Según el detalladísimo itinerario del viaje que dejó escrito O'Leary, Bolívar llegó a Arequipa el 14 de mayo y allí se detuvo para dar forma definitiva al proyecto de Constitución política que había redactado para la nación de Bolivia. El capítulo más importante, y el más discutido, señalaba que la presidencia de la República sería vitalicia. La Constitución que había salido de sus manos era un término medio entre el federalismo y la monarquía.

Arequipa se desbordó de entusiasmo. La municipalidad y cientos de vecinos salieron a recibirle a muchas leguas de la ciudad. Le llevaron de regalo un caballo con los estribos, el bocado, el pretal y los adornos de la silla y de la brida de oro macizo, según el relato de O'Leary. Pero la más emotiva bienvenida la recibió en las calles de Arequipa; allí estaba la Primera División del Ejército colombiano que había ganado la batalla de Ayacucho.

A O'Leary le debemos la noticia de que, cuando la comitiva recaló en Potosí, Bolívar, entonces con cuarenta y dos años, se afeitó por primera vez sus rubias patillas y el rubio bigote. El edecán, tan observador y discreto, no señala la causa de esa decisión, pero cabe sospechar que el Libertador quizá pensara que el bigote y las patillas le hacían parecer más viejo, más bizarro y fiero, desde luego, pero también con la edad más visible. ¿Se veía más joven sin esos aditamentos, más atractivo? ¿Fue una decisión propia o se lo sugirió alguien? ¿Se lo había pedido Manuela y, en su ausencia, le hacía caso? Hay que ver ese rasurado como un modo de hacer frente al declive de la edad, a los numerosos saraos que le ofrecen y al ambiente festivo de La Magdalena. No solo a O'Leary le llamó la atención el rasurado de patillas y bigotes. José María Rey y Castro, secretario del general Sucre, captó el cambio que se había operado en el rostro del Libertador y lo enmarcó, con muchísima lógica, en la descripción de un sarao. Los potosinos ofrecieron a Bolívar una gran fiesta. Y relataría Rey y Castro: "Pocas veces había estado el Libertador de tan buen humor. Tan complacido estaba, que su semblante había perdido el imponente aspecto guerrero; respiraba amabilidad, y hasta en su traje se notaba diferencia: había cambiado la bota militar por el fino zapato, y ni aun quiso conservar el bigote". La bizarría de unas barbas cerradas, que daban fiereza al rostro, más parecían cosa de cuartel o campo de batalla que de salones iluminados y perfumados por la presencia de mujeres hermosas y bien vestidas. Los nuevos tiempos imponían una nueva imagen. En 1825, el representante del gobierno británico ante la gran Colombia, el coronel Hamilton, enviaba un informe al Foreing Office en donde las habilidades amatorias de Bolívar eran tratadas como un asunto político de importancia: "Entre las mujeres, goza el Libertador del prestigio de *d'un garçon de bonne fortune*".

El padre de la historiografía moderna peruana, Mariano Felipe Paz Soldán, era un niño cuando Bolívar llegó a Lima, pero de joven pudo obtener testimonios directos de la vida del personaje. Escribió:

> Bolívar continuaba en La Magdalena recibiendo diarias y vergonzosas pruebas de servilismo de unos, de la adulación de muchos y de la admiración de todos. Al verse deificado, es natural que concibiera grandes proyectos de ambición, no de coronarse, porque Bolívar no necesita llamarse rey para dominar como señor absoluto, pero sí de perpetuarse en el poder bajo el modesto nombre de presidente vitalicio. Las pruebas de admiración que había recibido noche y día sin cesar, desde que salió de Lima, en cuantos pueblos estuvo; el frenético entusiasmo que mostró la capital a su regreso; las alabanzas y los tributos admirativos con que a porfía era celebrado por presidentes y hombres de gran preponderancia política, tanto en América como en Europa; el respeto confesado por los mismos jefes vencidos en Ayacucho, tales Monet, Canterac y otros, eran para trastornarle completamente el cerebro.

Bolívar tiene ya una edad avanzada para la época y el cuerpo fatigado por las mil penurias de la guerra, pero su corazón se niega a aceptar la evidencia. También le rejuvenecen los halagos a su vanidad. Todas las biografías de Bolívar incluyen el discurso que el cura indígena José Domingo Choquehuanca, de la aldea de Pucará, en la orilla sur del lago Titicaca, pronunció ante al Libertador el 17 de junio de 1825 en presencia emocionada de todo el pueblo. Dijo:

> Quiso dios formar de salvajes un imperio, y creó a Manco Capac. Pecó su raza, y lanzó a Pizarro. Después de tres siglos de expiación tuvo piedad de la América y os ha creado a vos. Sois pues el hombre de un designio providencial. Nada de lo hecho atrás se parece a lo que habéis hecho, y, para que alguien pudiera imitaros, sería preciso que quedara un mundo por libertar. Habéis fundado tres repúblicas que, en el inmenso desarrollo a

que están llamadas, elevarán vuestra estatura a donde ninguna ha llegado. Con los siglos crecerá vuestra gloria, como crece la sombra cuando el sol declina.

El historiador alemán Masur, al reproducir la loa del cura, se cubre las espaldas, sin embargo, y afirma que el discurso "pertenece más bien a la leyenda que a la historia", y parte del mito de Bolívar "que ha ido adquiriendo proporciones enormes con el paso de los años". Igualmente, no hay prácticamente ninguna biografía de Bolívar que no mencione los dos episodios de la espada de Sucre, contados por O'Leary en la narración de las jornadas en el Alto Perú. Al llegar Bolívar a una zona conocida como el Desaguadero, el mariscal Sucre iba a recibirle y, al descender del caballo, la espada se le salió de la vaina y cayó al suelo. Esa noche el incidente se comentó entre los miembros de la comitiva, y O'Leary dijo que aquello era un mal presagio. Al día siguiente, un sirviente del mariscal cometió una insolencia, y Sucre quiso castigarlo dándole un golpe con lo plano de la hoja de la espada, que se rompió en dos partes: "Este es un presagio aún peor y ahora es cuando verdaderamente comienzan vuestras desgracias". Tardarían en llegar, pero llegaron.

IV

*E*l 25 de junio de 1825, Bolívar hacía su entrada triunfal en Cuzco, en el corazón de lo que había sido el Imperio inca. Otra manifestación de magnificencia: los frentes de las casas estaban adornados con ornamentos de oro y plata, igual que los arcos triunfales de las calles; de las ventanas y balcones caía una lluvia de flores y coronas de laurel. Como en Arequipa, la municipalidad le regaló un hermoso caballo con jaez de oro y, también de oro macizo, las llaves de la ciudad, que luego el Libertador le regalaría a O'Leary, a quien debemos la descripción de esta entrada triunfal. En esta ocasión quien le pone la corona de oro y perlas es Francisca Zubiaga Bernales, esposa del intendente de la villa, Agustín Gamarra, nombrado por Bolívar. Hijo de un español y de una india, Gamarra llegaría a ser presidente de Perú de 1829 a 1833. Su segundo periodo presidencial, iniciado en 1840, no lo pudo completar al morir en noviembre de 1841 en la batalla de Ingavi de la guerra peruano-boliviana. Bolívar se quitó la corona y la entregó al general Sucre, como homenaje al vencedor de Ayacucho. Era un regalo magnífico: setecientos setenta y tres gramos de oro, que formaban un lazo con cuarenta y cinco hojas de laurel y, entre las hojas, un sol de diamantes y perlas. Sucre la envió como obsequio al Congreso de Colombia. Francisca Zubiaga, llamada doña Panchita, tenía a la sazón veintidós años; sufría ataques de epilepsia, y tenía fama de mandona, con gustos varoniles; algunas crónicas la describen proclive a cambiar la felicidad por el poder, el amor por lujo y la alegría de vivir por el placer de ser obedecida. ¿Qué vio Bolívar en esa mujer? La célebre Flora Tristán, abuela del pintor Paul Gauguin, que llegó a tratarla íntimamente, escribió en su libro *Peregrinaciones de una* *paria* que el imperio de la belleza de Francisca residía en su mirada, orgullosa, atrevida, penetrante. Aunque no todo en ella era atractivo: tenía la nariz larga, con la punta levantada; la boca grande, la cara alargada, el cuerpo huesoso con músculos fuertemente pronunciados; de su voz salía un sonido sordo, duro e imperativo y hablaba de forma brusca y seca. ¿Y que vio doña Panchita, o la Mariscala, como se la llamó, en Bolívar? Las crónicas y testimonios de la época son coincidentes: la irresistible, para ella, atracción del poder. Con Bolívar en sus brazos no satisfacía las llamadas del amor, sino su ambición. En los treinta y un días que permaneció en Cuzco, Bolívar pasó de la exaltación amorosa de los primeros encuentros clandestinos a una cierta y fría indiferencia, de la que ella se tomó una sutil venganza contándole a su marido el negocio amoroso que se había traído con el Libertador. Así transformó al amigo y leal colaborador de Bolívar en un enemigo rencoroso y artero de la política bolivariana en Perú. El vengativo juego de doña Panchita quedó al descubierto en una carta de Sucre al Libertador, que Liévano Aguirre, en su biografía de Bolívar, cita en parte: "Antes de que se me olvide le diré que Gamarra es acérrimo enemigo de usted; procuré indagar los motivos y, por un conducto muy secreto, supe que sobre su aspiración a la presidencia añadía como pretexto que, habiéndole hecho tantos obsequios en el Cuzco, le enamoró la mujer; que esta misma se lo había dicho".

Mientras tanto, Manuela, seguramente al tanto de la nueva aventura amorosa de Bolívar, se reconcomía de celos. James Thorne, por lo demás, empezaba a mostrar claramente su irritación, y de los gestos y palabras airadas había pasado a la bebida y con la bebida, a las muestras de violencia. Con el fin de acabar con ese tragicómico triángulo amoroso, Thorne propuso a Manuela vivir en Londres, o eso le dijo la quiteña a Bolívar, desesperada por las indecisiones de su amante, quizá para que rompiera de una vez el nudo gordiano. Si fue una estratagema, dio resultado. Según Von Hagen, la respuesta de Bolívar fue inmediata:

> Mi adorada. ¿Conque tú no me contestas claramente sobre tu terrible viaje a Londres? ¿Es posible, mi amiga? ¡Vamos! No te vengas con enigmas misteriosos. Diga usted la verdad y no se

vaya usted a ninguna parte: yo lo quiero resueltamente. Responde a lo que te escribí el otro día de un modo que yo pueda saber con certeza tu determinación. Tú quieres verme, siquiera con los ojos. Yo también quiero verte y reverte y tocarte y sentirte y saborearte y unirte a mí por todos los contactos. ¿A que tú no quieres tanto como yo? Pues bien, esta es la más pura y la más cordial verdad. Aprende a amar y no te vayas ni aun con Dios mismo.

Esta respuesta, con la expresión de un amor ansioso, impulsó a Manuela a tomar definitivamente una decisión que venía postergando. Hay discrepancias en la fecha, distinta en el borrador de la carta manuscrita de la Sáenz o en una copia de la misma, pero se supone que, en los días en que el Libertador se hallaba en Cuzco enzarzado en los amores de doña Panchita, Manuela escribió a James Thorne para dar por concluido su matrimonio:

¡No, no, no, no más, hombre, por Dios! ¿Por qué hacerme usted escribir faltando a mi resolución? Vamos, ¿qué adelanta usted, sino hacerme pasar por el dolor de decir a usted mil veces no? Señor, usted es excelente, es inimitable, jamás diré otra cosa sino lo que es usted; pero mi amigo, dejar a usted por el general Bolívar, es algo: dejar a otro marido sin las cualidades de usted, sería nada. ¿Y usted cree que yo, después de ser la predilecta de este general, por siete años, y con la seguridad de poseer su corazón, prefiriera ser la mujer del Padre, del Hijo y del Espíritu Santo, o de la Santísima Trinidad? Si algo siento es que no haya sido usted algo mejor para haberlo dejado. Yo sé muy bien que nada puede unirme a él bajo los auspicios de lo que usted llama honor. ¿Me cree usted menos honrada por ser él mi amante y no mi marido? ¡Ah!, yo no vivo de las preocupaciones sociales, inventadas para atormentarse mutuamente. Déjeme usted, mi querido inglés. Hagamos otra cosa: en el cielo nos volveremos a casar, pero en la tierra no. ¿Cree usted que es malo este convenio? Entonces diría yo que era usted muy descontento. En la patria celestial pasaremos una vida angélica y toda espiritual (pues como hombre, usted es pesado); allá todo será a la inglesa, aunque la vida monótona está reservada a su nación (en amores, digo, pues en lo demás, ¿quiénes más hábiles para el comercio y la marina?). El amor les acomoda sin placeres; la conversación, sin gracia, y el caminado, despacio; el saludar, con reverencia; el levantarse y sentarse, con cuidado; la chanza, sin risa: estas son formalidades divinas, pero yo, miserable mortal que me río de mí misma, de usted y de estas seriedades inglesas, etc., ¡qué mal me iría en el cielo!, tan mal como si fuera a vivir en Inglaterra o Constantinopla, pues los ingleses me deben el respeto de tiranos con las mujeres aunque no lo fue usted conmigo, pero sí más celoso que un portugués. Eso no lo quiero yo: ¿no tengo buen gusto? Basta de chanzas: formalmente y sin reírme, con toda la seriedad, verdad y pureza de una inglesa, digo que no me juntaré más con usted. Usted anglicano y yo atea es el más fuerte impedimento religioso: el que estoy amando a otro es mayor y más fuerte. ¿No ve usted con qué formalidad pienso? Su invariable amiga, Manuela.

Tan decisivo había sido para Manuela ese paso como que Bolívar se enterara de lo ocurrido, y que lo supiera por ella, porque en Lima corrió la noticia como la pólvora de que la Sáenz había abandonado definitivamente a Thorne. En esos días el inglés partía a Chile por asuntos de negocios, y Manuela, ostensiblemente, abandonó el hogar conyugal y se fue a una residencia de La Magdalena. A la copia de la carta que Manuela envió a Bolívar, respondió el amante con amor y precaución, porque el nudo gordiano aún no estaba roto del todo. Fechada en La Plata, el 26 de noviembre de 1825, la carta de Bolívar decía:

Mi amor: ¿Sabes que me ha dado mucho gusto tu hermosa carta? Es muy bonita la que me ha entregado Salazar. El estilo de ella tiene un mérito capaz de hacerte adorar por tu espíritu adorable. Lo que me dices de tu marido es doloroso y gracioso a la vez. Deseo verte libre, pero inocente juntamente; porque no puedo soportar la idea de ser el robador de un corazón que fue virtuoso; y no lo es por mi culpa. No sé cómo hacer para conciliar mi dicha y la tuya con tu deber y el mío. No sé cortar este nudo que Alejandro con su espada no haría más que intrincar más y más, pues no se trata de espada ni de fuerza, sino de amor puro y de amor culpable, de deber y de falta: de mi amor, en fin, Manuelita la Bella. Bolívar.

Estas cartas apenas revelan una parte de la realidad, porque lo cierto es que, una vez más, en los meses anteriores a la salida definitiva de Bolívar de Lima, Manuela anda envuelta en más sombras que luces: más densas y confusas las primeras que claras las segundas.

Rumazo González da por hecho que Bolívar le pidió a Manuela que viajara al Alto Perú para reunirse con él. Ella le respondió el 27 de noviembre, cuando aún no había recibido la carta en la que Bolívar decía que no sabía cortar el nudo de Alejandro:

Estoy muy brava y muy enferma. Cuán cierto es que las grandes ausencias matan el amor y aumentan las grandes pasiones. Usted que me tendría un poco de amor, la gran separación lo acabó. Yo, que por usted tuve pasión, la he conservado por conservar mi reposo y mi dicha, y ella existe y existirá mientras viva Manuela. El general Sandes llegó y nada me trajo de usted. ¿Tanto le cuesta el escribirme? Si tiene usted que hacer violencia, no la haga nunca. Yo salgo el uno de diciembre (y voy porque usted me llama). Pero después no me dirá que vuelva a Quito, pues más bien me quiero morir que pasar por sinvergüenza.

Manuela salió de Lima a mediados de diciembre, en compañía de Simón Rodríguez, que había llegado días antes a la capital peruana, y, si hemos de hacer caso a Rumazo, también de María Joaquina de Aizpuru, su madre, que aparece inopinadamente en el relato. Tras un viaje largo y pesado, llegan a Chuquisaca. Al margen de la curiosidad que despertaría la presencia de Manuela, que andaba vestida con uniforme de capitana por las calles de Chuquisaca, la permanencia de la quiteña en Bolivia no dejó ningún hecho de relevancia en la crónica de Rumazo González. A mediados de enero de 1826, cuando Manuela llevaba dos o tres semanas en Chuquisaca, Bolívar decide dejar Bolivia y viajar a Lima, según Rumazo, sin la compañía de la quiteña. Bolívar llegó a la capital peruana el 7 de febrero. Dos meses más tarde, Bolívar escribe a Manuela:

> Me complacen mucho tus amables cartas y la expresión de tus cariños son mi placer en medio de la ausencia. Ya digo a Sucre que te recomiendo nuevamente y no más. A tu mamá que no se vaya por nada, nada, nada; mira que yo me voy a fines de este para allá sin falta. Espérame a todo trance. ¿Has oído? ¿Has entendido? Si no, eres una ingrata, pérfida y aún más que todo esto, eres una enemiga. Tu amante. Bolívar.

¿Qué hacía Manuela Sáenz sola en Bolivia? ¿Por qué la llamó Bolívar si pensaba regresar a Lima en unas semanas? ¿Huía del marido, al que ya definitivamente había abandonado? La narración de Rumazo, que con tanta luz describe la visita y estancia de Manuela en Bolivia, no aclara estas conjeturas. La leyenda, de nuevo. Victor W. von Hagen no escribe una palabra sobre el viaje, la estancia y el regreso de Manuela al Alto Perú. Es más: al relatar la partida de Simón Rodríguez, Von Hagen refiere que el viejo ayo del Libertador llevaba un paquete de cartas de Manuela, por lo que se deduce que ella se había quedado en la capital peruana.

Tras trece meses de asedio, el 22 de enero habían capitulado las fuerzas españolas, mandadas por el brigadier José Ramón Rodil, atrincheradas en la fortaleza del puerto de El Callao, junto con unos dos mil simpatizantes de la causa realista que allí buscaron refugio. La prolongación del asedio, la escasez de comida y agua y una epidemia de escorbuto, causarían la muerte de centenares de refugiados, cuyos cadáveres eran lanzados al mar. Los que no eran pasto de los tiburones, las olas los devolvían a la playa y eran devorados por los zopilotes o las gaviotas; algunos tenían suerte, y eran encontrados por sus familiares, que a diario rastreaban la costa en busca de sus deudos.

Con la buena noticia del fin del asedio, Bolívar entró en Lima el 10 de febrero, en medio del delirio de la población, que se volcó en agasajarlo, como si fuera la primera vez que llegaba triunfal a la ciudad. Rey y Castro, el secretario de Sucre, relataría que aquel día se recordaría siempre por lo extraordinario de la suntuosidad y magnificencia desplegadas para recibir "al primer hombre de América"; jamás en Lima se había ostentado con más aparato el entusiasmo de la admiración y la gratitud.

En La Magdalena serán días de vino y rosas. La guerra contra España está definitivamente liquidada con la rendición de El Callao, aunque quedaba la engorrosa lidia de la política peruana, que parecía llevar en su seno el germen de la autodestrucción. Pero Bolívar vive días de gloria. A O'Leary, tan observador del Libertador, no se le escapa la intensidad de esas primeras semanas de 1826: Bolívar, en La Magdalena, ejercía "más influencia y un poder más absoluto en una gran parte de la América del Sur y en todo el continente, que el monarca más prestigioso de Europa en sus dominios". Otro cercano colaborador del Libertador, José Manuel Restrepo, que fue ministro de Gobierno, también dio cuenta de esos días mágicos. Escribió en su *Historia de la revolución*:

> Bolívar se hallaba hechizado en el Perú, según él mismo decía, y no creemos que la expresión sea figurada, sino que la usamos en el sentido propio. Los elogios que se le tributaban, los obsequios de toda clase, la sumisa obediencia a su voluntad, las dulzuras del poder y las delicias de Lima, en la hermosa quinta La Magdalena, causaban aquel encanto. El ejército libertador y su ilustre caudillo hallaron a Capua en la deleitosa capital del Perú.

Bolívar gozaba de su gloria y Manuela de su libertad, rotos ya para siempre los vínculos con Thorne, aunque todo indica que vivía en una casa aparte. En La Magdalena, donde acudía con frecuencia, se movía como la gran señora de la casa, aunque debía guardar ciertas formas. Una noche de abril de 1826 andaba ella, creyendo estar sola, con descuido por los salones de la quinta, y fue sorprendida sin vestir convenientemente por unos visitantes. Al día siguiente, le envía una nota a Bolívar:

> Señor, yo sé que U. estará enfadado conmigo, pero yo no tengo la culpa; entré por el comedor y vi que había gente, mandé llevar candela para sahumar unas sábanas al cuarto inmediato y al ir para allá me encontré con todos. Con esta pena ni he dormido y lo mejor es señor que no vaya a su casa sino cuando U. pueda o quiera verme. Dígame si como algo antes de los toros. Va un poco de almuerzo que le gustará. Coma, por Dios.

No va a ser esa imagen de amante cotidiana, preocupada por las tareas domésticas y por alimentar al varón, más propias de una esposa, la que refleja para la posteridad Boussingault. Escribe en sus *Memorias*:

> En Lima, Manuelita había sido asombrosamente inconsecuente, una verdadera Mesalina. Los edecanes me han contado cosas increíbles que solo Bolívar ignoraba. Los amantes, cuando están bien enamorados, son tan ciegos como los maridos. Una noche Manuelita caminaba hacia el palacio donde el Libertador la esperaba impacientemente. Se le ocurrió pasar por el cuerpo de guardia, donde se hallaba de facción un piquete mandado por un teniente joven. Aquella loca empezó a divertirse con los soldados, con todos, incluso el tambor. Un rato después el general era el hombre más feliz.

Algo en el ambiente, sin embargo, enrarecía la placidez de aquellos días de goces y halagos; algo que se movía silenciosamente y no terminaba de dar la cara, quizá esperando el mejor momento para asestar el golpe, que no era otro que sacar a Bolívar, el Libertador de América, del escenario peruano. La única que intuía aquellos extraños movimientos era Manuela Sáenz, que fue alertando a Bolívar de que algo grave se tramaba contra él. Bolívar solo parecía estar dispuesto en ese tiempo a gozar de su gloría, en especial de los halagadores ecos que le llegaban del extranjero: una carta del marqués de La Fayette, que le llamaba "segundo Washington de América", le decía que toda Europa tenía sus ojos en Colombia; un miembro de la familia de Washington le mandó un medallón con un mechón de pelo del prohombre estadounidense; el Congreso de Estados Unidos lo aclamaba; lord Byron había bautizado su barco con el nombre de *Bolívar*... Y allí mismo, en las iglesias, se cantaba durante la misa:

De ti viene todo
lo bueno, Señor,
nos diste a Bolívar
gloria a ti, gran Dios.
¡Qué hombre es este, cielos,
que con tal primor,
de tan altos dones
Tu mano adornó!

El Congreso de Perú había expresado, solemnemente, su gratitud al Padre y Salvador de Perú y acordado que Bolívar mantendría con carácter vitalicio los honores de presidente de la nación; se acuñarían medallas con su busto, se erigiría una estatua ecuestre en la plaza de la Constitución, en Lima y, en las capitales de los departamentos en sus plazas mayores, se fijarían lápidas con textos de gratitud para el Libertador de América. El olfato político de Manuela era, no obstante, eficaz y terco, e insistía a Bolívar en que aquellos reconocimientos, aquella adulación excesiva, servirían, a la postre, para adormecerlo en sus laureles, mientras sus enemigos se preparaban para precipitarle en el abismo.

Manuela insistió y logró persuadirle. La quiteña se servía de dos expertas, Jonatás y Nathán, que desplegaron sus tentáculos por cuarteles, mercados, cantinas de soldados, tugurios, covachuelas gubernamentales, aledaños a las oficinas de los ricos comerciantes, inmediaciones de las cárceles, puertas traseras de las sacristías, donde consiguieron hacerse con una información muy confidencial. A mediados de 1826, Manuela pudo presentar pruebas a Bolívar de la existencia de un plan de un conglomerado de fuerzas peruanas –no se trataba de una conspiración de los círculos monárquicos, sino de dentro del ejército libertador– que pretendía apresar al Libertador y a sus generales y expulsarlos cuanto antes del país. Gracias a la información de Manuela, más de cincuenta personas fueron detenidas y el plan fue abortado. Para complicar más la situación, llegaron del norte noticias alarmantes de que la gran Colombia se abría en fisuras graves: Venezuela quería declararse estado libre. Bolívar empezó a temer seriamente por su gran proyecto. Los contratiempos no daban respiro. A finales de julio de 1826, el Congreso de Panamá concluyó con un fracaso sin paliativos. El asesinato de Monteagudo meses antes no auguraba nada bueno. A las sesiones, celebradas en el convento de San Francisco, entre el 22 de junio y el 15 de julio, solo asistieron los delegados de México, Guatemala, Colombia y Perú. Chile y Argentina declinaron asistir, al igual que Paraguay, cuyo dictador, el doctor Francia, ni siquiera permitió que le enviaran la invitación. Las conclusiones del Congreso fueron papel mojado, que apenas ocupan dos o tres líneas en la historia de la revolución americana. En las diez conferencias que celebraron los delegados, se aprobaron cuatro pactos: uno sobre unión y confederación de las repúblicas; otro sobre los contingentes que debía prestar cada república; el tercero, de carácter reservado, sobre el convenio militar, y el cuarto consistía en trasladar la asamblea de la ciudad de Panamá a la localidad mexicana de Tacubaya. A Bolívar no le quedó otra alternativa que aceptar el fracaso, que tan gráficamente expresó con la sentencia de que "el Congreso solo será una sombra".

En agosto de 1826 las cosas habían empeorado. Bolívar se encontraba irremisiblemente entre la espada de Perú –vuelta a la anarquía, con riesgo de guerra civil– y la pared de Bogotá: la ruptura de la gran Colombia. Y decidió, finalmente, marchar hacia la capital colombiana y dejar Perú abandonado a su suerte. La noticia de la marcha de

Bolívar cae como un bomba en la sociedad limeña, pero no tanto entre políticos, militares y aristócratas peruanos, que le veían como un extranjero con un poder dictatorial excesivo. Pero la gente se echó a la calle en medio de ruidosas músicas, pidiendo a gritos que no se fuera, pues, decían: "Saldrás hollando nuestros pechos y nuestros hijos, destruyendo la vida que tú nos has conservado". En una carta del secretario de Bolívar, escrita después de la salida, se decía que el cura de San Lázaro, en nombre del clero, "llorando como un niño, cubriendo de flores y derramando con sus manos aguas aromáticas sobre el suelo que debía pisar el Libertador", le había suplicado que no dejara Lima, pero "nada, nada, nada, ha bastado a disuadirlo". A Bolívar, tan amante del bello sexo, había que rendirle por ahí, debieron de pensar algunas damas limeñas. Y organizaron una marcha de señoras, lujosamente ataviadas, que se presentaron en La Magdalena para rogarle que se quedara. Bolívar, obligado a hablar, dijo:

> Señoras, el silencio es la única respuesta que debía dar a esas palabras encantadoras, que encadenan no solo el corazón, sino también el deber. Cuando la beldad habla, ¿qué pecho puede resistirse? Yo he sido el soldado de la beldad porque he combatido por la libertad, que es bella, hechicera y lleva la dicha al seno de la hermosura donde se abrigan las flores de la vida. Pero mi patria, ¡ah, señoras! Yo me lanzaré no solo a los campos de batalla, sino también a defender todo lo que pisan los pies de las diosas peruanas.

Con esas ambiguas palabras, algunos entendieron que finalmente permanecería en Perú, las campanas de las iglesias repicaron de júbilo y la jornada terminó con bailes. Días después debía conmemorarse el aniversario de la llegada de Bolívar a Perú tres años atrás. El 1 de septiembre se celebró la fiesta. A las tres de la tarde hubo una gran recepción en palacio, donde el Libertador entró pisando pétalos de flores que arrojaban las damas. Por la noche, el gran baile de gala en la municipalidad. Y, en un momento, sin que nadie se diera cuenta, secretamente (a cencerros tapados, como lo describe maliciosamente

Salvador de Madariaga), Simón Bolívar abandona la fiesta y se dirige al puerto de El Callao, donde le espera el bergantín *Congreso*, que esa misma madrugada parte rumbo a Guayaquil. La aventura peruana había terminado.

En la proclama de despedida, Bolívar dijo a los peruanos:

> Colombia me llama y obedezco. Siento, al partir, cuánto os amo, porque no puedo desprenderme de vosotros sin tiernas emociones de dolor. Concebí la osadía de dejaros obligados, mas yo cargo con el honroso peso de vuestra munificencia. Desaparecen mis débiles servicios delante de los monumentos que la generosidad del Perú me ha consagrado; y hasta sus recuerdos irán a perderse en la inmensidad de vuestra gratitud. Me habéis vencido.

En Lima se quedaba Manuela Sáenz, pero pronto olvidó los lamentos por la partida de Bolívar. De la sociedad peruana surgía, como si un revuelto oleaje lo sacara a la superficie, un antibolivarismo que se mostraba con toda crudeza. Una golondrina no hace verano, pero lo anuncia. El desahogo del clérigo limeño José Joaquín de Larriva no era, sin duda, lo que la sociedad peruana sentía por Bolívar, pero da una pista de dónde soplaban los vientos. Apenas se había alejado Bolívar unas millas de Lima, y Larriva, antiguo ensalzador del Libertador, escribe esta décima:

> Cuando de España las trabas
> en Ayacucho rompimos
> otra cosa no hicimos
> que cambiar mocos por babas.
> Nuestras provincias, esclavas
> quedaron de otra nación,
> mudamos de condición
> pero solo fue pasando
> del poder de don Fernando
> al poder de don Simón.

Una semana después, el bergantín *Congreso* atraca en Guayaquil, que dispensó a Bolívar, al igual que Quito unos días más tarde, un gran recibimiento, como si regresara el hijo pródigo. Pero Bolívar se entretiene poco, tiene prisa en llegar a Bogotá, donde no sabe exactamente qué le espera y de qué magnitud son los problemas que le aguardan. En rápidas jornadas por los Andes, el 6 de octubre llega a Ibarra, donde escribe a Manuela una carta de amor encendido:

> Mi encantadora Manuela: tu carta del 12 de setiembre me ha encantado: todo es amor en ti. Yo también me ocupo de esta ardiente fiebre que nos devora como a dos niños. Yo, viejo, sufro el mal que ya debía haber olvidado. Tú sola me tienes en este estado. Tú me pides que te diga que no quiero a nadie. ¡Oh, no! A nadie amo; a nadie amaré. El altar que tú habitas no será profanado por otro ídolo ni otra imagen, aunque fuera la de Dios mismo. Tú me has hecho idólatra de la humanidad hermosa, o de Manuela. Créeme: te amo y te amaré sola y no más. ¡No te mates! Vive para mí y para ti: vive para que consueles a los infelices y a tu amante, que suspira por verte. Estoy tan cansado del viaje y de todas las quejas de tu tierra que no tengo tiempo para escribirte con letras chiquiticas y cartas grandotas como tú quieres. Pero en recompensa, si no rezo, estoy todo el día y la noche entera haciendo meditaciones eternas sobre tus gracias y sobre lo que te amo, sobre mi vuelta y lo que harás y lo que haré cuando nos veamos otra vez. No puedo más con la mano. No sé escribir.

Mientras Manuela lee y relee la carta, Bolívar avanza hacia Bogotá. Y si en Lima las nubes de la tormenta empezaban a tomar cuerpo a la espera de la descarga de rayos y truenos, en el camino hacia la capital colombiana las cosas no pintan mejor. El general Santander había salido a la localidad de Tocaima, a unas veinte leguas al sur de Bogotá, para dar la bienvenida a Bolívar, un encuentro del que han quedado pocos registros. No debió de ser, sin embargo, nada efusivo. Bolívar no podía olvidar que las artimañas de Santander le habían quitado el mando de las tropas colombianas en Perú. Pero había otras causas para el desafecto. Al llegar a Guayaquil, Bolívar recibió informes confidenciales que señalaban que el empréstito de treinta millones de pesos que Inglaterra concedió al gobierno de Colombia estaba siendo mal utilizado. Le aseguraban que Francisco Montoya, Manuel Arrubla –los negociadores del empréstito– y Santander "se habían puesto las botas".

Ningún historiador se ha resistido a contar la anécdota. Santander era un empedernido jugador y, según las crónicas, en la mesa de juego fluían grandes cantidades del dinero del Estado que le llegaban de un modo poco ortodoxo. Un día, jugando al tresillo con el general Bolívar, en la hacienda Hato Grande, la suerte le fue de cara al Libertador, que le ganó al hombre de la Ley una buena cantidad de pesos. Al terminar la partida y guardar Bolívar las ganancias, no pudo resistirse y comentó: "Al fin, también me tocó a mí una parte del empréstito inglés". El historiador colombiano Laureano García Ortiz, defensor de la figura del general Santander, escribió que el hombre de la Ley era "honrado a carta cabal", pero que "no tenía gentileza ni elegancia en cuestiones de dinero". Quizá de ahí le vinieran los muchos males de la maledicencia pública, que le señalaban codicioso del dinero público. Según García Ortíz, el general Santander padecía de "atrofia del corazón", y en vano se buscará en sus escritos "huella alguna de verdadera sensibilidad cordial; fue frío y seco de sentimiento, incapaz de la conmoción interior de la ternura, fue tan solo un hombre de Estado, de la vieja escuela española, quizá como Fernando V de Aragón".

A unas leguas de Tocaima, en Fontibón, a punto de alcanzar Bogotá, se produjeron otros encuentros entre Bolívar y Santander, de los que quedaron abundantes testimonios: dos coroneles, Vélez y Ortega, ardorosamente contrarios a la política de Bolívar, estaban dispuestos a todo. Vélez, según las crónicas, incluso había hecho testamento, pues iba dispuesto a convertirse en otro Bruto y acabar con la vida de Bolívar, sacrificando si era preciso la suya propia. El otro coronel, José María Ortega, era intendente gobernador y, en la parada de Fontibón, quiso dejar bien claro, en un discurso, que era firme partidario de la

Constitución y no de la política de Bolívar. Y el Libertador, que no pudo sufrir aquel ataque verbal, interrumpió ásperamente el discurso replicando que el momento demandaba celebrar las glorias del ejército y no hablar de obediencia a la Constitución, y le espetó luego al coronel: "¡Váyase usted! ¡Usted es un infame, un canalla!".

Las conciencias se volvían transversales y pasaban de una trinchera a otra sin ninguna justificación. Pocos días después, ya en Bogotá, un numeroso grupo de oficiales del ejército fue a cumplimentar a Bolívar. Entre ellos se encontraba Vélez, el Bruto dispuesto a sacrificar su vida. Al saludarle, Bolívar le reprochó que fuera su enemigo, y él respondió que era enemigo de sus opiniones políticas, no de su persona. Salvador de Madariaga lo cuenta así:

> Bolívar entonces aplaudiendo su firmeza, se levantó, le puso [a Vélez] en los hombros dos estrellas, signo del generalato, y así quedó todo concluido. Poco después apareció una partida en los libros del Tesoro Nacional de 4.000 pesos mandados dar a Vélez y de otros 4.000 mandados dar a Ortega, sin otra razón visible que la orden de darlos. Con esto y con otro generalato para Ortega, cortó los brazos de estos dos brutos.

El 14 de noviembre de 1826, Bolívar entraba en Bogotá, que otra vez le daba una bienvenida triunfal. El Libertador en estado puro: montando un caballo bayo elegantemente enjaezado, al que apenas dejaba paso la multitud congregada a pesar de la lluvia, el sombrero en la mano, que agitaba constantemente para saludar, nubes de pétalos de flores lanzados a su paso, el estruendo de bandas militares, las campanas de todos los templos repicando, las damas con sus más lujosos atavíos llenando los balcones, sorprendidas de ver por primera vez al ídolo sin patillas ni bigote, con la cara más rejuvenecida, sí, pero con el cuerpo menguado, lo que ya no podían ocultar sus enérgicas formas de jinete. En los once días que estuvo en la capital, antes de partir para Caracas, Bolívar asumió los poderes especiales que le concedía el artículo 128 de la Constitución colombiana para casos de guerra civil o rebelión. En su ausencia, el general Santander quedaba de dictador de Colombia, y Briceño Méndez, casado con una sobrina de Bolívar, de Ecuador.

En estos días la tristeza hace mella en el ánimo de Bolívar, que empieza a ver cómo su obra, tan duramente lograda, se va desmoronando, sus ideas no son comprendidas y su gloria se cuestiona. Escribe a Manuela una carta melancólica que se transforma en una angustiosa llamada de socorro:

> El hielo de mis años se reanima con tus bondades y gracias. Tu amor da una vida que está expirando. Yo no puedo estar sin ti, no puedo privarme voluntariamente de mi Manuela. No tengo tanta fuerza como tú para no verte. Apenas basta una inmensa distancia. Te deseo aunque lejos de ti. Ven, ven, ven luego. Tuyo de alma.

La carta tiene, por otra parte, una pequeña historia. Cornelio Hispano afirma, en su *Historia secreta de Bolívar*, haber visto la carta, sin fecha, en la colección de documentos inéditos de C. Witzke, director del Museo de Caracas. Manuela Sáenz le regaló la carta al general Rafael Urdaneta, y en la vuelta de la hoja se lee: "Esta carta fue a mí dirigida, ahora es de Ud. M. S.".

Otra vez a lomos de caballo y miles de kilómetros de caminos infernales. Cuando el doctor Reverend hizo la autopsia al cadáver de Bolívar, dijo con asombro que había encontrado que los músculos de las posaderas y de las piernas del Libertador parecían, más que músculos, almohadillas duras. La última contribución al endurecimiento será este viaje a Caracas, tan triste como inútil. El general Páez ya tenía firmemente decidido sacar a Venezuela de la gran Colombia y nada lo va a impedir. No era el tiempo todavía, sin embargo, para la ruptura entre los dos hombres, ambiciosos ambos, reacios en dar a torcer el brazo y tercos en defender sus ideas. El 4 de enero de 1827, Bolívar y Páez entran juntos en Caracas, en medio del esperado júbilo de la población y con las calles adornadas de guirnaldas, los aplausos atronadores y el sonar de las marchas de las bandas militares. La ceremonia se repetía una vez más en la vida de Bolívar: quince jóvenes vestidas de blanco

le entregaban dos coronas de laurel, una de las cuales le pasó inmediatamente a Páez. Y en un verdadero golpe de efecto, como si estuviera
premeditado, Bolívar se desabrochó la espada y, con un gesto amis-
toso, se la entregó a Páez, que la recibió emocionado. Con ella en las
manos, alzándola por encima de su cabeza para hacerla visible al gentío, pero ocultando sus intenciones, Páez la llamó espada redentora de
los humanos: "Antes pereceré cien veces y mi sangre será perdida, que
esta espada salga de mi mano, ni atente jamás a derramar la sangre que
hasta ahora ha libertado. ¡Conciudadanos: la espada de Bolívar está en
mis manos, por vosotros y por él iré con ella hasta la eternidad!".

Cuarenta años después, en 1866, Páez vivía en Nueva York, medio
exiliado por las convulsiones guerracivilistas de Venezuela. Debió de
considerar, entonces, que las heridas abiertas en su pugna con Bolívar
ya estaban cerradas. Y como señal de reconciliación definitiva, envió
al arzobispo de Caracas la espada que le había regalado el Libertador,
para que fuera colocada en la tumba de Bolívar, que por aquel tiempo
se encontraba en la capilla de la Santísima Trinidad de la catedral. La
espada de Páez y la espada de Lima fueron las más conocidas de las
muchas que usó Bolívar en su vida militar. Pero hubo una tercera,
en cuya fabricación estuvo involucrado Boussingault, que bien pudo
haber pasado también a la historia y no a la chatarrería, como fue su
destino final.

El viernes santo de 1810 cayó un aerolito en el pueblo de Santa
Rosa de Viterbo, en Boyaca, cuyo peso se calculó en cuatrocientos
kilos. A Boussingault le mostraron el bloque metálico aterrizado, que,
según el científico francés, tenía contentos a sus descubridores, "pues
en un país donde el hierro es una rareza, se consideraban muy felices
de haber encontrado algo que podían utilizar como un martillo". De
él fue la idea de forjar, con aquel metal de origen cósmico, que tenía
algo de divino, la hoja de una espada para Bolívar. La hoja llevaba la
inscripción: "Hecha con hierro caído del cielo para la defensa de la
libertad". Pero el hierro caído del cielo resultó de muy mala calidad.

V

*C*uando Bolívar abandonó Lima, dejó a dos personas de su confianza al frente de los asuntos más vitales del país: el general Andrés de Santa Cruz quedó encargado del poder ejecutivo, y el general Jacinto Lara al frente de la Tercera División Colombiana, que agrupaba a unos tres mil hombres acantonados en la capital. El coronel de esas fuerzas era el neogranadino José Bustamante. El ambiente político y militar en la capital limeña se enrarecía por momentos. Tres personajes, muy solapadamente al principio, estaban atizando las brasas del anticolombianismo: el mismo presidente del Consejo de Gobierno, el general Santa Cruz, el presidente de la Corte Suprema de Justicia, Manuel Vidaurre, y el sacerdote Francisco Javier de Luna Pizarro. La munición con la que surtían bajo cuerda el odio a Colombia era muy efectiva, pagada por el gobierno peruano. Un motivo aparentemente menor encendió la mecha. Los colombianos de la Tercera División arrestaron a algunos oficiales venezolanos, y este hecho, que se podría haber resuelto por las vías normales, dio origen a un auténtico motín, dirigido por el coronel José Bustamante.

A Manuela no le cogió por sorpresa este motín, que empezó el 26 de enero de 1827. Jonatás y Nathán le surtían de información sobre lo que se tramaba en la ciudad. Y va a tener una participación muy activa en los acontecimientos, hasta su arresto y expulsión del país. El motín había sido cuidadosamente planificado: eligieron una madrugada con eclipse de luna para aprovechar mejor la oscuridad de la noche; los amotinados, cuatro batallones y un escuadrón de caballería, actuaron con enorme rapidez. Fueron arrestados, mientras dormían, los jefes de la División, entre ellos los generales Jacinto Lara y Arturo Sandes, y conducidos, con otros dieciséis oficiales, al fuerte de El Callao. Pocas horas más tarde eran embarcados en el bergantín *Blucher* con rumbo al puerto de Buenaventura, en la costa colombiana. Días después zarparía, en la goleta *Pizarro*, rumbo a Guayaquil, donde atracó el 23 de febrero, el general Tomás de Heres, ministro de Guerra de Perú.

Manuela Sáenz vistió sus ropas de capitana y, pistolas en mano, se dirigió a uno de los cuarteles sublevados para convencer a los amotinados de que volvieran a la lealtad a Bolívar, porque ya estaba claro que la revuelta iba dirigida contra El Libertador. Sus esfuerzos fueron vanos, pero no por ello se desanimó, y continuó recorriendo otros acuartelamientos y originando tal alboroto que empezó a preocupar a los jefes de los amotinados, dada la personalidad y la conocida relación de Manuela con Bolívar. También empezaron a conocerse algunos detalles de la rebelión; por ejemplo, que Bustamante, sin ser consciente de ello, había sido el títere cuyos hilos manejó, desde Bogotá, el general Santander, quien personalmente no conocía al coronel sublevado. Consumada la rebelión, lo más urgente era cortar la comunicación con Bolívar, que se encontraba en Caracas, pues temían que la influencia del Libertador pudiera abortar el levantamiento. Al enterarse Bustamante de la actitud de Manuela, ordenó que fuera inmediatamente arrestada. La casa de Manuela en La Magdalena fue allanada y a ella la llevaron prisionera al convento de las Nazarenas. desde allí, ella le escribió al cónsul de Colombia, Cristóbal de Armero, para informarle de su situación:

> Señor Cónsul de Gran Colombia: deseo manifestarle como representante de la República a la que tengo el honor de pertenecer, que, a las doce de la noche del 7 de febrero de este año de 1827, fue allanada mi casa. Yo estaba en el pueblo de Magdalena, donde siempre he vivido. Me ordenaron que me entregara y que les siguiera detenida a la capital. Yo no podía hacerlo en seguida, a causa de mi mal estado de salud, y el resultado fue que un oficial quedó en mi habitación para tenerme vigilada toda la noche; todas las calles alrededor de mi casa estaban

llenas de tropa. Al día siguiente fui llevada al convento de las Nazarenas como prisionera de guerra o una criminal; no soy, claro está, esto último y no sé por qué razón he de considerarme lo primero. Hasta ahora no me han dicho la razón de mi encarcelación ni quién me acusa; todo el procedimiento es inquisitorial. Yo sostengo que soy colombiana y que falta aquí la consideración y la gratitud que deben a mi nación, y alego además los privilegios que los derechos del hombre conceden a las personas encarceladas, justa o injustamente. Pongo mi asunto en sus muy capaces manos. Yo no sé si hay razón o no para que se me juzgue como peruana; si es así, que me castiguen como peruana. El Gobierno ha olvidado el artículo 117 de la Constitución de este país. Mi vindicación es absolutamente necesaria. Permítame recordarle que, como representante de la República de Colombia, su deber es exigirla y que le incumbe hacer esto con toda la energía que corresponde a un representante. Insisto en que la justicia de mi caso hallará favor entre todos los hombres reflexivos, los únicos jueces competentes de una persona como yo, cuya única culpa es pertenecer a una República que ha hecho tanto bien al Perú.

Mientras Manuela pasa las horas, impotente, en una celda del convento, se suceden los acontecimientos. El coronel Bustamante había enviado a Bogotá a dos tenientes, con despachos donde se informaba al general Santander de lo ocurrido. La noticia fue recibida, el 9 de marzo, con manifestaciones de júbilo por los partidarios de Santander en toda Colombia, y en la capital repicaron las campanas de muchos templos y hubo alegría grande en sus calles. El general Joaquín Posada Gutiérrez dejó escrito en sus *Memorias* que "Santander se nos unió en la calle, y nos acompañó un gran rato, mostrando en su semblante, en sus arengas y en sus vivas a la libertad, el intenso placer que le dominaba, aunque alguna que otra vez no dejara de notársele una inquietud que se esforzaba en disimular". El general Santander se vio en la necesidad de contestar al coronel Bustamante en una carta donde aparentemente le censuraba la rebelión, pero aprobaba las razones que le habían llevado a convertirse en un ariete contra la Constitución vitalicia bolivariana y el poder omnímodo de Bolívar. En esa carta del 14 de marzo, Santander le dice a Bustamante que, aunque nunca lo había visto, conocía a su padre y a un hermano suyo, y se alegraba de "reconocerle como oficial liberal y obediente al gobierno". Al tener conocimiento de esa carta, Bolívar afirmó no soportar más la perfidia de Santander, y le escribió que no quería "responderle ni darle el título de amigo". El 29 de abril de 1827, el general Santander tomó el amargo trago de escribir a Bolívar: "No puedo menos que agradecer a Ud. mucho su carta del 19 de marzo, en que se sirve expresarme que le ahorre la molestia de recibir mis cartas, y que ya no me llamará su amigo". Agregaba que la carta de Bolívar no le había sorprendido, "porque hace más de un año que mis encarnizados enemigos están trabajando para separarme del corazón de usted; ya lo han logrado, ya podrán cantar su triunfo". Y añadía: "No escribiré más a usted, y en este silencio a que me condena la suerte, resignado a todo, espero que en la calma de las pasiones, que son las que han contribuido a desfigurar las cosas, usted ha de desengañarse completamente de que ni he sido pérfido, ni inconsecuente".

Otro suceso hubiera pasado inadvertido de no tratarse del personaje que se trataba. El 27 de marzo llega a Lima el general José María Córdoba, que se encontraba en Bolivia cuando la sublevación de Bustamante, a quien el gobierno de Colombia enviaba a la capital peruana para que intentara resolver el conflicto de la Tercera División. Solo quince días estuvo el general Córdoba en Lima, tiempo suficiente para que en una carta a Bolívar retratara al mariscal Santa Cruz de "sinvergüenza" y enfureciera al todopoderoso Vidaurre, por salir en defensa del Libertador, hasta el punto de que el presidente de la Corte Suprema de Justicia ordenó su inmediata expulsión del suelo peruano. Detrás del furor contra el general Córdoba y la inquina persecutoria contra Manuela Sáenz, Vidaurre tejía hábilmente su política antibolivariana. Córdoba, muy afecto a Bolívar, y Manuela, eran un obstáculo a vencer; con ellos en Lima, corría peligro de que alzaran bandera a favor del Libertador. El 14 de abril, con Manuela fuera de Lima, Vidaurre escribe a Santander:

Con noticias muy exactas que tuve de cuanto se imaginaba por Armero, y por esa mujer, cuya escandalosa correspondencia tanto ha insultado el honor y la moral pública, le hice llamar a las cuatro de la tarde. Le dije: la Manuela Sáenz se embarcará en veinticuatro horas. Si no lo hubiese verificado en ese tiempo la encerraré en Casas-matas. La tenía en un monasterio; pero burlaba la comunicación, y era visitada de continuo por los oficiales. Bustamante había manifestado los recelos tan fundados que tenía de una subversión. Varias tentativas habían sido sofocadas [...]. Señor Armero: sé muy bien cuanto se trata en casa de usted contra el Estado. No ignoro los privilegios de los ministros extranjeros, los que tienen sus límites. Si usted no varía de conducta, conocerá que la administración actual nada tiene de débil. Haré que se ponga a la casa de usted fuego y se convierta en pavesas. Tembló el infeliz: pidió dos días de término para que saliese la mujer, y cumplió la orden.

Ante el cariz que toman los acontecimientos, el general Córdoba envía a Bolívar un informe en el que detalla: "Vidaurre llamó a Armero, el cónsul de Colombia, y le previno que yo con los oficiales y tropa que aún había allí debía salir al día siguiente; que el pueblo estaba alarmado y mucho más con las expresiones que vertía Manuela Sáenz, la que también debía embarcarse conmigo". El 11 de abril, el general Córdoba y Manuela Sáenz abordan el barco a Guayaquil, cumpliéndose las órdenes de Vidaurre, que actuaba en Lima como el hombre fuerte del gobierno peruano. En el mismo barco viajaban el coronel Ramón Espina, compañero de Bustamante y firmante del acto de pronunciamiento, diez oficiales y ciento treinta hombres de tropa sacados de los hospitales. Lo que sucedió en la travesía enmarcaría el primer acto de la tragedia.

El general José María Córdoba, hermoso como un guerrero de la *Ilíada*, héroe de Ayacucho, cuya consigna a sus soldados al iniciarse la batalla ("¡De frente, armas a discreción, paso de vencedores!") resuena en la historia de América, contemplaba el horizonte en la proa con Lima a sus espaldas. José Hilario López, que sería presidente de Colombia, segundo del general Córdoba durante algún tiempo, lo retrató así en sus *Memorias*:

> Imagínese la belleza de aquel general de 25 años en ese instante sublime. Con su ligero uniforme azul, sin más galas que su juventud y su espada, agitando con la mano derecha el blanco sombrero de jipijapa y guiando con la izquierda el favorito castaño claro habituado por él a cabriolear y a saltar; su rostro encendido como el de Apolo, fulminaba el coraje de su alma, y sus palabras vibraban como el rayo por aquel horizonte de pólvora.

Así lo veía Manuela, moviéndose por la cubierta, atlético, con el suave balanceo de la nave, encendida de pasión y descarada, insinuándosele. Él resistía la tentación y ella pasaba de las miradas a las palabras. Francisco Giraldo, edecán de Córdoba, afirmaría que "las impertinencias de esta señora y su manera de ser para con Córdoba en la travesía fueron causa de algunos desaires por parte del general, todo lo cual motivó la enemistad que reinó después entre los dos, y que tan funesta fue, en el andar de los tiempos, al héroe de Ayacucho". Pilar Moreno de Ángel, biógrafa del general Córdoba, sentenció así el acoso de la quiteña: "Cuando una mujer, mucho más si es de temperamento impetuoso, como Manuelita, desea a un hombre y no es correspondida, su posible amor puede convertirse en odio y entrar en un vórtice peligroso". Lo cierto es que Córdoba quedó tan impresionado por la conducta de Manuela que, mucho después de aquel viaje, en una carta del 21 de julio de 1829 a James Herderson, cónsul general británico en Colombia, la califica de "escandalosa mujer pública".

El 4 de julio de 1827, Bolívar abandona Caracas. Ya no volvería a su ciudad natal. Los seis meses en la capital venezolana habían servido para evitar una guerra civil, auspiciada por la ambición de Páez, pero ya no se podría evitar la separación de Venezuela de la gran Colombia. Y en Guayaquil las cosas también pintan mal. El coronel Bustamante, tras sublevarse en Lima, parte con un contingente de unos dos mil hombres a Guayaquil con la intención de separarla de Colombia y anexionarla a Perú. El general Flores logró expulsarlo y mantener Guayaquil bajo la unidad colombiana. Pero también Flores, como Páez, parecía esperar el momento oportuno para separar a Ecuador de la gran Colombia. Casi en paralelo, en Perú habían abolido la Constitución bolivariana y nombrado presidente al general José de la Mar; y el general Sucre empezaba a tener serios problemas en la presidencia de Bolivia, a la que renunciaría unos meses después. De nuevo el vate Larriva componía sus versos:

> Sucre en el año 28
> irse a su tierra promete
> ¡Cómo permitiera Dios
> que se fuera el 27!

En septiembre de 1827, Bolívar vuelve a Bogotá, y en esta ocasión es recibido fríamente por el gobierno del general Santander. En la iglesia de Santo Domingo, reunido allí el Congreso, presta juramento como presidente de Colombia en una ceremonia gélida y desangelada. Bolívar empezaba a notar los efectos de la feroz campaña de los periódicos afectos al general Santander y, en especial, de *El Conductor*, dirigido por Vicente Azuero. Para Azuero, la crisis política planteada por la cerrazón de Bolívar de mantener la unión de Venezuela, Colombia y Ecuador, solo tenía dos salidas: la separación de las tres repúblicas o una federación, lo que beneficiaba al general Santander, que quería quedarse con Colombia, de lo que el Libertador no quería ni oír hablar. De carácter contradictorio, educado, escritor elegante, austero en sus costumbres, y, al mismo tiempo, irascible y de exaltada pasión política, Azuero había tomado a Bolívar como su bestia negra. Por el contrario, para el coronel llanero José Bolívar, hijo de un antiguo esclavo del Libertador, Bolívar era como Dios, y había jurado que le rompería los dedos a quien escribiera mal de Bolívar. En la calle del Comercio se encontró con Vicente Azuero y arremetió contra él. Al parecer, fue salvado por el general Córdoba, que pasaba por allí e impidió que se consumara la agresión, aunque el escritor salió con el cuerpo magullado.

VI

*T*ras desembarcar en Guayaquil, en compañía de Jonatás y Nathán, Manuela se dirigió a Quito, a casa de su hermano José María, y de allí se fue a Bogotá. En el camino, vio los desastres causados por la guerra y la desilusión de los nuevos tiempos; no había que aguzar mucho el oído para oír a la gente recordar con añoranza que vivían mejor con España. Caminos intransitables, puentes destruidos, escasez de alimentos, el comercio prácticamente paralizado, soldados convertidos en bandidos, el profundo desinterés de los ciudadanos, letreros contra Bolívar: esto veía Manuela en su viaje a Bogotá. Escoltada por un escuadrón de lanceros, al mando del coronel Charles Demarquet, era recibida con apatía o desprecio en los poblados que atravesaba. En enero de 1828 llega a Bogotá, que no constituía ninguna sorpresa. Bogotá era una ciudad ensimismada: oscura, ceremoniosa, formalista, de noches frías y días lluviosos, con la omnímoda presencia de la Iglesia, cuyos templos asaltaban al paseante a la vuelta de la esquina, y los veinte mil habitantes se regían por el toque de las campanas. Comparada con Cartagena o Popayán, Bogotá era una ciudad atrasada, rodeada por fértiles tierras que, en su gran mayoría, habían pertenecido a las comunidades religiosas establecidas allí desde el origen de la capital. Una de las mayores haciendas, conocida como Las Monjas, era propiedad del convento de Santa Inés. La influencia de la Iglesia resultaba abrumadora.

Los cronistas de la época aluden con frecuencia a Francisco Margallo como el gran fustigador de la moda femenina. Pero, a excepción del lujo de un camisón de seda de talle muy alto, la vestimenta de las bogotanas era modesta: traje de zaraza para el día a día, de muselina de lana para las fiestas, zapatos de cordobán, zarcillos grandes de oro y pañuelo de lana. Si el pañuelo era de seda podía pasar de generación en generación. Los hombres no vestían con más fasto: sombrero de jipijapa de Bucaramanga, capote de calamaco de colores subidos, chaqueta amplia de Cerinza, chaleco muy largo, pantalones de paño ordinario y zapatos de cuero de venado. El francés Gaspar Mollien, que realizó tareas de espionaje para su país, llegó a Bogotá en 1823 y escribió un libro en el que, refiriéndose a las bogotanas, decía que salían poco de sus casas debido a sus "espantosos males de estómago, producidos por el ajo, el tabaco, la carne de puerco y la chicha, cosas que usan en grandes cantidades, las tienen casi continuamente indispuestas". Por el contrario, un cronista inglés escribió: "Las damas de Bogotá parecen muy vivas y tienen un trato muy agradable. Son de corta estatura, y sus formas son tan delicadas como elegantes. Más que las otras mujeres de la América del Sur, tienen parecido con las andaluzas". En la construcción de las casas, decía Mollien, se empleaban adobes secados al sol, se cubrían con tejas y se enlucían las paredes; las ventanas eran muy pequeñas, con gruesos barrotes de madera y en las puertas apenas se usaban cerraduras, "pues las que se fabrican en el país no ofrecen ninguna seguridad". Bogotá tenía veintiséis iglesias, deslumbrantes de oro, nueve conventos de hombres y tres de mujeres, anotó el espía francés, se veían pocos negros por las calles, bien trazadas pero mal empedradas, y por las noches los faroles alumbraban a medias. La vieja sociedad bogotana, tan apegada a las formas tradicionales, empezaba a convivir, con no pocas dificultades, con los transgresores venidos de otras ciudades. En el siglo XIX la ciudad sufrió una gran transformación: en 1723 tenía 20.000 habitantes; en 1776, 19.479 y, en 1793, 17.095. En 1848 la ciudad alcanzaría 40.086 habitantes y las casas unas doscientas hectáreas de terreno.

En Bogotá se movía un extraño personaje, de nombre Juan Francisco Arganil que, en poco tiempo, había logrado crear una sociedad secreta para la que había captado a un buen número de bogotanos, muchos de los cuales tendrían un papel activo en el atentado contra Bolívar del mes de septiembre de 1828. O'Leary revela en sus *Memorias* que, a finales de 1826, empezaron a surgir unas sociedades secretas que se denominaban círculos, cuyo objetivo principal era minar la reputación del Libertador y sembrar la desconfianza en toda Colombia. El círculo principal residía en Bogotá y constaba de doce miembros, cada uno de los cuales era jefe de un círculo subalterno, que se componía igualmente de otros doce miembros, y así sucesivamente. Los jefes eran Santander y Azuero, que mantenían agitado el país concitando el odio contra el Libertador. A Boussingault no se le escapó el ambiente de conspiración que se respiraba en Bogotá. En una carta a su familia escribió:

> Se celebran regularmente reuniones nocturnas en las casas de la gente de posición y nadie trata de ocultar nada. La policía ha recibido órdenes de detener a los conspiradores, pero no hace nada [...]. El grupo más activo es el de unos jóvenes estudiantes que, con el pretexto de estudiar, se reúnen con varios profesores del colegio de San Bartolomé, quienes también están conspirando. Su finalidad secreta es derribar el gobierno de Bolívar. Sé todo esto porque la dirección está en manos de un francés muy viejo, el doctor Arganil, uno de los *sans-culottes* de Marsella y de la Revolución Francesa; de otro francés, muy inteligente, Auguste Hormet, y también de un oficial venezolano llamado Pedro Carujo.

Arganil es una sucesión de interrogantes que nunca se aclararon del todo. Llegó a Cartagena en 1824 como médico, y poco después se hallaba en Bogotá, donde no pudo ejercer por ser miembro de la Facultad Nacional. Entonces se dedicó al periodismo. Pero nunca se le conoció bien; según las versiones, era un *sans-culotte* marsellés, un fraile apóstata portugués, un feroz revolucionario jacobino, el hombre que había llevado en una pica la cabeza de la princesa Lamballe, decapitada en París.

Los bogotanos se resistían a perder sus costumbres y su ritmo de vida, todo muy acompasado, sin estridencias, como correspondía a una ciudad que, según las crónicas, carecía de historia. Manuela Sáenz aprendió muy pronto que, si recibía una esquela del tipo

"Doña Francisca de... saluda a usted y le ruega que venga esta noche a tomar en esta su casa el refresco que ofrece en obsequio de algunos amigos", quería decir, sencillamente, que la invitaban a tomar un auténtico chocolate. Para empezar, el cacao tenía que ser de Cúcuta y se había molido según la receta más ortodoxa, mezclado con canela aromática y humedecido con vino. Luego, cada pastilla se envolvía cuidadosamente en papel y se guardaba –esto era lo más importante– ocho largos años en un arcón de madera de cedro. Solo al cabo de ese tiempo, el chocolate estaba listo para ser utilizado. Cuando el agua hervía, se le echaba una pastilla y, después de dos hervores más, con un molinillo se hacía una espuma de azul y oro que exhalaba un perfume especial. También Manuela aprendería que al refresco al que había sido invitada tenía que ir vestida conforme a los cánones de la moda en las fiestas de las clases pudientes: camisón de seda de talle muy alto y descotado, con las mangas corridas y la falda estrecha. Los caballeros, por su parte, irían todos vestidos a la "bonapartina": zapato de hebilla, media de seda, pantalón rodillero con hebilla de oro, chaleco blanco y casaca sin solapas.

A Manuela le tenían preparada una casa frente a la iglesia de San Carlos, a muy pocos pasos del palacio que habitaba Bolívar, aunque en los días que llegó la quiteña se encontraba en la quinta que llevaba su nombre, pues el palacio había sido seriamente dañado por el terremoto del 16 de noviembre de 1827. Bolívar informó del sismo al general Briceño: "El 16 por la tarde hemos sufrido un fuerte terremoto; de resultas de él ha quedado la ciudad desamparada y bastante triste. Yo, que por entonces me hallaba en mi quinta, no he tenido novedad, ni mi habitación ha sido dañada".

En ese triángulo geográfico de la casa frente a la iglesia, el palacio de San Carlos y la quinta Bolívar transcurriría la vida bogotana de Manuela y, si bien en el palacio sucedería el hecho más trascendental de su relación con Bolívar, sin embargo, en la quinta pasó los días más ajetreados y felices, como un remedo de las jornadas inolvidables de La Magdalena, aunque Bogotá no era Lima sus sociedades se parecían. También en la quinta Manuela estuvo a punto de cortar definitivamente con Bolívar.

La quinta se extendía bajo los cerros Guadalupe y Montserrat. El terreno lo había comprado a la Iglesia, en 1800, el comerciante neogranadino José Antonio Portocarrero. Veinte años más tarde, el general Santander la compró por 2.500 pesos a los herederos de Portocarrero para que el gobierno se la regalase a Bolívar. En el documento de donación al Libertador, se afirmaba que se hacía "como una pequeña demostración de gratitud y reconocimiento en que se haya constituido este Departamento de Cundinamarca por tan inmensos beneficios de que lo ha colmado su excelencia restituyéndole su libertad". Cornelio Hispano la describía así:

> Una ancha portada, de verja de hierro, da acceso al patio empedrado de la quinta, donde murmuran perennes dos fuentes de mármol. Todavía se ven, al pasar, algunos de los cerezos y alcaparros bajo cuya sombra se paseaba el Libertador, y, por la huerta, hoy descuidada, parece aún divisarse la bonachona figura del chapetón José María Álvarez, soldado de Sámano, y después hortelano de Bolívar, llevando frescas hortalizas a la negra María Luisa, cocinera de la quinta en aquel tiempo.

José María Álvarez, según el escritor bogotano José Caicedo Rojas, era un español que había llegado con el virrey Sámano. De figura rechoncha, patiestevado y de carácter humilde y francote, se puso a temblar un día que Bolívar le mandó llamar, pues creyó ir a ser fusilado. En la quinta sucedió este dialogo:

–¿Cómo te llamas? –le preguntó Bolívar.
–José María Álvarez, un criado de vuecencia.
–¿De dónde eres?
–De Cartagena.
–No tienes facha de cartagenero.
–Quiero decir que me crié en Cartagena de Levante.
–¿Conque español y realista?
–Señor –dijo Álvarez temblando cada vez más– soy republicano.

–¿Español y republicano?

–Sí, vuecencia, nací en el valle de Andorra, que es una república de mi país. Mi madre era catalana y me trajo...

–¡Basta! ¿Eres casado?

–Tanto como casado no, no, vuecencia, pero... lo mismito que casado.

–¿Qué oficio tienes?

–En mi tierra era agricultor, aquí soy hortelano, para lo que mande vuecencia.

–Pues bien, te harás cargo de cultivar las huertas y jardines de esta quinta, si es que entiendes bien el oficio.

–Señor –dijo el chapetón haciendo brillar en sus ojos pequeños un rayo de alegría–, como la tierra sea buena y haya bastante abono, le haré dar unas escarolas, repollos y zanahorias como no las ha comido vuecencia en su vida y se ha de chupar los dedos. ¡Ahí me las den todas!, bizcochuelos y salchichones le haré producir, si es necesario.

–Anda y que te den todos los instrumentos necesarios y las semillas frescas que acaban de recibirse. Desde hoy tendrás veinte pesos mensuales.

Al cabo de unos días, pasó por el huerto Bolívar.

–¿Tenemos ya lechugas? –preguntó a Álvarez.

–¿Vuecencia está creyendo que es soplar y hacer botellas? ¡Antes de tres meses no tendremos legumbre alguna!

Las obras de restauración de la quinta, antes de ser entregada a Bolívar, se hicieron para glorificar al héroe, con matas de claveles donde estaban escritos los nombres de las batallas Boyacá, Carabobo... La exaltación alcanzaba su clímax en el comedor, situado entre dos jardines, con grandes ventanales. En las paredes, pintadas al fresco, se veían las cuatro estaciones y otras figuras alegóricas. En la testera principal, había un retrato del Libertador coronado por dos genios y la leyenda "Bolívar es el Dios de Colombia". La quinta fue para Bolívar más un lugar soñado para el descanso que un sueño hecho realidad. Solo pudo residir allí en breves temporadas. En una carta a

Santander del 27 de octubre de 1822, escrita en el pueblo ecuatoriano de Cuenca, decía:

> Mándeme usted componer la quinta, que es donde voy a vivir por enfermo, como usted mismo me ha indicado con mucha razón, y que es lo que más me ha seducido para ir allá, sin dejar de prestar todos mis servicios al Poder Ejecutivo. También me hará usted el favor de mandarme comprar platos y vasos y lo más preciso para comer en la quinta con pocos amigos, porque voy a vivir muy sobriamente en calidad de enfermo; pero que todo sea de lo mejor que se pueda conseguir. Pídale usted a Torres mis caballos y hágamelos cuidar, porque los que yo llevo llegarán tarde y estropeados. Yo entraré de noche para cortar todo ceremonial, y estaré en el palacio un solo día para recibir las visitas, para que no piensen que fue por desprecio que me voy a la Quinta.

En la estancia de Bolívar en Bucaramanga, Manuela, según todos los indicios, se quedó de dueña y señora de la quinta, que se convirtió en el centro del bolivarismo: allí se reunían los amigos del Libertador y seguían las intrigas de sus enemigos. Y la quiteña, con su uniforme de húsares, montando como un hombre los briosos caballos de su amante, sembraba el desconcierto en las calles bogotanas y alimentaba las bocas murmuradoras de la ciudad. Mientras a su alrededor el escándalo no cesaba, desplegaba su olfato político y, sin caer en menudencias o distracciones, manifestaba su espíritu revolucionario y clarividente informando a Bolívar. El 28 de marzo, apenas días después del viaje del Libertador a Bucaramanga, Manuela le escribe:

> En correo pasado nada dije a usted sobre Cartagena por no hablar a usted cosas desagradables; ahora lo hago felicitándole porque la cosa no fue como lo deseaban. Esto más ha hecho Santander, no creyendo lo demás bastante; es para que lo fusilemos. Dios quiera que mueran todos estos malvados que se llaman Paula, Padilla, Páez, pues de este último siempre espero

algo. Sería el gran día de Colombia el día que estos viles muriesen; estos y otros son los que le están sacrificando con sus maldades para hacerlo víctima un día u otro. Este es el pensamiento más humano: que mueran diez para salvar millones. Incluyo a usted dos cartas de Quito, y creo de mi deber decir a usted que ese señor Torres es hombre muy honrado y buen amigo. Si lo hace yo quedo contenta, y si no también, pues yo cumplo con Aguirre con esta insinuación y usted sabe bien que jamás he hablado a usted más que por los desertores o los condenados a muerte; si usted los ha perdonado, lo he agradecido en mi corazón sin hacer ostentación; si no les ha perdonado, lo he disculpado y sentido sin sentirme; yo sé bien cuanto puedo hacer por un amigo y ciertamente no es comprometer al hombre que más idolatro. Adiós, señor. Hace cinco días que estoy en cama con fiebre, que creí ser tabardillo, pero ha cedido y solo tengo ya poca calentura, pero mucho dolor de garganta y apenas puede escribir su Manuela.

Los tiempos se agitan y todo se precipita en la vida de Bolívar. En Bucaramanga se va a enterar de nuevos disturbios en Venezuela, donde se teme una insurrección de españoles y realistas, y en Cartagena se ha sublevado el general José Prudencio Padilla, probablemente instigado por Santander. Pero hay más: el mismo Santander, en Ocaña, donde asiste a la Convención con el ánimo de torcer el brazo a los bolivarianos, anda enredado en un complot para asesinar a Bolívar. El 6 de mayo de ese año de 1828, Perú de la Croix escribe en su *Diario* que el Libertador se ha dado cuenta de que las personas que le rodean en Bucaramanga habían extremado la vigilancia. Bolívar los reunió y les preguntó si sospechaban de algún complot. Según De la Croix, "el coronel Ferguson sacó una carta de O'Leary y la presentó a S. E., que después de haberla leído dijo: 'Seguramente que todos ustedes tenían conocimiento de esta carta'. El mismo coronel Ferguson contestó que a todos la había anunciado con condición de guardar el secreto sobre su contenido". La carta anunciaba un plan para asesinar a Bolívar: un oficial debía ir desde Ocaña a Bucaramanga, enviado por el general Santander, para perpetrar el asesinato. El plan, sin embargo, ya era conocido por Bolívar. Según De la Croix, Bolívar dijo: "Siendo así, lean ustedes la carta que Briceño me ha dirigido; yo no quería mostrarla a nadie, ni hablar de ella, pero pues que ustedes están instruidos del negocio, impónganse de todos los pormenores que O'Leary no ha dado en la suya". La carta de Briceño decía "que un asistente de confianza de Santander había oído a este hablar con Vargas Tejada, Azuero y Soto, del Libertador, lo que llamó su atención y oyó muy distintamente que trataban de enviar a Bucaramanga a un oficial para asesinarlo". De la Croix anota en su diario el 6 de mayo que el Libertador "dijo que aunque le es bien conocida la maldad del general Santander y de sus compañeros, no podía creer que llegase hasta formar tal proyecto", pero que no había dado importancia a la carta de Briceño debido a las dificultades de ejecutar el plan.

La primera intención de Bolívar fue viajar a Venezuela, pero desistió y dio instrucciones al general Páez para que pusiera fin a las revueltas. Lo de Padilla, que terminaría en la horca, cayó por su propio peso, sin necesidad de su intervención. A Venezuela y Cartagena se refiere en la última carta que le escribe a Manuela en Bucaramanga:

> Recibí, mi buena Manuela, tus tres cartas que me han llenado de mil afectos; cada una tiene su mérito y su gracia particular [...]. Una de tus cartas está muy tierna y me penetra de ternura; la otra me divirtió mucho por tu buen humor, y la tercera me satisface de las injurias pasadas y no merecidas. A todo voy a contestar con una palabra más elocuente que tu Eloísa, tu modelo: me voy para Bogotá; ya no voy a Venezuela. Tampoco pienso en pasar a Cartagena y probablemente nos veremos muy pronto. ¿Qué tal? ¿No te gusta? Pues, amiga, así soy yo que te ama con toda su alma.

Bolívar, en efecto, viaja a Bogotá, pues la Convención de Ocaña, que debía crear una nueva Constitución, ha sido un fracaso. En Bogotá, mientras tanto, el coronel Pedro Alcántara Herrán, intendente y comandante militar de Cundinamarca, convocó a la población a una asamblea general para el 13 de junio: su objetivo, dar a Bolívar facultades extraordinarias. La intención de Alcántara Herrán la expresa claramente en una carta al Libertador, el 12 de febrero, en la que le decía que "últimamente, lo diré con mi corazón, no conozco otra constitución, ni otra ley, que la voluntad de vuestra excelencia". La asamblea general, bien dirigida por Pedro Alcántara, acordó por unanimidad "que el Libertador presidente se encargue exclusivamente del mando supremo de la República, con plenitud de facultades, que por nuestra parte le concedemos en todos los ramos, los que organizará del modo que juzgue más conveniente para curar los males que internamente aquejan a la República".

Bolívar entra en Bogotá el 24 de junio y en la catedral asume la jefatura del Estado. El 27 de agosto el gobierno expedía un decreto orgánico por el cual Bolívar tomaba el poder absoluto, pero no con el título de dictador, sino con el de libertador-presidente, respaldado por un ejército de 45.000 hombres y el apoyo de los generales más prestigiosos: Urdaneta, Páez, Córdoba, Flores... El ambiente militarista que se respiraba en Bogotá se hacía inaguantable para los enemigos de Bolívar. Años después, desaparecido el Libertador, Mariano Ospina Rodríguez, intransigente antibolivarista, resumiría aquella época en estas palabras: "Es que ustedes, los jóvenes, no se imaginan lo que fue el sable venezolano. ¡Cómo se ve que no sufrieron ustedes los desmanes, insultos, atropellos de la soldadesca, ni tuvieron que sufrir que una barragana, como la que dominaba en palacio, se mofara de sus madres, de sus mujeres, de sus hijas!". En la ceremonia de aceptación de los poderes, Bolívar les dijo a los peruanos: "No retendré la autoridad suprema sino hasta el día en que me mandéis devolverla, y si antes no disponéis de otra cosa, convocaré dentro de un año la representación nacional". El mismo día hizo pública una proclama con este párrafo final: "No os diré nada de libertad, porque si cumplo mis promesas, seréis más que libres, seréis respetados; además, bajo la dictadura ¿quién puede hablar de libertad? Compadezcámonos mutuamente del pueblo que obedece y del hombre que manda solo".

Bolívar se instaló en el palacio de San Carlos, un edificio del siglo XVIII que había pertenecido a la Compañía de Jesús y luego se convirtió en cuartel; allí se siente en posesión de los resortes del poder. El general Guillermo Miller había observado, y dejó constancia en sus *Memorias*, que el carácter de Bolívar estaba viciado por la adulación. Y entre los aduladores se hallaban sus enemigos más peligrosos. Entre el poder y la adulación, un abismo se abría a sus pies. Manuela intentaba parar lo que a él le parecían desatinos. No existe constancia documental que permita afirmar si Manuela se opuso a la procesión que se organizó con un retrato de Bolívar, aunque es probable que así fuera. Razones no le faltaban. El intendente Pedro Alcántara Herrán quería realizar una procesión llevando a Bolívar en andas, como a un santo. Ante la negativa de Bolívar –¿le abrió los ojos Manuela diciéndole que era un desatino?–, Alcántara decidió que la procesión se realizara con un retrato del Libertador. La procesión, con Pedro Alcántara a la cabeza, recorrió las calles de Bogotá: la imagen de Bolívar, transportada a hombros por cuatro empleados municipales, se exhibió en medio del más absoluto desinterés de los bogotanos.

Bolívar agradecía la adulación, pero soportaba muy mal la crítica. O'Leary confirma en sus *Memorias* que los ataques de la prensa le irritaban. Sobre todo a partir de 1827, Bolívar incrementa su inquina contra la prensa no afecta a su persona, y a los periodistas los llamará, despectivamente, "plumarios". O'Leary informa a Bolívar de que el general Santander, ya fuera de prisión, parte al exilio en Europa. Y el 17 de agosto de 1829, Bolívar escribe a O'Leary:

Me impongo de la carta de usted del 7 de julio adicionada el 8, con la noticia de la libertad de Santander. Ahora crecerán en superlativo grado las detracciones, las calumnias y todas las furias contra mí. ¡Qué no escribirá ese monstruo y su comparsa en el norte, en Europa y en todas partes! Me parece que veo ya desatarse todo el infierno en abominaciones contra mí. Solo me consuela la esperanza de que usted y Wilson hagan frente y me defiendan.

Bolívar prepara la venda para la herida. En Londres, el cónsul de Colombia, Fernández Madrid, íntimo amigo y confidente, ha salido en su defensa en la prensa extranjera. Y a él le dirige estas líneas: "Doy a usted las gracias por la carta que usted dirigió al *Times*, y rogaría a usted que fuese más extenso en mis defensas, que serían bien necesarias ahora que anda suelto Santander, el que no dejará de inundar de calumnias la Europa y los Estados Unidos. Mis enemigos son muchos y escriben con gran calor, en tanto que mis defensas son bien tenues y frías". Ante esa velada acusación de tibieza, Fernández Madrid se vio obligado a responder a Bolívar: "Perdóneme usted que le diga que usted es demasiado sensible a la maledicencia, olvidando que la verdad y la virtud siempre han triunfado de ella".

Los historiadores afectos a Santander han defendido que, durante su exilio y hasta su vuelta a Colombia después de la muerte de Bolívar, el hombre de la Ley no escribió contra el Libertador en los periódicos europeos. El historiador García Ortiz informó de la existencia de una comunicación de Santander a Bolívar, fechada en París el 13 de abril de 1830, desconocida durante más de cien años. En ella decía Santander que "un silencio profundo que he estimado conveniente [...] es cuanto hasta ahora he opuesto a las violentas e injustas persecuciones que he padecido y padezco en odio de mi oposición franca y legal a la elevación de un poder absoluto sobre las ruinas de nuestra Constitución".

O'Leary relató así su primer encuentro con el general Santander:

> Era de regular estatura, un tanto corpulento, lo que le quitaba a su porte la gracia y dignidad en sus movimientos [...]. Su rostro grave revelaba energía y resolución, pero cierto descuido en el vestir le hacía deslucir los atractivos de su persona, a lo que también contribuían sus modales bruscos y su poca franqueza [...]. Decíase desde aquella época que veía con malos ojos a Bolívar y la autoridad que ejercía.

Boussingault también reflejó la enemistad de los dos políticos:

Yo he conservado un recuerdo poco agradable del general Santander. Era vicepresidente de la República cuando llegué a Bogotá. Buen mozo, con una figura interesante, ojos un poco oblicuos que demostraban su sangre india, de finos modales, instruido y muy trabajador [...]. Era un buen jefe de estado mayor en toda la extensión de la palabra. Se cuestionaba su valor, injustamente tal vez [...]. Santander terminó por conspirar contra Bolívar.

La vida de Manuela está marcada por la figura de Santander. Fue un odio mutuo. Solo a través de esos odios cruzados se puede explicar la vejación a que fue sometido Francisco de Paula Santander, vicepresidente de la República, el 28 de julio de 1828. Manuela había preparado ese día una gran fiesta en la quinta Bolívar. Los vinos de Burdeos y el champán corrían en abundancia. De pronto, una voz pronunció el nombre de Santander, y alguien –no hay acuerdo si fue idea de Manuela– propuso que podían fusilar una efigie del vicepresidente de la República, por traidor. La ocurrencia fue acogida entre gritos y aplausos; se confeccionó un bulto de trapo relleno de paja, "que tenía las canillas adornadas con medias de seda negra más largas que las de un gigante", según un testigo presencial. Sobre la cabeza colocaron un tricornio, Manuela dibujó los rasgos de la cara y colgaron un letrero con la leyenda: "F. de P. S. muere por traidor".

¿Fue fruto de la euforia inducida por el champán y el odio? Manuela debía de conocer, por las cartas de O'Leary y de Briceño, el plan de Santander para asesinar a Bolívar en Bucaramanga, urdido tres meses atrás. ¿Cómo no vengarse de aquella afrenta a su amante y su héroe? La descarga de fusilería que atronó la quinta, destrozando el muñeco de trapo, le sonaría a Manuela como una dulcísima canción de venganza. La macabra parodia del fusilamiento tuvo otras consecuencias. Manuela empezó a ser considerada algo más que una entretenida en la larga lista de amantes de Bolívar. En aquella escena de burda jocosidad cuartelaria se manifestaba el espíritu de una mujer singular. La ejecución se llevó a cabo como si fuera real. Se requirió un pelotón de fusilamiento. El alférez Nicolás Quevedo, sin embargo, se negó a participar, y el coronel Richard Crofton, invitado a la fiesta, ordenó que lo arrestaran. También asistía el presbítero Francisco Javier Guerra y de Mier, deán de la catedral de Bogotá. El burdeos y el champán ya habían hecho el suficiente efecto: el sacerdote administró, con la teatralidad del caso, la extremaunción a la figura de trapo, y Crofton dirigió el pelotón de fusilamiento.

Ni Córdoba ni Bolívar asistieron a la fiesta, aunque algunos historiadores, entre ellos José María Córdovez Moure, afirman que el primero sí estuvo presente. Salvador de Madariaga encontró en el Archivo Nacional de Londres una carta de puño y letra del Córdoba, "todavía con la arenilla que sobre la tinta vertió la mano del héroe de Ayacucho", fechada el 1 de agosto de 1828, que demuestra que no había sido invitado.

La inquina de Manuela contra Córdoba y el desprecio de este por la quiteña, quedan meridianamente expuestos en una carta del héroe de Ayacucho a Bolívar:

> Mi general, sé que V. E. está impuesto del suceso ocurrido en días pasados en la quinta de la señora Sáenz, pero tal vez no será con la exactitud del caso. Sé que V. E. ha tenido esto por grande incomodidad, y que ha mandado que se instruya sumaria contra los actores del hecho, o del crimen más bien, porque efectivamente fue un atentado contra el Gobierno y contra V. E. mismo, contra las Leyes, contra la sociedad y la disciplina, que debe observar el ejército. Pero estoy seguro que de esta sumaria no resultará nada, y esto más dará motivo a los enemigos de V. E. para apoyar su oposición y opiniones. Se dirá que V. E. ha tolerado o disimulado semejante falta por cometida contra Santander y por enemigo de V. E. y esto sería suponer una necia y ridícula venganza. La operación dicen que fue hecha en un muñeco figurando en él a Santander, que fue puesto en una especie de banquillo, y como un traidor fusilado por la espalda por soldados de granaderos que por desgracia estaban en aquel campo haciendo ejercicio; con asentimiento de su comandante Crofton sin duda pues era miembro y es-

taba presente en la función. Se ha dicho que la señora Sáenz fue la que promovió este escándalo y lo dirigió. Se ha dicho también en el *Público* cuando se esperaba que se fusilasen los promotores del motín hecho por la compañía de granaderos en Honda y luego fueron destinados a un cuerpo del sur que habían sido perdonados por favor concedido a la "presidenta". Se critica generalmente que la dicha se injiere en los negocios del gobierno y que se le oye. Los amigos de V. E. sienten mucho esta crítica y yo más que nadie, porque ningún otro tendrá por V. E. mayor deferencia y adhesión, y por estos sentimientos me serían muy sensible no tener siempre la razón de mi parte por hacer callar a los enemigos de V. E. si alguno se atreviese a hacerme alguna reconvención. He expuesto las premisas, las consecuencias se palpan acabando de leer lo que he dicho, y no las deduzco aquí porque sería demasiado mi atrevimiento: antes temo haberme excedido, y incomodar a V. E.; pero cuento con que V. E. si no me aprecia esta franqueza, me la disculpará al ver que procedo movido solamente porque V. E. gobierne y brille sin mancha. Señor, soy de V. E. con el mayor respeto su muy obediente servidor, José María Córdoba.

La carta muestra claramente que Manuela Sáenz había logrado hacerse con su cuota de poder, y que no eran puras habladurías de la oposición a Bolívar la crítica sobre su intromisión en los asuntos del Estado, sino que los amigos del Libertador se hacían eco de ese poder y esas influencias.

VII

*E*l "fusilamiento" del general Santander no solo va a servir para cerrar el peculiar triángulo de odio Manuela-Córdoba-Crofton, que tan funestas consecuencias iba a tener, sino para evidenciar que la quiteña había escalado los peldaños del poder político, y el mismo Bolívar parecía rendido, ya sin oponer resistencia, a su influencia. ¿Estaba dispuesto Bolívar a castigar a Crofton y a mandar a Manuela a su país tras el escándalo de la "ejecución" de su enrocado enemigo? Crofton era apenas un instrumento ejecutor, pero Manuela le servía de guía para caminar, con menos tropiezos, por la intrincada selva de las ambiciones y traiciones humanas. ¿Cómo podía olvidar Bolívar que tres meses antes Santander estaba implicado en un complot para asesinarle, y cómo no ver en el "fusilamiento" la mano vengativa de Manuela?

No se conoce con certeza, pero es más que probable que, poco tiempo después, Manuela advirtiera a Bolívar de que el general Córdoba, el apuesto héroe de Ayacucho, quería rebelarse contra él. Su intuición no la engañaba: se estaba incubando otra traición. No parece plausible, sin embargo, que a finales de julio y principios de agosto de 1828, los planes de Córdoba hubieran tomado cuerpo suficiente como para ser detectados por Manuela, a la que en cualquier caso solo guiaba el odio. El cruce de cartas entre Bolívar y Córdoba no deja adivinar ningún deterioro entre ambos, y aunque el Libertador era un experto simulador, bien entrenado en ocultar sentimientos cuando le convenía, su respuesta al héroe de Ayacucho parece libre de toda sospecha. Respondió así a Córdoba:

Mi querido general: Sabe usted que yo le conozco a usted por lo que no puedo sentirme con lo que usted me dice. Ciertamente conozco también y más que nadie las locuras que hacen mis amigos. Por esta carta verá usted que no los mimo. Yo pienso suspender al comandante de granaderos y mandarlo fuera del cuerpo a servir a otra parte. Él solo es culpable, pues lo demás tiene excusa legal, quiero decir, que no es un crimen público; pero sí eminentemente torpe y miserable. En cuanto a la amable Loca, ¿qué quiere usted que yo le diga a usted? Usted la conoce de tiempo atrás. Yo he procurado separarme de ella, pero no se puede nada contra una resistencia como la suya; sin embargo, luego que pase este suceso, pienso hacer el más determinado esfuerzo por hacerla marchar a su país o donde quiera. Mas diré que no se ha metido nunca sino en rogar, mas no ha sido oída sino en el asunto del C. Alvarado, cuya historia no me daba confianza en su fidelidad. Yo le contaré a usted y verá usted que tenía razón. Usted, mi querido Córdoba, no tiene que decirme nada que yo no sepa, tanto con respecto al suceso desgraciado de estos locos, como con respecto a la prueba de amistad que usted me da. Yo no soy débil ni temo que me digan la verdad. Usted tiene más que razón, tiene una y mil veces razón; y por lo tanto, debo agradecer el aviso que mucho debe haber costado a usted dármelo, más por delicadeza que por temor a molestarme, pues yo tengo demasiada fuerza para rehusar ver el horror de mi pena. Rompa esta carta que no quiero que se quede existente este miserable documento de miseria y tontería. Soy de usted afectísimo amigo y de corazón, Bolívar.

Al mismo tiempo que Bolívar enviaba esta respuesta al general Córdoba, el intendente Pedro Alcántara Herrán, según afirma Pilar Moreno de Ángel en su biografía de Córdoba, escribía a Buenaventura Ahumada, jefe de la policía de Bogotá, para que le informase de las circunstancias en que había ocurrido el fusilamiento "de un muñeco precediendo varias ceremonias misteriosas". Herrán agregaba que como el acto resultaba "sumamente escandaloso", era necesario averiguar quiénes eran sus autores y cómplices para que fueran puestos a disposición del juez. También intervino, para salvar las formalidades del caso, el ministro del Interior, José Manuel Restrepo, quien el 6 de agosto comunicaba oficialmente que "la Secretaría de Guerra ha dado orden para que se practique una información sobre el suceso". Informes ruidosos y pocos hechos: Manuela no fue obligada por Bolívar "a marchar a su país o donde quiera", ni el comandante de granaderos fue suspendido. La impunidad con que quedó el caso demostraba que el poder de la "presidenta" no era cosa de chismorreos y bochinches de la oposición a Bolívar, sino una realidad incrustada en la vida política colombiana.

A James Henderson, cónsul general de Inglaterra en Colombia, le debemos algunos detalles de esa impunidad. En un despacho a su gobierno, decía:

> El comandante Crofton, protagonista de este asunto [...] siguió aquí al mando de la caballería y fue ascendido. Poco después le dio un fustazo a un joven por suponerlo del partido liberal y se negó a ir al campo del honor como se lo reclamaba el agredido. El joven y sus amigos apelaron al Libertador, pero como Crofton siguió en el servicio, el ofendido Sr. Posada, pidió su pasaporte y se ha ido a Jamaica.

El plan criminal de Ocaña no había fraguado, pero los conjurados seguían intentándolo. Los partidarios del general Santander estaban dispuestos a todo con tal de poner fin a una política que, según ellos, envilecía al país y ultrajaba a los ciudadanos.

En esos días convulsos de mediados de 1828, un viejo amigo de Bolívar, el doctor Miguel Peña, le escribe una carta desde Cartagena advirtiéndole de Santander, quien "cree que el asesinato es un crimen para el pueblo, pero que entre los grandes es una astucia recomendable". Salvador de Madariaga, a la vista de este y otros datos, afirma que en Ocaña se había creado una junta de observación con el fin de encontrar el momento favorable para descargar el puñal sobre Bolívar. Bruto era el modelo de los santanderistas. Pero, ¿era Santander un nuevo Bruto? Hasta el 25 de septiembre, el general Santander transmitía a sus seguidores su repugnancia por el asesinato político. En ese sentido apuntan las noticias de que, cinco días antes de la "infausta noche", abortó un atentado contra Bolívar en la localidad de Soacha. Pedro Carujo informó a Santander del plan, pero, pocas horas antes, "horrorizado con un proyecto tan horrible le manifestó que por ningún caso pensase en ello". Entre los santanderistas la cuestión se veía de otra manera. Del centro literario Sociedad Filológica, en realidad un club de conspiración contra Bolívar, partió una nueva orden: el Libertador tenía que morir en el baile de disfraces que la municipalidad de Bogotá iba a celebrar en la noche del 10 de agosto de 1828, con motivo del noveno aniversario de la victoria de la batalla de Boyacá.

Manuela debió de tener información sobre ese intento de asesinato, e ideó una estratagema para salvarle. Según el cónsul inglés Henderson, Manuela acudió al baile disfrazada y se quitó la máscara, lo que enfadó a Bolívar, que rápidamente abandonó la fiesta y salvó así la vida. Marcelo Tenorio, comerciante, de ideas liberales, amigo del general Córdoba, fue testigo de la escena y quien mejor la describió. Bolívar se encontraba en compañía del coronel Ferguson. Escribe Tenorio:

> De repente vio pasar desgreñada, sucia y muy mal vestida a esa misma hermosa señora que dice el doctor González se le presentó con espada en mano la noche del 25 de diciembre [Manuela Sáenz]. Bolívar la conoció porque iba sin máscara, y volviéndose a su edecán le dijo, como dudando de lo que veía: "Coronel, es...?". "Sí, mi general". "Eso no se puede sufrir", replicó Bolívar y salió precipitadamente sin despedirse de nadie. Ferguson le preguntó si quería que lo acompañase, y contestó que no. El mismo coronel me ha referido lo expuesto. El general Córdoba, que estaba disfrazado, pero sin máscara, había salido al callejón de la entrada momentáneamente, y al pasar Bolívar junto a él, de quien no fue conocido, le dijo: "Qué, se

va usted, mi general?". "Sí, muy disgustado; acompáñeme y le contaré". Córdoba le dio el brazo, y media hora después volvió al baile [...]. Estando Carujo preso en el estado mayor, donde lo vi todos los días que allí permaneció, auxiliándolo con más de trescientos pesos que la generosidad de algunos patriotas le remitió conmigo, no solamente me confesó la resolución que hubo de matar a Bolívar en aquel baile, lamentando que se hubiera perdido aquella ocasión tan favorable.

El ardid de Manuela había dado resultado y Bolívar salvó la vida, pero, apenas este se alejaba del peligro, la Sociedad Filológica ya tramaba otro atentado para el 28 de octubre, festividad de san Simón apóstol, patrono del Libertador. Pero a Benedicto Triana, que llevaba dos años preso, se le fue la lengua por la ingesta de aguardiente. El 24 de septiembre sobornó a un guardia y salió a la calle, primero a la sede de su logia masónica y luego a una cantina. De regreso a la prisión, habló más de lo debido con el subteniente Francisco Salazar, a quien dijo que "iban a joder a ese viejo Bolívar, que ha dado en un tirano". Salazar tiró de ese hilo y dio con el ovillo de la trama. A las siete de la tarde del día siguiente, se celebró una reunión de urgencia en casa de Luis Vargas Tejada, que con Pedro Carujo y Florentino González componían la trinidad del complot: decidieron actuar esa misma noche. Por una carta de Bolívar al general Mariano Montilla, fechada el 30 de septiembre, podemos imaginar el aspecto físico de los conjurados, que fueron puestos en busca y captura. Así los describía Bolívar:

> Carujo, oficial de Estado Mayor, hombre de poco más de cinco pies, originariamente rubio, pero de una tez ya marchita y como de veintisiete o veintiocho años. Florentino González, joven como de veintidós o veintitrés años, ojos casi negros, pelo negro, como de cinco pies y medio de alto, desdentado delante, cejijunto, boca grande y labios algo vueltos. Luis Vargas Tejada, delgado de cuerpo, cosa de cinco pies y tres o cuatro pulgadas de alto, cara extremadamente larga, distancia de la boca al

extremo de la barba bastante excesiva, la barba puntiaguda y poblada: al andar inclinado adelante con el semblante siempre echado afuera: era uno de los secretarios de la Convención.

Vargas Tejada era poeta, y, en los días previos al 25 de septiembre, compuso estos versos:

> Si de Bolívar la letra que empieza
> y aquella con que acaba le quitamos,
> "Oliva", de la paz símbolo, hallamos.
> Esto quiere decir que la cabeza
> al Tirano y los pies cortar debemos
> si es que una paz durable apetecemos.

Auguste Hormet, al mando de diez ciudadanos, y Pedro Carujo, al frente de dieciséis soldados, sumaban los efectivos que lograron reunir, después de una deserción de más de cien conjurados. Hormet y sus hombres mataron a tres centinelas y entraron en el palacio de San Carlos, mientras los efectivos de Carujo vigilaban el exterior del edificio, cuya salvaguarda estaba encomendada a treinta y cinco militares. La inexperiencia de los hombres de Hormet y la falta de previsión de Carujo, que dejó sin vigilancia las posibles vías de escape, más la sangre fría de Manuela Sáenz, impidieron el éxito del complot. O'Leary, veintidós años después de lo que el bolivarismo llamaría la "noche nefanda", tuvo la sagacidad de escribir a Manuela Sáenz, en su exilio de Paita, proponiéndole que le hiciera un relato pormenorizado de sus recuerdos de aquel complot. Manuela aceptó la propuesta, y el 10 de agosto de 1850, excavando en su memoria, le envió un largo relato que, con la carta de su ruptura con Thorne, O'Leary incluyó en el tercer tomo de sus *Memorias*. Y, en una nota a pie de página, O'Leary copiaba una carta suya a un amigo que le había pedido un autógrafo de Bolívar:

> A propósito de autógrafos y del de Bolívar que le envío ahora, usted ha oído hablar, sin duda, de doña Manuela Sáenz, la

excéntrica *cara amica* del general Bolívar. Hace pocos días me mandó una orden para que me entregaran en Bogotá un cofrecito que contiene algunos centenares de cartas que le había dirigido su ilustre amante y todas de su puño y letra. Apenas he tenido tiempo de recorrerlas muy a la ligera. Nunca ha habido amante más ardiente ni más apasionado, y sin embargo, en esas cartas se trasluce un sentimiento de virtuoso pesar por sus ilícitas relaciones, como lo verá usted en esa carta cogida al acaso. Doña Manuela era casada y su marido, Thorne, adoraba con frenesí a su infiel esposa, que para arrancarle ese amor violaba sus juramentos y cada día le daba nuevas pruebas de infidelidad; pero en vano, él cada día la amaba más. Algunas de sus cartas son testimonio de su inextinguible pasión que ni el tiempo pudo destruir. No hace mucho que murió dejándole cuanto poseía. En sus cartas habla con frecuencia de sumas de dinero que le remitía, de 300 onzas y más, algunas veces, y siempre quejándose de que ella no aceptaba sus regalos y de que nunca le pedía dinero. Ella era el carácter más desinteresado que he conocido.

Y he aquí la copia de la relación que Manuela hizo de la infausta noche:

Señor general O'Leary, encargado de negocios de su Majestad Británica:
Me pide usted que le diga lo que presencié el 25 de septiembre del año 1828 en la casa de gobierno bogotano; a más quiero decirle lo que ocurrió días antes. Una noche, estando yo en dicha casa, me llamó una criada mía, diciéndome que una señora con mucha precisión me llamaba en la puerta de la calle; salí, dejando al Libertador en cama, algo resfriado. Esta señora, que aún existe, y me llamaba, me dijo que tenía que hacerme ciertas revelaciones nacidas del afecto al Libertador, pero que en recompensa exigía que no sonase su nombre; yo la hice entrar, la dejé en el comedor y lo indiqué al general. Él me dijo que es-

tando enfermo no podía salir a recibirla, ni podía hacerla entrar a su cuarto, y que yo la oyese, y que además ella no era lo que pretendía. Le di a la señora estas disculpas; la señora me dijo entonces que había una conspiración, nada menos que contra su vida; que había muchas tentativas, y que solo las dilataban hasta encontrar un tiro certero.

Que los conjurados se reunían en varias partes; una de ellas, en la Casa de Moneda; que el jefe de esta maquinación era el general Santander, aunque no asistía a las reuniones, y solo sabía el estado de las cosas por sus agentes. Pero que él era el jefe de la obra. Que el general Córdoba sabía algo, pero no el todo, pues sus amigos lo iban reduciendo poco a poco. En fin, la señora me dijo tanto, que ya ni recuerdo. El Libertador, apenas oyó nombrar al general Córdoba, se exaltó, llamó al edecán de servicio y le dijo: "Dígale usted a esa mujer que se vaya y que es una infamia el tomar el nombre de un general valiente como el general Córdoba". El señor Ferguson no fue tan brusco en su respuesta; pero la cosa quedó en ese estado. Vino entonces don Pepe París, y le dijo el general todo; este señor contestó: "Esas buenas gentes tienen por usted una decisión que todo les parece una conspiración". "Pero usted hable mañana con ella", le dijo el general.

No supe más sobre esto; pero en muy pocos días fue el acontecimiento que voy a contar:

El 25, a las 6, me mandó llamar el Libertador, contesté que estaba en cama con dolor en la cara; repitió otro recado diciéndome que mi enfermedad era menos grave que la suya, y que fuera a verlo; como las calles estaban mojadas me puse sobre mis zapatos, zapatos dobles (estos le sirvieron en la huida, porque las botas las había sacado para limpiarlas). Cuando entré estaba en baño tibio. Me dijo que iba a haber una revolución. Le dije "puede haber, enhorabuena, hasta diez, pues usted da muy buena acogida a los avisos". "No tengas cuidado —me dijo–, ya no habrá nada". Me hizo que yo le leyera durante el baño; de que se acostó, se durmió profundamente, sin más precaución que su espada y pistolas, sin más guardia que la de costumbre, sin prevenir al oficial de guardia, ni a nadie, contento con que el jefe de estado mayor, o no sé lo qué era, le había dicho que no tuviera cuidado, que él respondía (este era el señor coronel Guerra, que dicen que dio para esa noche santo, seña y contraseña, y más al otro día estaba prendiendo a todos, hasta no sé quién denunció a dicho jefe). Serían las doce de la noche cuando latieron mucho dos perros del Libertador, y a más se oyó algún ruido extraño que debe haber sido al chocar con los centinelas, pero sin armas de fuego para evitar el ruido. Desperté al Libertador, y lo primero que hizo fue tomar su espada y una pistola y tratar de abrir la puerta; lo contuve y le hice vestir, lo verificó con mucha serenidad y prontitud. Me dijo: "Bravo, vaya, pues, ya estoy vestido y ahora ¿qué haremos? Hacernos fuertes". Volvió a querer abrir la puerta, y lo detuve. Entonces se me ocurrió lo que había oído al mismo general un día: "¿Usted no le dijo a don Pepe París que esta ventana era muy buena para un lance de estos?".

"Dices muy bien", me dijo, y se fue a la ventana; yo impedí el que se botase porque pasaban gentes, y lo verificó cuando no hubo gente, y porque ya estaban forzando la puerta. Yo fui a encontrarme con ellos, a darle tiempo que se fuese; pero no tuve tiempo para verlo saltar, ni para cerrar la ventana. Desde que me vieron me agarraron y me preguntaron: "¿Dónde está Bolívar?"; les dije que en el Consejo, que fue lo primero que me ocurrió; registraron la primera pieza con tenacidad, pasaron a la segunda y viendo la ventana abierta, exclamaban: "¡Huyó, se ha salvado!". Yo les decía: "No, señores, no ha huido, está en el Consejo". "¿Por qué está abierta esa ventana?". "Yo la acabo de abrir porque deseaba saber qué ruido había". Unos me creían y otros se pasaron al otro cuarto, tocando la cama caliente y más se desconsolaron, por más que yo les decía que yo estaba acostada, esperando que saliese del Consejo para darle un baño; me llevaban a que les enseñara el Consejo (pues usted sabe que siendo esa casa nueva, no conocían cómo estaba repartida, y el que quedó de entrar a enseñarles se acobardó, según se supo después); yo les dije que sabía que había esa reunión que le llamaban Consejo, a la que asistía todas las noches el Libertador, pero yo no conocía el lugar.

Con esto se enfadaron mucho, y me llevan con ellos, hasta que encontré a Ibarra herido, y de que me vio me dijo: "¿Conque han muerto al Libertador!". "No, Ibarra, el Libertador vive". Conozco que ambos estuvimos imprudentes; me puse a vendarlo con un pañuelo de mi cara. Entonces Zulaibar me tomó por la mano para hacerme nuevas preguntas; no adelantando nada, me condujeron a las piezas de donde me habían sacado, y yo me llevé al herido y lo puse en la cama del general. Dejaron centinelas en las puertas y ventanas y se fueron.

Al oír pasos de botas herradas me asomé a la ventana y vi pasar al coronel Ferguson, que venía a la carrera de la casa donde estaba curándose de la garganta; me vio con la luna, que era mucha, me preguntó por el Libertador, y yo le dije que no sabía de él, ni podía decirle más por los centinelas; pero le previne que no entrara porque lo matarían; me contestó que moriría llenando su deber. A poco oí un tiro; este fue el pistoletazo que le tiró Carujo, y además de un sablazo en la frente y en el cráneo; a poco se oyeron unas voces en la calle, y los centinelas se fueron, y yo tras ellos a ver al doctor Moore para Andresito. El doctor salía de su cuarto y le iban a tirar, pero su asistente dijo: "No maten al doctor"; y ellos dijeron: "No hay que matar sacerdotes". Fui a llamar al cuarto de don Fernando Bolívar, que estaba enfermo, lo saqué y lo llevé a meter al cuarto de Ferguson, pues yo lo creía vivo, lo puse en el cuarto de José (que estaba de gravedad enfermo, si no muere, porque él se habría puesto al peligro).

Subí a ver los demás; cuando llegaron los generales Urdaneta, Herrán y otros a preguntar por el general, entonces les dije lo que había ocurrido, y lo más gracioso de todo era que me decían: "¿Y dónde se fue?", cosa que ni el mismo Libertador sabía adónde iba. Por no ver a Ibarra me fui hasta la plaza, y allí encontré al Libertador a caballo, hablando con Santander y

Padilla, entre mucha tropa que daba vivas al Libertador. Cuando regresó a la casa me dijo: "Tu eres la Libertadora del Libertador". Se presentó don Tomás Barriga y le iba a arengar; pero el general, con esa fogosidad que usted tanto conocía, le dijo: "Sí, señor; por usted y otros como usted que crían malcriados a sus hijos hay estas cosas, porque de imbéciles confunden la libertad con el libertinaje". Fueron muchos extranjeros, entre ellos el señor Illingwort, y todos fueron muy bien recibidos. El Libertador se cambió de ropa y quiso dormir algo; pero no pudo, porque a cada rato me preguntaba algo sobre lo ocurrido y me decía: "No me digas más"; yo callaba, y él volvía a preguntar, y en esta alternativa amaneció: yo tenía gran fiebre.

El Libertador se molestó mucho con el coronel Crofton, porque él apretó el pescuezo a uno de los que condujo al palacio, a quien el general mandó dar ropa para que se quitase la que tenía mojada, buscándola entre la suya, y los trató a todos con mucha benignidad; por lo que don Pepe París le dijo: "¿Y a este hombre venían ustedes a matar?". Y contestó Hormet: "Era al poder y no al hombre"; entonces fue cuando tuvo lugar la apretada, a tiempo que entraba el Libertador, y se puso furioso contra ese jefe afeándole su acción de un modo muy fuerte.

Dicen que les aconsejó a los conjurados que no dijeran a sus jueces que traían el plan de matarlo, pero que ellos decían que habiendo venido a eso, no podían negarlo. Hay otras tantísimas pruebas que dio el general de humanidad, que sería nunca acabar. Su primera opinión fue el que se perdonase a todos; pero usted sabe que para esto tenía que habérselas con el general Urdaneta y Córdoba, que eran unos de los que entendían en estas cosas. Lo que no podré dejar en silencio es que el Consejo había sentenciado a muerte a todo el que entró en palacio, y así es que excepto Zulaibar, Hormet y Azuerito, que confesaron con valor, como héroes de esa conspiración, los demás todos negaron, y por eso dispusieron presentármelos a mí a que yo dijese si los había visto; por esto el Libertador se puso furioso. "Esta señora –dijo– jamás será el instrumento de muerte ni la delatora de desgraciados". No obstante esto, me presentaron ya en mi casa a un señor Rojas, y consentí en verlo, porque tuve muchos empeños de señoras para que dijese que no lo había visto; así lo hice; mas una criada mía y un soldado que entraban a tiempo, lo conocieron; pero yo compuse la cosa con decir que si más caso hacían de lo que ellos decían que de mí; y los que lo acusaban estaban equivocados, y se salvó. Dije también que don Florentino González me había salvado la vida diciendo: "No hay que matar mujeres"; pero no fue él, sino Hormet al tiempo de entrar, cuando hicieron los tiros.

Entraron con un puñal en mano y con un cuero guarnecido de pistolas al pecho; puñal traían todos, pistolas también; pero más creo que traían Zulaibar y Hormet; entraron con farol grande algunos artilleros de los reemplazos del Perú. Estos señores no entraron tan serenos, pues no repararon ni en una pistola que yo puse sobre una cómoda, ni en la espada que estaba arrimada, y además en el sofá del cuarto había fuerza de pliegos cerrados, y no los vieron; cuando se fueron los escondí debajo de la estera.

El Libertador se fue con una pistola y con el sable que no sé quién le había regalado en Europa. Al tiempo de caer en la calle pasaba su repostero y lo acompañó. El general se quedó en el río, y mandó a este a saber cómo andaban los cuarteles; con el aviso que le llevó salió y fue para el de Vargas. Lo demás, usted lo sabe mejor que yo, sin estar presente, que si está, yo sé que usted habría muerto. No se puede decir más, sino que la Providencia salvó al Libertador, pues nunca estuvo más solo; no había más edecanes que Ferguson e Ibarra, ambos enfermos, en cama; el uno en la calle y el otro en casa, y el coronel Bolívar donde el general Padilla. Nuestro José muy malo; don Fernando, enfermo; la casa era un hospital.

Cuando el general marchó de Bogotá, no sé para dónde, fue cuando me dijo: "Está al llegar preso el general Padilla; te encargo que lo visites en su prisión: que lo consueles y lo sirvas en cuanto se le ofrezca". Así lo hice yo. El señor general Obando, a quien Dios guarde por muchos años, ha dicho en Lima, antes de ahora, que yo, en medio de mis malas cualidades, tenía la de haberme portado con mucha generosidad, a lo que yo contesté que esa virtud no era mía, sino del Libertador. Baste decir a usted que yo tuve en mi casa a personas que buscaban, y que el Libertador lo sabía.

Al general Gaitán le avisaba que se quitase de tal parte porque ya se sabía. Al doctor Merizalde lo vi yo en una casa al tiempo de entrar yo a caballo, y le dije a la dueña de la casa: "Si así como vengo con un criado viniese otra persona conmigo, habrían visto al doctor Merizalde; dígale usted que sea más cauto".

Tal vez sería por eso que después de muerto el Libertador me hizo comadre Merizalde.

Infinitas cosas referiría a usted de este género, y las omito por no ser más larga, asegurándole a usted que en lo principal no fui yo más que el instrumento de la magnanimidad del gran Bolívar.

Paita, 10 de agosto de 1850. Manuela Sáenz.

VIII

*B*olívar pudo salvar la vida porque la ventana por la que saltó a la calle no estaba vigilada por los hombres de Carujo. Una vez en la calzada, el Libertador y uno de sus sirvientes fueron a refugiarse bajo el puente del Carmen, en el río San Agustín, donde pasarían tres horas hundidos en el fango y tiritando de frío, hasta que oyeron voces amigas y se vieron salvados. Ya sobre el puente, Bolívar pidió un caballo y se dirigió a la plaza Mayor, donde empezaba a congregarse una gran muchedumbre, que le recibió con gritos y vivas de júbilo, ante lo que, a punto de desmayarse, el Libertador exclamó: "¡Queréis matarme de gozo, estando próximo a morir de dolor".

El verdadero dolor llegaría días después, cuando conoció las raíces del complot. No había sido obra de unos exaltados políticos, sino el reflejo del resentimiento del pueblo contra su política. En pocos días, la figura de Bolívar se había cargado de años. Augusto Le Moyne, funcionario del gobierno de Francia que le visitó por entonces, nos dejó un retrato lastimoso del Libertador:

> Fuimos recibidos por una señora llamada Manuela Sáenz, la misma que la noche del 25 de septiembre exhibió tanto valor al salvar la vida del Libertador. Nos dijo que la salud de este no era buena, que había tomado un purgante aquella misma mañana y no se sentía bien [...]. A los pocos minutos apareció un hombre con un rostro largo cetrino, de aspecto enfermizo, enfundado en una bata, con gorro de dormir y zapatillas; sus delgadas piernas estaban enfundadas en unos pantalones de franela mal ajustados [...]. Más parecía un hombre camino del cuarto de baño que de

una persona recibiendo visitas [...]. "¡Oh, cielos –contestó mostrándonos sus esqueléticos brazos–, no son las leyes naturales lo que me ha reducido al estado que ven, sino la amargura que hay en mi corazón. Esta gente, que no pudo matarme con sus cuchillos, me ha asesinado moralmente con su ingratitud y sus calumnias. En otros tiempos me alababan como si fuera un dios y ahora quieren matarme con sus palabras. Cuando yo deje de existir, esos demagogos se devorarán entre sí, como lo hacen los lobos, y el edificio que construí con esfuerzos sobrehumanos se desmoronará en el fango de las revoluciones".

Bolívar no se quedaría en la conmiseración: la hora de la represión había llegado. La enfermedad que ya le minaba, y que terminaría acarreándole la muerte, los desengaños de los hombres y las desilusiones de su política, se concentraban para mostrar el despotismo que Bolívar había combatido con tanta dureza. Un clima de terror se cernió sobre Bogotá. El severo decreto, con durísimas penas para los conjurados, firmado el 28 de febrero de 1828, se empezó a aplicar. Ejecuciones, destierros, prisión, degradación militar, cierre de logias masónicas, prohibición de los maestros, todo contribuía a enrarecer el ambiente, ya de por sí cargado de pasión política. De los cincuenta y nueve miembros del complot, ocho fueron absueltos, catorce condenados a muerte, cinco mandados a un exilio interno, tres huyeron y los demás quedaron en la cárcel. Tras el proceso, sin garantías judiciales, fueron pasados por las armas Hormet, Zulaibar, el coronel Ramón Nonato Guerra y el general José Prudencio Padilla. Los dos últimos fueron fusilados el día 2 de octubre, a las once y media de la mañana. El coronel, antes de ser ejecutado, gritó que no era Bolívar quien le fusilaba, sino "Córdoba el que me asesina", aludiendo a su participación como fiscal en Popayán en un juicio contra Córdoba. El general Padilla, cuando le arrancaron las condecoraciones, gritó: "¡Esas medallas me las dio la República, no Bolívar. Viva la libertad!". Los cadáveres de ambos, en mangas de camisa, fueron colgados de las horcas a las que habían sido sentenciados; al no encontrar verdugo, decidieron fusilarlos. Unos religiosos les darían sepultura en la iglesia de San Agustín.

Florentino González se libró de la pena capital, condenado en ausencia. En sus memorias escribió sobre la noche nefanda, refiriéndose a Manuela Sáenz sin nombrarla:

> Cuando rompimos la puerta de su cuarto de dormir, ya Bolívar se había salvado. Nos salió al encuentro una hermosa señora, con una espada en la mano, y con admirable presencia de ánimo y muy cortésmente nos preguntó qué queríamos. Correspondimos con la misma cortesía, y tratamos de saber por ella en dónde estaba Bolívar. Alguno de los conjurados llegó después y profirió amenazas contra aquella señora, y yo me opuse a que las realizara, manifestándole que no era aquel el objeto que nos conducía allí. Procedimos a buscar a Bolívar y un joven negro que le servía nos informó que se había arrojado a la calle por la ventana, que Carujo había descuidado guardar, y adquirimos la certidumbre de que Bolívar había escapado. Vi que se había frustrado nuestro plan, y me dirigí a la calle para escaparme, con Azuero, Acevedo, el doctor Mariano Ospina y otros. Yo me fui para mi casa a tomar mi caballo para huir de la capital.

Una escena de tragicomedia: un Bruto persiguiendo a un don Juan y, en medio, la amante salvadora. En su relato, Manuela no revela haber sufrido agresión física, lo que quizá calló por discreción, para no arrogarse protagonismo o por no insistir en lo que ya conocía bien O'Leary. Tampoco Florentino González alude a tales agresiones, que pudo callar por vergüenza. Boussingault, sin embargo, sí menciona la violencia que sufrió Manuela: "La derribaron, la maltrataron y uno de los conspiradores le golpeó la cabeza con sus botas. Diez puñales le amenazaron, pero ella no cesaba de gritarles: 'iMátenme, cobardes, maten a una mujer'. Durante largo tiempo se veía aún en la frente de Manuelita la huella del golpe que le habían dado". Salvador de Madariaga constata que los conspiradores "dieron suelta a su furia dando a Manuela fuerte paliza con el plano de la espada, al punto de que doce días después, el 7 de octubre, seguía todavía en cama", según reveló en un informe, fechado en Bogotá ese mismo día, el cónsul James Henderson.

Fernando Bolívar, sobrino del Libertador, el último de sus secretarios, escribió unos recuerdos para sus hijos, sin intención de publicarlos. Se encontraba, en efecto, enfermo esa noche en el palacio de San Carlos. Según sus recuerdos:

> Oí una voz de mujer que me llamaba y reconocí la de Manuela Sáenz que me impuso de todo lo que había pasado [...]. Habiéndoles dicho con la mayor presencia de ánimo que aquel a quien buscaban estaba en el salón del Consejo de Gobierno lo creyeron fácilmente y le ordenaron que los condujese allá. Ella se dirigió en la dirección opuesta al dormitorio del Libertador para ocultar su evasión y evitar que lo fuesen a buscar en la dirección que había tomado. Como en los salones no había nadie y estaban trancados, los conspiradores comprendieron el engaño de que habían sido juguete y entonces la injuriaron y maltrataron con golpes y se cree que uno de ellos interpuso su mediación para que no siguiesen [...]. Como a las tres de la mañana regresó el Libertador al palacio, quizá eran las dos, eso debe constar en la historia y no sería raro que a mí me hubiese parecido largo el tiempo que pasó; jamás me olvidaré las impresiones de aquella noche aciaga, y recuerdo como si fuese ayer la expresión, serena pero vaga que noté en su semblante al sentarse sobre el sofá de su antecámara y la mirada escrutadora con que observó el gentío que le seguía y que llenó el cuarto por algunos momentos.

Poco debió de dormir Bolívar esa noche, pues Joaquín Mosquera, estrecho colaborador suyo como ministro plenipotenciario ante las repúblicas del Pacífico, ya estaba en el palacio de San Carlos a las nueve de la mañana del día 26. Al llegar, según relataría años después el diplomático, se encontró con que el mayordomo de Bolívar, José Palacios, estaba en cama, con una grave fluxión en un brazo; el doctor Moore, también enfermo; O'Leary, ausente en una misión;

el secretario Santana había sido despedido. Conclusión del visitante: "El Libertador carecía de todos los servicios de sus familiares cuando más había menester de ellos". ¿Y Manuela Sáenz? Joaquín Mosquera no la nombra, tal vez para no dejar testimonio de su íntima cercanía con el Libertador, o por venganza: Mosquera no podía olvidar que, cuando fue nombrado presidente de la República de Colombia, Manuela se convirtió en su enemiga acérrima. Este es el relato de Mosquera:

> Viniendo él a mi encuentro con un semblante pálido y melancólico, observé que estaba afectado por una tos seca pulmonar y, procurando no dejar conocer mi alarma, le pregunté si ya se había dado un baño caliente a los pies para mitigar aquella tos y prevenir en tiempo las malas consecuencias de la humedad que durante la noche había cogido en el río San Agustín. Él me confesó: "No me he aplicado nada, ni me he desayunado", y serían las nueve del día. Entonces le supliqué que se recogiese a su dormitorio, y, habiéndose prestado a ello, le di el brazo y le acompañé hasta el lecho. Mientras se desnudaba, fui a la cocina y ordené calentar un perol de agua para darle un baño de pies y prepararle una tisana caliente de amapolas y goma.

Hay otro relato aún más esclarecedor, no solo porque nombra al agresor de Manuela, sino porque es el único testimonio, puesto en boca de Córdoba, del odio que se profesaban el héroe de Ayacucho y la quiteña.

El comerciante Marcelo Tenorio y el general Córdoba pertenecían a la misma logia masónica y les unía una gran amistad. El 1 de noviembre, cuando ya se había dictado sentencia de muerte contra Florentino González por su participación en la conjura, estaban juntos en la casa donde vivían. Fueron a visitarles la madre y la hermana de González que, puestas de rodillas, con alaridos y súplicas, les pedían que salvaran a su hijo y hermano. Cuando las mujeres abandonaron la casa, Córdoba, que en principio se había negado a interceder, cambió de parecer y salió a la calle. Regresó a la casa al cabo de unas horas, y confesó a Tenorio, según el testimonio que este publicó en el *Neogranadino*, lo siguiente:

Felizmente, me dijo, hallé en el palacio hablando con el viejo [Bolívar] a esa señora [Manuela] a quien González favoreció la noche de la revolución, salvándola del furor del negro Lopótez; y estaba tan interesada en salvar la vida a González, que sin embargo que me detesta, y yo más a ella, me dirigió la palabra a mi llegada, suplicándome la ayudase en su noble empresa. "Señora –le contesté–, con todas mis fuerzas lo haré, pues yo vengo con ese mismo objeto [...]. Volviéndose [Bolívar] hacia la señora, le dijo: "No morirá ese joven caballero".

Pero si Manuela Sáenz logró salvar la vida de Florentino González, iba a fracasar en su ardiente deseo vengativo de que Santander fuera, en aquella ocasión, verdaderamente fusilado. El 26 de septiembre, a tempranas horas de la mañana, Santander fue detenido e incomunicado. Años después, en sus *Escritos autobiográficos*, Santander achacó el fracaso del complot a la audacia de los jóvenes conspiradores y a la improvisación con que fue ejecutado.

El proceso contra el general fue largo y complicado. Santander tenía previsto viajar a Estados Unidos a finales de 1828, ante cuyo gobierno Bolívar le había nombrado ministro plenipotenciario, después de su cese como vicepresidente. Todo le apuntaba a él como el inductor del complot, pero faltaban pruebas sólidas para poder dictar sentencia de muerte. En estas circunstancias, le llegó al juez que atendía la causa, general Rafael Urdaneta, una propuesta insólita: el coronel Pedro Carujo, quien había matado al coronel Ferguson en la noche nefanda, huido de la justicia, se prestaba a declarar contra Santander a cambio de una garantía sobre su seguridad personal. El juez vio el cielo abierto, y el general Córdoba, que había sustituido a Urdaneta como ministro de Guerra y Marina, firmó el oportuno decreto por el que se le concedía a Carujo, "usando de la magnanimidad" del Libertador, el indulto y un pasaporte para salir del país. Su declaración se consideraba decisiva, pues el proceso estaba estancado. El día 21 de octubre, el general Urdaneta afirmaba que "nadie duda de que Santander es el alma del negocio, pero el plan estaba concebido de tal forma que los agentes del mismo casi no se conocían entre sí", lo que dificultaba en gran medida las investigaciones. Las declaraciones de Carujo fueron menos contundentes de lo que se esperaba, pero finalmente el hombre de la Ley fue condenado a muerte el 7 de noviembre de 1828, previa degradación de su rango militar y confiscación de todos sus bienes. La sentencia debería ser aprobada por Bolívar.

Al conocerse el veredicto, un interrogante quedó flotando en el aire: ¿permitiría Bolívar que el general Santander se enfrentara al pelotón de fusilamiento? Todas las fuentes históricas, basándose más en suposiciones que en documentos, señalan que Manuela Sáenz desplegó toda su energía para que Bolívar confirmara la pena de muerte. Era la hora de su venganza: convertir en realidad lo que fue una ficción, y que las balas no se llevaran por delante el relleno de trapos de un muñeco, sino la vida del hombre que la trataba como a una ramera y a Bolívar como a un usurpador. Bolívar consultó con su consejo de ministros, que estuvo reunido los días 7 y 8 de noviembre. El consejo recomendó conmutar la pena de muerte por destierro de la República de Colombia. Bolívar aceptó la recomendación, con gran disgusto y contrariedad de Manuela y alivio de la mayoría de los colombianos, que podrían haberse visto abocados a una desastrosa guerra civil. Pero aquella decisión dejó a Bolívar sumido en una honda amargura. En una carta del 16 de noviembre le decía al general Páez que el castigo al general Santander "se habría reputado como venganza cruel" por su parte. Y agregaba:

> Ya estoy arrepentido de la muerte de Piar y Padilla y de los demás que han perecido por la misma causa: en adelante no habrá más justicia para castigar el más feroz asesino, porque la vida de Santander es el pendón de las impunidades más escandalosas. Lo peor es que mañana le darán un indulto y volverá a hacer la guerra a todos mis amigos y a favorecer a todos mis enemigos.

Conmutada la pena de muerte, encerrado Santander en un insalubre calabozo de Bocachica, hace su aparición un nuevo personaje para incrementar el drama: Nicolasa Ibáñez, hermana de la melindrosa Bernardina, con una carta que debió de desgarrar el ánimo de Bolívar:

> No debe extrañar a V. M. me dirija por medio de esta carta a manifestarle el estado terrible de mi corazón, cuando V. M. mismo me inspiró otras veces confianza, y cuando una idolatría sin término que he tenido por V. M. me da derecho a tomarme esta libertad. Sí, general, recuerde V. M. mi cariño y recuerde más que todo que no puede haber en el universo entero quien lo haya adorado más, V. M. lo sabe [...]. Bien conoce V. M. el objeto de esta carta, la amistad solo, Santander, es quien me obliga a molestar a V. M., pero le hablo a V. M. con franqueza y con todo mi corazón; si no estuviera convencida del modo de pensar del hombre y lo incapaz de cometer una felonía, no sería yo la que hablara por él; no, esté seguro de esto; un corazón cruel y un alma baja, la detesto; Santander es honrado y sensible; yo no quiero general más sino que mande poner en libertad a este hombre desgraciado que no sufra la pena de un criminal y que inmediatamente salga para los Estados Unidos, fuera del país, yo soy la que descanso de tantos pesares. Espero este favor de V. M. y no puedo menos que esperarlo... Su afectísima amiga, Nicolasa Ibáñez.

¿Influyó esta carta en Bolívar? Santander, en efecto, salvó la vida, se libró de la prisión y salió para Europa. Regresaría victorioso tres años después. La rueda del destino de la revolución no paraba de girar.

A Manuela, sin embargo, Santander se le había escapado de las manos. Quedaba otro enemigo: el general Córdoba. Según Pilar Moreno de Ángel:

> Los viejos resentimientos y envidias albergados por largo tiempo en Manuela Sáenz y en el general Rafael Urdaneta se

combinaron para sembrar ante el Libertador la duda sobre la conducta y la actividad que hubiera tenido el héroe de Ayacucho en relación con la conspiración de septiembre. Esa duda principió a abrir la brecha que debería al final separar a los dos grandes hombres y que seguramente cambió la historia de Colombia. Córdoba se enteró de que su amigo el Libertador ya no tenía plena confianza en él.

No se habían apagado los rescoldos del 25 de septiembre, y otras desgracias se cernían sobre Bolívar. El general Obando se rebelaba en Popayán y Perú atacaba el sur de Ecuador. El 28 de diciembre, Bolívar deja Bogotá para intentar sofocar la inestabilidad de la región.

Marcelo Tenorio, una vez más, nos aclara algunos extremos originados por el traslado de Santander a Cartagena. Según este comerciante masón, cuando Santander supo que sería conducido al presidio por el teniente coronel Gerardo Montebrune, de origen italiano y también masón, temió recibir un mal trato de su parte, y pidió a Tenorio que intercediera ante su amigo el general Córdoba, a fin de que cambiaran a Montebrune por otro jefe de escolta. Tenorio, no obstante, le dio a Santander garantías de que Montebrune lo trataría con respeto y consideración. Lo que no sabían Tenorio ni Santander es que Montebrune mantenía puntualmente informada a Manuela de todo cuanto le ocurría al "hombre". Con Bolívar fuera de Bogotá, Manuela quería evitar cualquier sobresalto.

El servicio de inteligencia de Manuela estaba bien engrasado. Jonatás y Nathán la tenían surtida de información de primera mano sobre lo que ocurría y se hablaba por las calles de Bogotá, y, allí donde aparecía un nuevo foco de interés, Manuela ponía un espía. Es extraño que a Boussingault se le escapara una noticia de puro bochinche que, sin embargo, no pasó inadvertida a Fernando Bolívar, el sobrino del Libertador, quien en su relato de los sucesos de la noche del 25 de septiembre escribió: "La sirvienta que me ayudó a traer el cuerpo de Ferguson al interior del palacio fue la misma que antes he indicado había sido encontrada oculta en el comedor, llamada Jonatás, y que su señora llevaba por lo general con traje de hombre y el pelo corto;

pero eso no impidió que un oficial irlandés se enamorase y ella le correspondiese".

Montebrune fue bien diligente en su cometido. Apenas fuera de Bogotá, en Guaduas, primera etapa del viaje, escribe la siguiente carta:

Ayer tarde a las cinco y media llegué a esta, solo con la novedad de traer al hombre algo enfermo; sus cargas quedaron atrás, y ahora que son las diez de la mañana, no aparecen. El portador de esta, que es el comandante Sornoza, entregará a usted un pliego que tal vez podrá ser interesante, porque contiene las cartas que anoche mismo se escribieron aquí por el hombre, por su cuñado y un galifardito que lo acompaña. Puedo asegurar a usted que él va muy abatido; no quiere ver a nadie y dice que nunca más volverá a Colombia. Yo procuro tratarlo lo mejor que puedo para inspirarle confianza; así que él dice que va muy contento y muy agradecido. Mañana seguiremos a Honda, y pasado mañana nos embarcaremos; llevo un diario exacto de cuanto me sucede, y apunto todo lo que oigo decir. Adiós, comadre y señora mía: le recomiendo a Mercedes y le suplico tenga la bondad de recomendarme a la memoria de mi adorado Libertador. Dígnese aceptar el sincero homenaje de los sentimientos de afecto y veneración que le profesara eternamente su humilde servidor compadre q. b. s. m. Gerardo Montebrune.

P. D. Me ha dicho el hombre que el capitán de granaderos Escárate le regaló una caja de oro con el busto de S. E., única tal vez que hay en Colombia; procuraré indagarlo, porque no sé con qué objeto ha podido hacerle tal regalo; me ha dicho otras mil cosas, que desde Honda referiré a usted, porque hacen parte de los apuntes que formo.

En otra carta:

Las cartas han llegado muy tarde; hace una hora que el hombre se ha acostado con calentura, y le he hecho tomar una taza de amapola. La adjunta es para Espinar; la mando abierta para que usted la lea, y si lo cree oportuno le diga a S. E. el contenido. Estos señores rotulan sus cartas al señor Tomás Gómez de Coz, administrador de correos de esa; parece que este es el alcahuete que han dejado.

Por otro lado, la expedición militar de castigo contra Obando parecía una excursión festiva, según el relato de Fernando Bolívar:

La salida para Quito y Guayaquil que es un viaje tan largo y penoso se hizo con un gran acompañamiento en que iban hasta señoras. Como un amigo me había regalado un caballo yo pude ir también pero antes de llegar a la Mesa de Juan Díaz, me hizo regresar mi tío para Bogotá para que le mandase un poco de vino. Como no se me dijo la cantidad, yo cargué tres mulas con los mejores que encontré… y cuando regresé me reprendió tanto por la demora como por la gran cantidad. El mayordomo tomó lo necesario para cargar una mula y yo quedé en aquel lugar con una gran cantidad de botellas de vino de Burdeos, del Rin y de champán.

Manuela, por su parte, gasta los dineros con prodigalidad. Por algunas cartas de Rafael Urdaneta a Bolívar, sabemos que no era cicatera con la plata: "Manuela recibió los quinientos pesos que usted dejó para ella cuando se fue el primero de enero; me pidió otros cuatrocientos, y ayer, otros cuatrocientos, que me dijo que necesitaba con urgencia, por lo que se los envié". Y en otra carta: "He dado quinientos pesos a Manuela".

Manuela se divierte. A Boussingault, de nuevo, le debemos la noticia. Invitado a unirse a un grupo que iba a visitar el salto del Tequendama, contó así la excursión:

Estábamos en pleno verano, y la cita fue por la mañana, a las ocho, delante de la casa de Illingworth. A la hora indicada me puse en camino y alcancé a ver de lejos a un grupo de jinetes que iban delante y entre ellos, para mi sorpresa, a un oficial superior, cuando todos debíamos ir de traje civil, según lo convenido. Cuando me acerqué para saludar al coronel, él maniobró de forma de ocultar su rostro, lo cual resultaba una escena bastante curiosa. Luego, mirándome, soltó la risa y vi que el oficial era una mujer muy bonita, a pesar de sus enormes bigotes postizos: era Manuelita, la amante titular de Bolívar [...].

Nos dirigimos a Soacha acompañados de una mula cargada de vinos y comestibles [...]. Nos acercábamos a la loma de Canoa cuando el coronel Manuelita tuvo una caída que nos aterró: ella salió de la silla y fue a caer a unos seis pasos de su caballo. Aturdida por el golpe, quedó sin movimiento, pero felizmente el doctor Cheyne estaba con nosotros y al desabotonar el uniforme de coronel de Manuelita, le dije: "Explórela bien, usted que tiene conocimientos de los cuerpos". "Mala lengua", me dijo Manuelita cuando me oyó lo que decía. Terminado el examen vio que no había pasado nada grave, sino una ligera luxación en el hombro izquierdo. La coronela, a quien yo había quitado los bigotes, subió de nuevo a la silla y sin dificultades llegamos a Canoa y tras dejar los caballos, seguimos un sendero estrecho hasta llegar al sitio donde se veía la cascada. Manuelita propuso que almorzáramos y en un mantel sobre la hierba se sirvieron los alimentos más delicados y los vinos más exquisitos [...].

De pronto vi a Manuela de pie, al borde del precipicio, haciendo gestos muy peligrosos. Lo que decía no se oía por el ruido del Tequendama. De inmediato me lancé hacia ella y tomándola por el cuello del vestido, quise colocarla en lugar seguro, cosa difícil porque el forcejeo se convertía en algo arriesgado. Entonces, me dejé resbalar dentro de una cavidad y cogí fuertemente su pierna, mientras que el doctor Cheyne, que comprendió el peligro que corría esta loca y bebida mujer, se prendió a un árbol mientras que con su mano izquierda agarraba el pelo de la imprudente, que parecía querer saltar al vacío [...].

Por la tarde, los excursionistas al Tequendama, estábamos reunidos en los salones de Manuela, quien lucía fresca y adornaba su pelo con flores naturales. Estuvo encantadora con todos. ¡Qué persona tan extraordinaria Manuelita! ¡Qué de debilidades, de devoción a sus amigos! Es un amigo seguro, pero una amante infiel.

Manuela Sáenz salía de una fiesta y ya estaba preparando otra, invitando a diplomáticos y hombres de negocios que pasaban por Bogotá. En esto empleaba el dinero que el general Urdaneta le facilitaba. Dinero bien gastado. La astucia de Manuela era más acusada, y más efectiva, que sus aparentes encantos. El ambiente político en Bogotá era casi irrespirable, pero los asuntos económicos empezaban a funcionar y el capital extranjero había perdido el miedo y llegaba con cierta regularidad: una compañía alemana obtuvo licencia para operar una línea de transporte de mercancías por el río Magdalena y se puso en marcha una factoría inglesa de tejidos. No eran grandes proyectos, ni muy duraderos, pero representaban el cambio de Europa hacia Colombia.

Otros eran los intereses de Nicolasa Ibáñez. Hermosa, inquieta, ducha en moverse en la clandestinidad, Nicolasa, casada con un hombre que se estaba quedando ciego, Antonio Caro, puso su casa al servicio de los conjurados para sus reuniones secretas. Después de la noche del 25 de septiembre, no dejó de conspirar con extranjeros en contra del Libertador. Y lo más grave: Urdaneta conocía la relación de Nicolasa Ibáñez con el alzamiento del general Córdoba y, como máxima autoridad, había decretado que, por actos contra el gobierno, fuera "condenada a salir de los límites de la República". Pero otra orden cambió la expulsión por la de confinamiento en la población de Honda, primero, y luego en Guaduas. Nicolasa moriría en París en 1873.

En el *Diario político y militar* de José Manuel Restrepo, en la entrada correspondiente al 29 de septiembre de 1829, se lee:

Parece que el mismo jefe superior ha sabido que la señora Nicolasa Ibáñez, conocida por sus antiguas e íntimas conexiones con el general Santander, habla y tiene reuniones en su casa con el general Harrison [cónsul de Estados Unidos] y otros, contra quienes hay indicios fundados de que son conspiradores; por esto y por ver si los contiene, la ha mandado salir de la capital para Honda. También se hizo salir a Marcelo Tenorio, amigo íntimo de Córdoba y su agente en la capital.

Pasados unos días, Nicolasa seguía en Bogotá, y en la entrada del 7 de octubre del *Diario*, escribe: "Hasta hoy no ha salido la Ibáñez. Se detuvo por súplicas de su marido, Antonio Caro, para que le diera cuenta de sus intereses. El señor Castillo dijo, como presidente del Consejo, que se detuviera unos días mientras se recurría al general Urdaneta; este se incomodó por la suspensión de sus órdenes y se ha causado un grave disgusto entre él y los demás miembros del Consejo".

Las llamas levantadas por el general Obando en Popayán no llegaron a convertirse en incendio. El 2 de marzo de 1829 se encuentra con Bolívar cerca de Barruecos, y firman un tratado que alguien calificó de la paz de la cierva (Bolívar) con la pantera (Obando).

La agresión de Perú contra Ecuador también fue rápidamente resuelta en la batalla del Torquete de Tarqui, el 27 de febrero de 1829. Las fuerzas de la gran Colombia, al mando del general Sucre, derrotaron a las peruanas, mucho más numerosas, al mando del general José de la Mar. Quienes habían peleado codo con codo en Ayacucho ahora se veían enfrentados por codicias territoriales y caudillistas. El informe del general Sucre a Bolívar fue sucinto: "El ejército del sur ha hecho desaparecer las amenazas y los aprestos de dos años con que el gobierno peruano invadió Colombia, y dos horas de combate han bastado para que mil quinientos de nuestros valientes hayan vencido todas las fuerzas militares de Perú". Un decreto de Bolívar determinó que se levantara una columna en el campo de batalla.

Despejado el panorama en el sur, con el acuerdo con Obando y la victoria sobre Perú, todo parecía propicio para el regreso de Bolívar a Bogotá, pero aún se demoraría unos meses. A mediados del mes de agosto sufrió en Guayaquil un ataque de bilis negra, que afectó gravemente su salud. En una carta a O'Leary del 13 de septiembre decía: "...y bien sea que mi robustez espiritual ha sufrido mucha decadencia o que mi constitución se ha arruinado en gran manera, lo que no deja duda es que me siento sin fuerzas para nada y que ningún estado puede reanimarme [...]. Estoy tan penetrado de mi incapacidad para continuar más tiempo en el servicio público, que me he creído obligado a descubrir a mis más íntimos la necesidad que veo de separarme del mando supremo para siempre".

IX

*E*n Bogotá, mientras tanto, se sucedían otros acontecimientos. Una misión francesa, encabezada por el conde Charles de Bresson, diplomático muy afín a Carlos X, llevaba semanas cabildeando en la capital colombiana. El conde había solicitado audiencia para presentar sus respetos a Bolívar, pero había pasado el tiempo y la confirmación no llegaba. El Libertador, en la lejana Guayaquil, no tenía ningún interés en recibir a los franceses, pues sabía que uno de los objetivos principales de la misión, además de establecer relaciones comerciales, principalmente en la minería, era tantearle su disposición de ser coronado rey. Quien agasajó a los ilustres miembros de la misión fue Manuela, para mayor complacencia de Boussingault.

Los planes de la misión francesa eran de largo alcance, y si Bolívar se negó a recibirlos, la actitud del general Urdaneta fue distinta. El proyecto monárquico estuvo encima de la mesa en una reunión de altos jefes militares y civiles en junio de 1829, celebrada en casa de José María del Castillo y Rada, presidente de la comisión de Gobierno. Los reunidos convinieron en que la monarquía era la forma de gobierno que más se adaptada a los antiguos hábitos de los colombianos. E igualmente se discutió sobre la descendencia de Bolívar. Pues, si Bolívar aceptaba la corona y no tenía descendencia, esta pasaría a un miembro de la casa real de Francia. Entre los integrantes de la misión se encontraba Napoleón Augusto Lannes, duque de Montebello, par de Francia, compañero de Boussingault en la Academia Imperial de París: Boussingault no iba a perder la oportunidad de dejar en sus *Memorias* el eco de la visita. Los franceses estaban muy molestos por el desinterés de Bolívar en recibirlos, aunque hubieran tenido que desplazarse hasta Guayaquil. Escribió:

> Obtuve la clave del enigma por Pepe París, quien, aunque nunca aceptó un cargo oficial, era el amigo íntimo y el confidente de Bolívar. Me dijo que era difícil para Bolívar recibir, en su triste y pobre residencia, a los enviados franceses, uno de los cuales era hijo del mariscal Lannes. Cuando miraba en torno suyo, solo veía carencia de recursos y hasta pobreza. Su palacio era una choza y sus soldados estaban en harapos [...]. Lo sabía, y este era el motivo de que eludiera a los delegados franceses.

Quizá París decía una parte de la verdad. Al final todo se fue al traste: el Libertador no llegó a oír la propuesta y Bresson fue llamado a Francia y, en buena medida, desautorizado. Tras una brillante carrera diplomática, terminó degollándose en Nápoles, al parecer por problemas domésticos.

Sin embargo, la noticia de que Colombia se iba a convertir en una monarquía y Bolívar en rey, se extendió como una mancha de aceite, hasta el punto de que Estados Unidos comunicó a Colombia que no permitirían que un príncipe francés se ciñera la corona en tierras del Nuevo Mundo. El general Páez aventó la falsa noticia por Venezuela con intención de preparar su separación de la gran Colombia. Para el general Córdoba fue un golpe tremendo que destrozó la fe que tenía depositada en el Libertador. En los días previos a su levantamiento, escribió dos cartas que, según su biógrafa Moreno de Ángel, reflejan bien su estado de ánimo. En la dirigida a su cuñado Manuel Antonio Jaramillo, decía:

> ¿Consentirá y convendrá a la Nueva Granada que el Libertador se corone como emperador constitucional? El Libertador no puede ser emperador de Colombia porque es venezolano muy parcial de sus paisanos, porque con los venezolanos ha oprimido a toda la República, antes y mucho antes más desde que es jefe supremo de ella; porque últimamente ha mandado a

los granadinos como un sultán; porque es incapaz de sujetarse a constitución, a leyes, a reglas ningunas; porque lo domina una mujer a quien ya cortejan tantos canallas como a una princesa.

En la otra carta, dirigida al cónsul inglés James Henderson, con cuya hija pretendía casarse, Córdoba escribe:

Me han asegurado que el caballero Lannes y su compañía, franceses, han venido a proponer al general Bolívar que apoyarán su coronación con 2.000 soldados y pagarán nuestra deuda si el general Bolívar ofrece que después de su muerte lo sucederá un príncipe francés. ¡Qué porción de disparates! ¿Somos acaso esclavos del general Bolívar para que él disponga a su antojo de nuestros derechos de soberanía?

El 21 de septiembre de 1829, en Medellín, Córdoba escribe a Bolívar "que en estas circunstancias no podía permanecer más tiempo espectador tranquilo del oprobio de mi patria, sin traicionar mis juramentos y faltar vergonzosamente a mi deber". Y terminaba: "He venido a esta provincia en donde el pueblo, invocando la libertad y desconociendo el gobierno de V. E. como nulo y adquirido únicamente por la fuerza, se ha proclamado la Constitución de Cúcuta".

La ruptura entre Bolívar y Córdoba se consuma, si bien algunos historiadores han observado que la carta hizo reflexionar seriamente al Libertador sobre el paso que estaba a punto de dar, y suspendió la negociación con la misión del duque de Bresson. En la historiografía de la época se apunta que Bolívar quería haber llegado a algún acuerdo con el general sublevado, y evitar así el brutal desenlace. La trágica muerte del que había sido su fiel colaborador, iba a dejar al descubierto los dos genios que convivían en Bolívar. Al enterarse de su muerte, el Libertador exclamó: "¡Córdoba, Córdoba, mi Efestión, mi amigo, mi valeroso Ney! Una sola gota de su sangre valía más que todos sus enemigos". No había terminado de pronunciar esas palabras, y ya escribía a O'Leary: "Mil gracias, mi querido general, por la victoria de El Santuario; ella nos ha dado paz y a V. gloria. Reciba

V. pues la enhorabuena que bien la merece por su intrépido valor y constante sufrimiento".

Las sospechas de Manuela Sáenz y Rafael Urdaneta de que el general Córdoba terminaría alzándose contra Bolívar, se habían cumplido. Pero sin olvidar que hacían llegar esas suspicacias a Bolívar por odios y envidias, para indisponerle contra el héroe de Ayacucho, pero sin aportar ninguna prueba. El comportamiento de Córdoba había sido siempre de absoluta lealtad al Libertador. Levantó bandera contra él al creer las pretensiones monárquicas de Bolívar. Y el visceral rechazo al sistema monárquico, hizo que Córdoba reflexionara sobre la deriva que había llevado a Bolívar a asumir el poder absoluto. Córdoba sufrió un cambio repentino. Cuatro meses antes de la rebelión, escribía a Bolívar una carta donde no solo no se atisbaba ningún resquemor, sino que resultaba declaradamente aduladora. Fechada en Popayán el 20 de mayo de 1829, decía:

> El general Harrison y su secretario estaban aquí la otra noche, cuando el secretario me dijo que una señorita de los Estados Unidos (quien me parece a mi que es su novia) le había comisionado procurarle un poco de pelo del general Bolívar; yo le dije que me podía dirigir a usted y que no tenía duda que lo conseguiría. Yo también quiero un poco; con que tenga usted la bondad de procurar de la dicha preciosa cosa para ambos. Si vuestra excelencia tiene esa bondad, tendré mucha satisfacción de ser el conductor de tan precioso encargo, y cuya comisión tanto me honra.

Y en las vísperas del desenlace, aparece en escena el tercer personaje: Richard Crofton, sobre quien el general Córdoba había descargado su desprecio, en una carta a Bolívar, por avenirse a mandar el pelotón que fusiló la figura de trapo del general Santander. Crofton había llegado a Venezuela como integrante de la Legión Británica y, en abril de 1822, fue ascendido a capitán. Tras el simulacro de fusilamiento no solo no fue condenado, sino que le ascendieron a coronel de caballería. Jamás ocultó su odio a Córdoba. Y precisamente como jefe de caballería de las fuerzas de O'Leary aparece en la batalla de El Santuario.

Ya solo falta la mano asesina: O'Leary o Crofton. Todo indica que, por sugerencia del general Urdaneta, se nombró segundo de Crofton a Ruperto Hand, nacido hacia 1800 en Dublín, a quien las crónicas retratan como un hombre duro y antipático, con bigotes rubios. En su hoja de servicios abundan más las condenas por graves tropelías, que las citaciones por su valor en el combate, aunque fue condecorado con la Orden de Libertadores de Venezuela.

La puntillosa biógrafa del general Córdoba, Pilar Moreno de Ángel, afirma que el general Rafael Urdaneta conocía bien a Hand por haberle tenido a sus órdenes en la campaña de Venezuela, y que sabía que el dublinés "era un asesino nato". Y se hace esta pregunta: "¿Cuál era el propósito de llamar a filas al legionario británico retirado para que engrosara la división de O'Leary, la que contaba con suficientes oficiales y soldados bien adiestrados y veteranos para aplastar a los reclutas de Córdoba?". Al conocerse que Córdoba se había alzado contra la autoridad de Bolívar, Urdaneta reaccionó con rapidez y el 28 de septiembre convocó en su misma casa un consejo de ministros para estudiar cómo acabar con la rebelión expeditivamente. Para tal fin, el consejo acordó mandar a Medellín una fuerza militar punitiva de 800 veteranos al mando del general O'Leary, que partió de Bogotá el 2 de octubre. El mismo Urdaneta se encargó, personalmente, de elegir los mandos de ese batallón. Por su lado, el general Córdoba había logrado reunir unos trescientos reclutas. La batalla se presentaba, pues, como la disputa del viejo asno atado a un poste con un tigre. Cuando en el cuartel de Córdoba se supo el contingente de tropas de sus enemigos, José Manuel Montoya, amigo del general, dijo: "En tales condiciones es imposible vencer", a lo que Córdoba respondió: "Pero no es imposible morir".

La batalla tuvo lugar en el caserío antioqueño de El Santuario, entre bajas colinas con escasa vegetación, a unos quinientos kilómetros al noroeste de Bogotá, en la mañana del 17 de octubre. Apenas duró dos horas, tiempo suficiente para que los ochocientos veteranos arrollaran a los reclutas del general Córdoba, a pesar de que pelearon, según reconoció O'Leary, como unos desesperados, "queriendo imitar el indómito y espléndido coraje de su caudillo", quien peleó "como un león implacable, orgulloso, impenitente". Al finalizar la batalla, O'Leary se dirigió a una humilde casa habilitada como hospital.

–Ahí tiene usted al general Córdoba mal herido –le dijo el coronel Carlos Castelli a O'Leary

–Mátelo usted –respondió O'Leary imperativamente, apenas desmontado de su caballo.

El capitán Francisco Giraldo, edecán de Córdoba, estaba tendido en un camastro de madera, herido y sangrando. Córdoba entró y se derrumbó sobre Giraldo, quien después relataría en su informe lo ocurrido: "Cuando me vio [Córdoba] se dirigió a mí y se dejó caer en mi cama, de modo que el cuerpo le quedó atravesado sobre mis piernas y la cabeza apoyada en mi brazo derecho. La sangre que brotaba de sus heridas chorreaba al suelo, por los intersticios de la cama, confundida con la mía". Giraldo añadiría que, con un gran esfuerzo, el general Córdoba se incorporó y le dijo: "Hemos perdido la batalla, pero en regla, porque los reclutas han peleado con mucho valor". Ayudado por un asistente, fue puesto sobre un arcón de madera, frente a su edecán, y daba órdenes a los soldados heridos, tendidos en el suelo, para que se desarmasen, mientras pedían opio para calmar los dólares.

El coronel Carlos Casteli, que había indicado a O'Leary la casa donde estaba herido el general Córdoba, miró con desprecio al edecán del Libertador, que le había ordenado que le matase, y se dispuso a reunirse con sus tropas.

Según la reconstrucción de los hechos, con los relatos de los diferentes protagonistas, llegó el comandante Ruperto Hand, a quien habían matado su caballo. Sable en mano, se acercó a O'Leary, quien le ordenó en inglés, según el relato del cónsul ingles en Cartagena:

–Way that house, sir –said he– and if Córdoba is there kill him.

Entró después el coronel Tomás Murray; dirigiéndose al general Córdoba, preguntó:

–¿Se da usted por rendido, general Córdoba?

El general Córdoba respondió que sí y le pidió que buscara a alguien que le pudiera curar las heridas, y Murray salió en busca de un cirujano. En la puerta de la casa se encontró con Hand.

–¿Dónde está Córdoba? –preguntó Hand.

–Ahí dentro, está gravemente herido y se ha rendido.

–¡Por el Ser Supremo, yo le quitaré la vida! –gritó Hand, que iba medio borracho.

–¿Se va a manchar usted las manos con la sangre de un herido que se ha rendido? –le recriminó Murray.

El teniente O'Carr, edecán de O'Leary, también sacó su espada e intentó detener a Hand

–¡Con la suya y con la de quien se atreva a detenerme! ¡Yo tengo orden de matarlo!

Murray salió de la casa y gritó a O'Leary:

–¡General, ahí está Hand asesinando al general Córdoba!

O'Leary le hizo un gesto de desprecio y se alejó de la casa, aunque en seguida regresó y le dijo a Murray:

–Usted ha hecho mal en interponerse en este asunto: yo di la orden de matarlo, pero no hay que decirlo a nadie.

Ante las palabras de O'Leary, Hand entró decidido en la casa.

–¿Quién es Córdoba? –preguntó

El general Córdoba, sin sospechar que estaba frente a su asesino, respondió:

–¡Yo soy Córdoba!

Hand descargó con fuerza su sable sobre la cabeza del general, que cayó al suelo desde el arcón donde estaba tendido. Córdoba, que miraba con valentía a su agresor, levantó el brazo derecho para intentar parar un segundo sablazo, con tanta furia que le cortó tres dedos de la mano derecha, al que siguió un tercer golpe, tan fuerte que le partió el cráneo y la hoja de acero se hundió cuatro dedos en la pared en la que estaba apoyado, y solo pudo exclamar: "¡Ah, cobardes, cobardes!". Eran las cinco de la tarde del sábado día 17 cuando todo acabó para aquel general de treinta años, uno de los militares menos contaminado por las ambiciones políticas, poseedor de un espíritu heroico y romántico.

Cuando Murray regresó y preguntó por el estado del general Córdoba, Hand levantó su sable ensangrentado y dijo:

–¡Aquí está su sangre!

Murray había entrado en la habitación acompañado del coronel Richard Crofton, quien había comandado el escuadrón de caballería del que era segundo Hand. Después del asesinato, Crofton le diría a Hand: "El temple de su espada ha quedado ayer probado". Y Hand le dijo a Casteli: "Esté usted en lo cierto que si no hubiera tenido la orden, no hubiera tratado de rematar la persona del general Córdoba".

Hand fue el brazo armado que cumplió la orden de O'Leary, que a su vez cumplía la orden de Urdaneta. ¿Urdaneta tomó la decisión por su viejo odio a Córdoba? ¿O fue O'Leary, de profundas creencias religiosas que le llevaban al fundamentalismo? En un escrito dirigido a su esposa, hablándole de la educación de su hijo, decía: "Dile que nunca sea cruel y sanguinario, pero si el bien público lo requiere, que no ahorre tampoco sangre". Alrededor de Córdoba se había trenzado una cadena entre Manuela, despechada, Croftón, despreciado, y Urdaneta, envidioso del héroe de Ayacucho. Probablemente O'Leary, bajo la máscara de un riguroso servidor público, fuera el instrumento de una venganza tejida a sus espaldas. Al parecer O'Leary, estremecido, se acercó al cadáver de Córdoba, arregló su cabellera, limpió su frente y cerró los ojos de su amigo. Escribió en su informe: "A mi vuelta a la casa encontré en nuestro poder al infortunado general Córdoba, que acababa de recibir una herida mortal, y suplicaba permiso para hablar conmigo. Al contemplar su desgracia, yo me olvidé de su perfidia y su traición para recordarme por un momento de mi antiguo amigo y compañero de armas. Me habló de su ingratitud y de su arrepentimiento, de la clemencia del Libertador y del Gobierno, y expiró después de haber recibido mil atenciones de nuestros jefes y oficiales".

Una carta a Bolívar de Estanislao Vergara, ministro de Relaciones Exteriores, aclara el papel de O'Leary en el asesinato de Córdoba:

> El general O'Leary nos ha quitado el trabajo de hacerle causa a Córdoba. Él lo ha hecho ir a cuenta de su conducta ante otro

tribunal, que en vida no más le ha juzgado y hecho que las leyes se cumplieran en él. Nueve balazos, según dice el cirujano que estuvo con él, en una carta que he visto, recibió en el cuerpo; la mano derecha no apareció y el brazo izquierdo quedó sin uso, de un sablazo que recibió. ¿Y no es esto haber sido verdaderamente fusilado y haber sufrido el castigo que merece por la ley de conspiradores y aún más? La providencia es muy justa y se manifiesta de todos modos favorables a Colombia y a vuestra excelencia.

Si desastrada fue la muerte del héroe de Ayacucho, no menos desangelado fue su entierro. Unos campesinos hicieron unas parihuelas con ramas verdes y llevaron de noche el cadáver al poblado de Marinilla, bajo una recia lluvia que embarraba el camino. Marinilla, de donde habían huido sus habitantes, ofrecía un aspecto triste y desolado. Como la lluvia no cesaba, dejaron el cadáver en un zaguán; el día siguiente fue llevado a la iglesia, donde se oficiaron las exequias. Tras el funeral, los campesinos cargaron de nuevo el cadáver en las parihuelas y lo llevaron al cementerio; allí el sepulturero lo metió equivocadamente en la fosa de una vieja muerta recientemente. Meses después, se llevarían sus restos a Ríonegro.

El general O'Leary nombró a Ruperto Hand comandante de armas y gobernador de la provincia del Chocó. Crofton, por su parte, escribió a Bolívar para decirle lo mucho que había sufrido "por los imaginarios crímenes que le imputó el general Córdoba", por lo que pedía se le restituyese a su antiguo mando. La reacción de Bolívar ante estos dos hechos fue, sin embargo, ejemplar; el 9 de marzo le escribe una carta a O'Leary para decirle: "El que hirió a Córdoba después de herido, y Crofton, están execrados, por lo mismo, sepárelos usted de su división y mándelos usted a Cartagena".

Tras la muerte de Bolívar, Ruperto Hand sería acusado del asesinato del general Córdoba en un largo juicio con no pocos sobresaltos. Antes de que se leyera su sentencia, Hand logró evadirse misteriosamente de la cárcel. Moriría anciano en Caracas, como teniente coronel retirado del ejército venezolano.

El 15 de enero de 1830, el Libertador regresa a Bogotá, pero ni los arcos triunfales, ni los disparos de los cañones, ni el repique de las campanas, ni los mil soldados que cubrían las calles podían ocultar la frialdad, con atisbos de repulsa, con que los bogotanos lo recibían. El amigo y confidente de Bolívar, Posada Gutiérrez, lo describió muy gráficamente: la masa veía en aquel desfile más la solemnidad de un funeral por la gran Colombia que la entrada triunfal de su glorioso fundador.

Así le vio Manuela después de un año de ausencia: envejecido, extenuado, sin el brillo cautivador de sus ojos, la tez más cenicienta, la voz casi imperceptible y el gesto de amargura inundando su cara, signo de una profunda derrota interior y el anuncio de una cercana victoria de la muerte. Bolívar llegó enfermo, abatido y desilusionado. Pero aún tenía que apurar las heces más amargas de los últimos fracasos: la disolución definitiva de la gran Colombia con el establecimiento de Venezuela y Ecuador como naciones libres y soberanas. Primero fue Venezuela, que se declaró independiente el 13 de enero de 1830, independencia ratificada en el Congreso constituyente del 6 de mayo por el que el general Páez quedaba como jefe supremo del país. A esa histórica decisión, tan dolorosa para Bolívar, se añadía el insulto, pues el congreso también aprobó que "siendo el general Bolívar un traidor a la patria, un ambicioso que ha tratado de destruir la libertad, se le declara proscrito de Venezuela". Y el 13 de mayo Ecuador también se desgaja de la gran Colombia con el general Flores de presidente. De Flores hizo Madariaga un retrato cruel: "Este advenedizo, a la sazón de veintiocho años, era un mulato de Puerto Cabello, de cuna oscura, que había comenzado como enfermero-barbero en los hospitales militares de la República y, ya por valor, ya por intriga, había llegado rápidamente a brigadier. Era ambicioso y estaba resuelto a tallarse con la espada un reino personal precisamente en Quito".

La política de Bolívar saltaba hecha pedazos. El 4 de junio, con el propio Bolívar camino a la muerte, es asesinado Antonio José de Sucre, "el más digno de los generales de Colombia", como le llamó Bolívar, quien debía sucederle al frente de la República. Eran los tiempos duros. Los asesinatos políticos se divulgaban en las "papeluchas": el periódico antibolivariano *El Demócrata* del 1 de junio publicó un violentísimo artículo contra el general Sucre, en donde se leía: "Puede ser que Obando haga con Sucre lo que no hicimos con Bolívar". Y acertó plenamente. Tres días más tarde, unos hombres del general Obando, según la mayoría de las fuentes históricas, dispararon contra Sucre en una barranca de los montes Berruecos, cerca de Pasto, al sur de Colombia. Así lo relató el historiador colombiano José Manuel Groot en su *Historia eclesiástica y civil de Nueva Granada*: "Apenas había andado media legua cuando en la angostura del Cabuyal se disparó un tiro de fusil, y exclama Sucre al sentirse herido: "¡Ay balazo!". En el instante se disparan tres tiros más de un lado y otro del camino, y el gran mariscal de Ayacucho cae traspasado en la cabeza, el cuello y el pecho".

Bolívar era ya un hombre completamente derrotado, quizá con Manuela como único consuelo. Sabía que, de un momento a otro, se suspendería el decreto del 27 de agosto de 1829 que le concedía poderes extraordinarios. También podía enfrentarse a una humillante orden de destierro. Y la enfermedad lo debilitaba. Ante el sombrío panorama, tomó algunas oportunas decisiones. Renunció a la presidencia de la República y nombró presidente interino al general Domingo Caicedo. En su último discurso en el Congreso, dijo: "Hoy he dejado de mandaros. Escuchad mi última voz: al terminar mi carrera política, en nombre de Colombia os pido, os ruego, que permanezcáis unidos para que no seáis los asesinos de la patria y vuestros propios verdugos". Después regaló la quinta a su amigo José Ignacio París, aunque la escritura de cesión se hizo a nombre de su hija, Manuela París. Y es precisamente en la quinta, que está a punto de abandonar, donde el íntimo amigo de Bolívar, el coronel Posada Gutiérrez, sitúa una de las escenas más angustiosas vividas por el Libertador.

Salimos solos a pasear a pie por las bellas praderas de aquella amena posesión; su andar era lento y fatigoso, su voz casi apagada le obligaba a hacer esfuerzos para hacerla inteligible [...] se detenía a contemplar la corriente de un riachuelo [...]. "¿Cuánto tiempo —me dijo— tardará esta agua en confundirse

con la del inmenso océano?". Y, de repente, apretando las manos contra las sienes, gritó con voz temblorosa: "¡Mi gloria!,
¡mi gloria!, ¿por qué me la arrebatan?, ¿por qué me calumnian?
¡Páez, Páez! Santander se hizo mi rival para suplantarme, quiso
asesinarme después de haberme hecho una guerra cruel de di-
famación calumniosa".

El 8 de marzo, tras un violento ataque de bilis, le escribe a Joaquín
Mosquera: "Yo estoy resuelto a irme de Colombia, a morir de tristeza
y de miseria en los países extranjeros. ¡Ay!, amigo, mi aflicción no
tiene medida, porque la calumnia me ahoga como aquellas serpientes
de Laocoonte".

En los primeros días de mayo el ambiente seguía muy revuelto en
Bogotá, donde ya se daba por seguro que Bolívar abandonaría la
ciudad. El 4 de mayo le comunican oficialmente que el Congreso ha
elegido presidente de la República a Joaquín Mosquera, y vicepresidente a Domingo Caicedo. Y la anulación del decreto que le confería
el poder supremo. Bolívar se sintió totalmente desprotegido y sus
amigos temían por su vida. En la casa del general Herrán, donde se
había trasladado a vivir, oía bajo las ventanas a grupos de ciudadanos
aclamando al general Santander y gritando contra él.

Ante tan hostil situación, decidió abandonar Bogotá el 8 de mayo.
Vendió su vajilla de plata y unos caballos que le reportaron unos diecisiete mil pesos. Era todo el dinero en efectivo del que disponía. Las
biografías coinciden en afirmar que Bolívar murió en la pobreza. Había
sido un hombre rico desde la niñez. Cinco días después de su muerte,
el 22 de diciembre de 1830, el sobrino del Libertador, Fernando Bolívar, y el mayordomo, José Palacios, entregaron a las hermanas de Bolívar una relación de los objetos que había en la veintena de baúles del
equipaje de San Pedro Alejandrino. Entre otras cosas, contenían: 667
onzas de oro acuñadas; tres vajillas, una de oro macizo con noventa y
cinco piezas; otra de platina, con treinta y ocho piezas, y una tercera
de plata, con doscientas piezas; varias espadas de oro; treinta y cinco
medallas de oro; cuatrocientas setenta y una de plata; noventa y cinco
cuchillos y trinchantes de oro; y, entre la ropa, había veinte manteles.

La noche del día 7 de mayo acudieron a la casa del general Herrán los amigos de Bolívar para protegerle de cualquier peligro, entre ellos el vicepresidente Caicedo y Manuela, quien durmió en el suelo, envuelta en una cobija, ante la puerta del cuarto del Libertador. Al día siguiente, bien temprano, se despidieron. ¿Por qué Manuela no acompañó a Bolívar en aquel incierto viaje? Sin la sombra protectora del Libertador, la vida de Manuela en Bogotá quedaba al borde mismo del precipicio. La comitiva se puso en marcha. Bolívar parecía ausente, su cuerpo disminuido, tan enjuto, encima del caballo, con la mirada apagada y una mueca triste en los labios. Oiría los insultos de la gente por las calles antaño engalanadas para recibirle como héroe triunfante: "¡Longaniza, Longaniza!", le chillaban, en remedo de un loco vestido con estrafalarios uniformes militares, y, entre "¡Longaniza, Longaniza!", continuos vivas a Santander. Boussingault, que iba en la comitiva, contaría que, al llegar al lugar llamado Piedras, la mayoría de los acompañantes se despidió del Libertador, y solo unos pocos le seguirían hasta Facatativá, donde pernoctarían en esa primera etapa del viaje. "Cuando me acerqué respetuosamente a Bolívar –escribió el cronista francés– para hacerle el saludo militar, detuvo mi mano y me echó los brazos al cuello con un abrazo. "Le veré pronto", me dijo. Yo sabía que no era así, pues su rostro llevaba el sello de la muerte".

Cuatro días después de salir de Bogotá, desde el poblado de Guaduas, Bolívar le escribe a Manuela, preocupado al saber que ella se ha declarado abiertamente en contra de Joaquín Mosquera, que aún no ha llegado a la capital, y a quien ella culpa públicamente de ingratitud. A Manuela le ha salido un enemigo de cuidado: Vicente Azuero, a quien Joaquín Mosquera ha puesto en libertad y nombrado secretario de Interior. Azuero tenía una asombrosa capacidad para el insulto y la polémica política. En el diario *El Demócrata* y en el semanario *La Aurora* había mostrado su rencor a Bolívar. Durante largos meses –hasta la expulsión de Manuela de Colombia– las disputas de Vicente Azuero y Manuela Sáenz van a tener ocupados a los pegadores de pasquines. Azuero, en su condición de secretario de Interior, pidió a Manuela la entrega de los archivos de Bolívar. Pero la quiteña no estaba dispuesta a cederlos. Su respuesta a tal requerimiento fue tajante: "En contestación a la reconvención de usted digo no tener nada absolutamente en mi poder que pertenezca al Gobierno. Es cierto que he recibido papeles que sin mi conocimiento los condujeron a la Secretaría de Relaciones Exteriores, los mismos que me fueron entregados por el señor ministro Osorio, porque pertenecían particularmente a S. E. el Libertador. Ni los papeles, ni los libros, no los entregaré, a menos que me prueben por una ley que este señor está fuera de ella".

Los hermanos Ángel y Rufino José Cuervo, al escribir la biografía de su padre, el prohombre colombiano Rufino Cuervo, tuvieron que enfrentarse, necesariamente, con Manuela, un personaje inocultable en los años finales de la vida de Bolívar, "harto conocida por el escandaloso alarde que hacía de esas altas relaciones, a los ojos de una sociedad en parte amedrentada y en parte demasiado agradecida". Al conocer los hermanos Cuervo la decisiva influencia de Manuela en la suerte de la República en la noche del 25 de septiembre, y que "constantemente ocupó la atención pública con sus locuras", pues "se presentaba con frecuencia a caballo vestida de oficial seguida de dos esclavas negras con uniformes de húsares", los biógrafos escribieron:

> En este traje, ella espada en mano y las negras con lanzas, salieron en 1830 la víspera del Corpus, y rompieron en la plaza Mayor por la muchedumbre y atropellando las guardias, fueron a desbaratar los castillos de pólvora en que se decía haber figuras caricaturescas del Libertador. Días después, en la entrada solemne del presidente electo Mosquera, se desató públicamente en improperios contra el gobierno y la población, acusándola de ingrata para con su libertador. Cuando este dejó Bogotá, fue su casa centro de los bolivarianos exaltados, y durante la dictadura de Urdaneta tuvo gran mano en la cosa pública.

En la noche del 9 de junio se había organizado quema de fuegos artificiales en la plaza Mayor de Bogotá. Junto a un castillo de cañas de bambú, se habían pintado dos figuras grotescas: una, el Despotismo, representando a Bolívar, y otra la Tiranía, que representaba Manuela. En previsión de lo que pudiera ocurrir, la municipalidad colocó allí soldados para que custodiaran el castillo y las figuras. Pero inútil. A media tarde, tres jinetes con uniformes de húsares –Manuela, Nathán y Jonatás– se enfrentaron a los soldados a punta de lanza y destruyeron el tinglado. En eso estaban cuando llegó Ventura Milán, un destacado antibolivarista que apostrofó duramente a Manuela. Ella respondió, en torno de burla, que estaba "mirando dentro del castillo para ver si se encontraba allí el Libertador"; al oír esa palabra, Milán se enfureció y gritó al borde del paroxismo: "¡Qué Libertador ni qué demonios. Más libertador soy yo!", y apuntó con su fusil a Manuela, aunque no llegó a disparar. Así estaban los ánimos en la capital.

El domingo una crónica sin firma en *La Aurora*, seguramente escrita por Vicente Azuero, daba cuenta de los hechos:

> Una mujer descocada que ha seguido siempre los pasos del general Bolívar, se presenta todos los días en traje que no corresponde a su sexo, y del propio modo hace salir a sus criadas insultando el decoro y haciendo alarde de despreciar las leyes y la moral. Esa mujer, cuya presencia sola forma el proceso de la conducta de Bolívar, ha extendido su insolencia y su descaro hasta el extremo de salir el día 9 del presente mes a vejar al mismo gobierno y a todo el pueblo de Bogotá. En traje de hombre se presentó en la plaza pública con dos o tres soldados que conserva en su casa y cuyos servicios paga el Estado, atropelló las guardias que custodiaban el castillo, destinados para los fuegos de la víspera del Corpus; y rastrilló una pistola que llevaba, declamando contra el gobierno, contra la libertad y contra el pueblo. Atentado de tamaña trascendencia causó una alarma muy viva, y aunque las autoridades encargadas del orden tuvieron oportuno aviso de él, y acaso algunas lo presenciaron, no se resolvieron a contenerlo ni a aprehender a la culpable, como debieron haberlo hecho en cumplimiento de sus deberes. Los soldados veteranos que la acompañaban, fueron sin

embargo arrestados; y cuando creíamos que se les instruyese el correspondiente proceso por un delito tan enorme como el de acometer las guardias, que castiga la Ordenanza militar con la pena de muerte, vimos con dolor que inmediatamente fueron puestos en libertad y restituidos a la casa de su morada; empero nada ha producido un sentimiento tan profundo en el pueblo como el haberse asegurado que S. E. el vicepresidente de la República, encargado del poder ejecutivo, pasó personalmente, con mengua de su dignidad y carácter público, a la habitación de aquella forastera a sosegarla y satisfacerla.

El 12 de junio, Joaquín Mosquera entraba en Bogotá a fin de asumir la presidencia de la República. La comitiva, en medio de músicas y disparos de cohetes, iba recorriendo el centro de la capital. En la calle de La Carrera, sentada en el balcón, se hallaba Manuela Sáenz. Ante los vivas a Mosquera se puso a gritar vivas a Bolívar; los que lanzaban los cohetes, apuntaron a su balcón y también cayó alguna piedra.

Manuela no iba a dejar sin respuesta la crónica anónima de *La Aurora*. El 30 de junio responde en una hoja volandera dirigida "Al público".

Poderosos motivos tengo para creer que la parte sensata del pueblo de Bogotá no me acusa, y bajo este principio contesto, no para calmar pasiones ajenas, ni para desahogar yo las mías, pero sí para someterme a las leyes, únicos jueces competentes de quien no ha cometido más que imprudencias, por haber sido un millón de veces a ellas provocadas. Quien me ofende ni aun tiene la firmeza bastante para dejarse conocer, y menos para perseguirme legalmente; esto me vindica, pues todos saben que he sido insultada, calumniada, atacada. Confieso que no soy tolerante; pero añado al mismo tiempo que he sido demasiado sufrida. Pueden calificar de crimen mi exaltación, pueden vituperarme; sacien pues su sed, mas no han conseguido desesperarme; mi quietud descansa en la tranquilidad de mi conciencia y no en la malignidad de mis enemigos, en la de los enemigos de S. E. el Libertador. Si aun habiéndose alejado este señor de los negocios públicos, no ha bastado para saciar la cólera de estos, y me han colocado por blanco, yo les digo: que todo pueden hacer, pueden disponer alevosamente de mi existencia, menos hacerme retrogradar ni una línea en el respeto, amistad y gratitud al general Bolívar; y los que suponen ser esto un delito, no hacen sino demostrar la pobreza de su alma, y yo la firmeza de mi genio, protestando que jamás me harán vacilar, ni temer. Lo que sí me sorprende, es que se ataque al vicepresidente de la República, el virtuoso general Domingo Caicedo. S. E. no ha hecho otra cosa que, deponiendo su carácter como magistrado, evitar como hombre humano y prudente cualquier clase de desórdenes, bien sea por la parte que me provocaron o bien por la mía: este paso hace más relevante su dignidad, sus virtudes y carácter público. El autor de *La Aurora* me ha vituperado del modo más bajo, yo le perdono, pero sí le hago una pequeña observación: ¿por qué llama hermanos a los del sur y a mí forastera? Seré lo que quiera: lo que sé es que mi país es el continente de la América y he nacido bajo la línea del Ecuador.

Manuela ocultaba que su labor de zapa contra el gobierno de Mosquera no perseguía otra cosa, en connivencia con el general Rafael Urdaneta, que su derrocamiento, objetivo que conseguirían al cabo de unas semanas, para posibilitar la vuelta de Bolívar al poder, que no pudieron lograr. Un negro con capote blanco, que se dijo criado de Manuela, pegaba pasquines con el texto:

Biba Bolivar
FundaDr de la Repca.

También una zambita iba con frecuencia al palacio de San Carlos a ofrecer a los soldados de guardia, en nombre de Manuela, cerveza, panecillos dulces, cigarros y un peso de plata, todo, según el Gobierno, para intentar atraerse la simpatía de los militares a la causa de Bolívar.

Manuela era el alma activa del movimiento que desconocía al gobierno de Joaquín Mosquera. Y en medio de ese flujo cambiante de fidelidades políticas y manipulación de la opinión pública, Manuela recibió el sorprendente apoyo de un grupo autodenominado Las Mujeres Liberales, que hicieron público en Bogotá un manifiesto en donde afirmaban:

> La señora Sáenz, a la que nos referimos, no es sin duda una delincuente. Insultada y provocada de diversos modos por personas a las que no había ofendido, estos insultos han causado una gran irritación [...] ha sido exasperada hasta la imprudencia. Pero la imprudencia no es un crimen. Manuela Sáenz no ha violado las leyes ni atacado los derechos de ningún ciudadano. Y si la señora Sáenz ha escrito o gritado "Viva Bolívar", ¿dónde está la ley que lo impida? La persecución de esta señora tiene su origen en bajas e innobles pasiones. Sola, sin familia en esta ciudad, debería ser objeto de consideración y estima más que víctima de la persecución.

De poco sirvió ese alegato en favor de Manuela. Las agresiones verbales y el hostigamiento no cesaron. Incluso subieron de nivel, hasta convertirse en atentados contra su vida. En agosto de 1830, el cónsul británico en Bogotá, William Turner, mandaba un despacho al Foreing Office, donde decía: "Se han hecho dos atentados la semana pasada para asesinar a una quiteña que fue querida del Libertador, cuya abnegación a él la convierte en enemigo natural y violento del partido liberal; pero ambos salieron frustrados por su vigilancia y valentía". El cónsul no daba detalles de dónde o cómo se habían perpetrado los atentados.

El gobierno del presidente Mosquera no duró mucho. No llevaba tres meses en el cargo cuando el general Rafael Urdaneta se hizo con el poder, que le fue entregado por el comandante del batallón Callao, el venezolano Florencio Jiménez, un completo analfabeto que echó a Mosquera del palacio de San Carlos el 5 de septiembre. Por Bogotá se extendieron con rapidez los rumores de que en el alzamiento del batallón Callao contra Mosquera había tenido mucho que ver Manuela.

El cónsul inglés Turner informaba a Londres que lo había urdido Manuela, "la cual posee grandes propiedades que distribuye liberalmente en caridad, lo que le da gran influencia". Dos semanas más tarde, el día 18, emisarios de Urdaneta y Manuela llegan a Cartagena, donde se encontraba Bolívar, para pedirle que asuma de nuevo el poder supremo. Pero el Libertador se negó: ni su espíritu –el horror a una sangrienta guerra civil– ni su cuerpo –en las puertas de la muerte– se atrevían a aventurarse a la temeraria invitación de su amante.

X

*D*esde su salida de Bogotá, las noticias de esas jornadas señalan el deterioro físico, incrementado según pasaban los días. El día 13 de mayo, al tiempo que el Ecuador se separa de la Gran Colombia, Simón Bolívar se embarca en el río Magdalena hacia la costa de Cartagena. Su destino era incierto. ¿Jamaica, Europa, regresar a Bogotá? Tras unas escalas de descanso para reponer sus quebradas fuerzas en Mompox y en Turbaco, llegó a Cartagena el 17 de junio.

La primera intención de Bolívar había sido embarcarse rumbo a Europa; de hecho, parte de su equipaje estuvo a bordo de un barco inglés. Sin embargo, su amigo el general Montilla le disuadió con un sencillo argumento: "Adonde vais, señor, con los siete u ocho mil pesos que os quedan? ¿Vais a presentaros casi indigente en un país extranjero?". Bolívar respondió: "Si no muero en el viaje, los ingleses no me van a dejar morir de hambre". Finalmente, siguió el consejo del general y se quedó en Cartagena.

A mediados de octubre, buscando un clima más propicio para su enfermedad, Bolívar se trasladó al poblado de Soledad, en las proximidades de Barranquilla. Allí, el 9 de noviembre, escribe al general Flores, ahora presidente de Ecuador, una carta que podría figurar como el testamento de las desilusiones y amarguras del Libertador, un documento desgarrador y descarnado, sin ninguna concesión a la esperanza. Bolívar se desprende de los oropeles del poder, y queda desnudo en el papel:

> Usted sabe que yo he mandado veinte años y de ellos no he sacado más que pocos resultados ciertos: 1º, la América es in-

gobernable para nosotros; 2°, el que sirve una revolución ara en el mar; 3°, la única cosa que se puede hacer en América es emigrar; 4°, este país caerá infaliblemente en manos de la multitud desenfrenada, para después pasar a los tiranuelos casi imperceptibles de todos los colores y razas; 5°, devorados por todos los crímenes y extinguidos por la ferocidad, los europeos no se dignarán conquistarnos; 6°, si fuera posible que una parte del mundo volviera al caos primitivo, este sería el último periodo de la América.

Bolívar llega muy enfermo a Santa Marta a las siete y media de la noche del primero de diciembre, a bordo del bergantín *Manuel*, propiedad del español Joaquín de Mier. Esa misma noche fue examinado por el médico francés Alexandre Prospere Reverend, y el cirujano estadounidense George MacNight, de la goleta de guerra *Grampus*, de Estados Unidos. El diagnóstico es coincidente: Bolívar padece una grave dolencia pulmonar. De Mier, en una muestra de generosidad y grandeza, olvidando la persecución que habían sufrido los españoles en la guerra de Independencia, ofreció a Bolívar su quinta de recreo en San Pedro Alejandrino, enclavada en el barrio Mamatoco, de Santa Marta. Hasta allí fue trasladado, en una carreta conducida por su fiel mayordomo José Palacios, el 6 de diciembre. El doctor Reverend emitió un total de treinta y tres boletines sobre la enfermedad de Bolívar. En el primero decía que el Libertador no había podido bajar por su propio pie del bergantín; y añadía que tenía el cuerpo muy flaco y extenuado, el semblante dolorido y una inquietud de ánimo constante, la voz ronca, una tos profunda y "las frecuentes impresiones del paciente indicaban padecimientos morales".

El doctor Reverend, de quien Madariaga sospecha que no era médico, cuidó a Bolívar con más abnegación que ciencia, y no solo escribió detallados partes médicos, y el informe de la autopsia que practicó al cadáver, sino que llevó un diario donde reflejó íntimos detalles de esos últimos días. En ese diario queda constancia de una extrañísima paradoja: Manuela, que había suscitado a Bolívar encendidas cartas de amor, quien en dos ocasiones le había salvado la vida, no es mencionada en el testamento del Libertador y no pronunció su nombre en los últimos diecisiete días de su vida. No obstante, cinco días antes de morir, Bolívar oyó mencionar el nombre de Manuelita Sáenz, quizás por última vez en su vida. Lo pronunció el general Sardá, pero su nombre no salió de boca. Así narra la escena el doctor Reverend en su diario:

> Uno de sus más adictos amigos, el general J. M. Sardá, se le presentó para hacerle una visita de despedida. Después de haber saludado, tomó un asiento cerca de la hamaca en donde estaba acostado el Libertador, quien le dijo pausadamente:
> –General, aparte un poco su asiento.
> Sardá se reculó un algo.
> –Un poco más –dijo Bolívar.
> Así lo hizo Sardá.
> –Más todavía –repitió Bolívar.
> Algo alterado, dijo entonces Sardá:
> –Permítame su excelencia, que no creo haberme ensuciado.
> –No tal, es que usted hiede a diablos.
> –¿Cómo a diablos?
> –Quiero decir a cachimba.
> Sardá, que no se cortaba fácilmente, con voz socarrona dijo:
> –¡Ah!, mi general, tiempo hubo en que vuestra excelencia no tenía tal repugnancia, cuando doña Manuelita...
> –Sí, otros tiempos eran, amigo mío, ahora me hallo en una situación tan penosa, sin saber, lo que es peor, cuando saldré de ella...

Mientras tanto, consumiéndose de nervios, Manuela esperaba noticias de Bolívar, avizorando con el corazón en un puño la llegada de algún mensajero. ¿Haría caso Manuela a su corazón, y se dirigiría a Honda, para embarcarse hacia Santa Marta, para encontrarse con el Libertador? En medio de estas cavilaciones, Reverend emitía el último boletín:

Desde las ocho hasta la una del día, que ha fallecido el Libertador, todos los síntomas han señalado más y más la proximidad
de la muerte. Respiración anhelosa, pulso apenas sensible, cara
hipocrática, supresión total de orines, etc. A las doce empezó
el ronquido, y a la una en punto expiró el excelentísimo Libertador, después de una agonía larga, pero tranquila. San Pedro,
diciembre 17 de 1830, a la una del día.

Por esos juegos del destino, el Libertador moría a la misma hora,
del mismo día, del mismo mes, aunque con once años de diferencia,
en que se había firmado en Angostura, el 17 de diciembre de 1819, la
creación de la gran Colombia, el sueño y la idea por la que Simón
Bolívar luchó hasta la incomprensión.

Juan Antonio Gómez, gobernador de Maracaibo, anunció así la
muerte del Libertador: "Bolívar, el genio del mal, la tea de la discordia, o mejor diré, el opresor de su patria, ya dejó de existir. Su muerte, que en otras circunstancias y en tiempo del engaño pudo causar
el luto y la pesadumbre de los colombianos, es hoy sin duda el más
poderoso motivo de regocijo".

Manuela recibió la noticia en una carta de Perú de la Croix, fechada
en Cartagena el 18 de diciembre:

Mi respetada y desgraciada señora: he prometido escribir a
usted y hablarle con verdad. Voy a cumplir con este encargo
y empezar por darle la más fatal noticia. Llegué a Santa Marta
el día 12, y al mismo momento me fui para la hacienda de San
Pedro donde se hallaba el Libertador. S. E. estaba ya en un
estado cruel y peligroso de enfermedad, pues desde el día diez
había hecho su testamento y dado una proclama a los pueblos,
en la que se está despidiendo para el sepulcro. Permanecí en
San Pedro hasta el día 16, que me marché para esta ciudad,
dejando a S. E. en un estado de agonía que hacía llorar a todos
los amigos que lo rodeaban. A su lado estaban los generales
Montilla, Silva, Portocarrero, Carreño, Infante y yo, y los coroneles Cruz Paredes, Wilson, capitán Ibarra, teniente Fernando

Bolívar, y algunos otros amigos. Sí, mi desgraciada señora; el grande hombre estaba para abandonar esta tierra de la ingratitud y pasar a la mansión de los muertos a tomar asiento en el templo de la posteridad y de la inmortalidad al lado de los héroes que más han figurado en esta tierra de miseria. Le repito a usted, con el sentimiento del más vivo dolor, con el corazón lleno de amargura y de heridas, dejé al Libertador el día 16 en los brazos de la muerte: en una agonía tranquila, pero que no podía durar mucho. Por momentos estoy aguardando la fatal noticia, y mientras tanto, lleno de agitación, de tristeza, lloro ya la muerte del padre de la patria, del infeliz y grande Bolívar, matado por la perversidad y por la ingratitud de los que todo le debían, que todo habían recibido de su generosidad. Tal es la triste y fatal noticia que me veo en la dura necesidad de dar a usted. Ojalá el cielo, más justo que los hombres, echase una ojeada sobre la pobre Colombia, e hiciese el milagro de sacarle del sepulcro en que casi lo he dejado. Permítame usted, mi respetada señora, de llorar con usted la pérdida inmensa que ya habremos hecho, y habrá sufrido toda la República, y prepárese usted a recibir la última y fatal noticia. Soy de usted admirador y apasionado amigo y también su atento servidor q. b. s. p. L. Perú de la Croix.

Todo había acabado. La muerte cerraba ese acto del drama. La desesperación y la soledad caerían con un peso insoportable, más angustiosas por la confusión política que provocaba la muerte del Libertador. Era la hora de sacar a relucir su auténtica rebeldía, de no rendirse, de ahuyentar el anonadamiento, pero las fuerzas no le salían: se sentía derrotada. Volvió a leer las últimas palabras de la proclama de Bolívar dirigida a la nación tras su muerte: "Colombianos: mis últimos deseos son por la felicidad de mi país. Si mi muerte pudiera contribuir en algo a la reconciliación de las partes antagónicas para la unificación del país, iría a la tumba en paz". ¿Qué paz?, se preguntaría Manuela: ella solo sentía el aire opresivo de la venganza de los enemigos del Libertador. Ahí encontraría ella también los resortes de su rebeldía: en la venganza. Pero sus enemigos eran mucho más poderosos. Antes de enfrentarlos, le esperaban otras transfiguraciones.

Una vez más, la leyenda, como una selva, la cubre de tanta vegetación que apenas se atisba un espectro desfigurado y poético. La imaginación construye relatos a favor del mito. Los dos biógrafos canónicos de Manuela Sáenz, Alfonso Rumazo y Victor W. von Hagen, con el apoyo de unos inconcretos párrafos de las *Memorias* de Boussingault, elaboraron una escena de novela romántica, cada uno a su manera, sobre el intento de suicidio de Manuela, a la manera de Cleopatra, cuando se enteró de la muerte de Bolívar. Ambos sitúan la escena en el pueblo de Guaduas, según el relato de Boussingault, que no indica el día del suceso:

> Yendo de Bogotá hacia el valle del Magdalena, llegué en la tarde a Guaduas. El coronel Acosta, en cuya casa me iba a hospedar, vino a mí llorando, para decirme que Manuelita se moría, que se había hecho morder por una serpiente de las más venenosas. ¿Sería un suicidio? ¿Quería morir como Cleopatra? Fui a verla y la encontré tendida sobre un canapé, con el brazo derecho colgando e hinchado hasta el hombro. ¡Qué bella estaba Manuelita mientras me explicaba que había querido darse cuenta si el veneno de la serpiente que me mostró era tan fuerte como se decía! Inmediatamente después de la mordedura se hizo que tomase bebidas alcohólicas calientes que es el remedio empleado por las gentes del país. Prescribí un ponche basándome en la opinión anterior muy acreditada en América del Sur, la cual asegura que la borrachera impide la acción del veneno; luego se le aplicaron cataplasmas en el brazo y Manuelita se durmió. Al día siguiente estaba bien. La dejé persuadido de que había atentado contra sus días. ¿Por qué?

Manuela estuvo unas semanas confinada en Guaduas, por orden de Azuero, el secretario de Interior, a raíz de la destrucción de los castillos de pólvora en la plaza Mayor de Bogotá. Quizá entonces se hizo morder por una víbora con intención de matarse. Pero ¿ocurrió al enterarse de la muerte de Bolívar? Rumazo y von Hagen no lo ponen en duda, pero no se puede asegurar. ¿Por qué Boussingault no relaciona el intento de suicidio con la muerte de Bolívar? El científico francés se pregunta por qué Manuela ha querido quitarse la vida. Si la causa hubiera sido la muerte de Bolívar, la pregunta sería innecesaria: Manuela no habría podido ocultar que quería acompañar a Bolívar en el otro mundo, como otra Cleopatra enamorada y desesperada. Hay otra razón para que el "cronista de sucesos" se hiciera esa pregunta: él no estaba en Guaduas en los días cercanos a la muerte de Bolívar. La escena tenía que haber sucedido en otro tiempo, sin conexión con la desaparición del Libertador. Boussingault se hallaba en el valle del Cauca, a unos quinientos kilómetros al suroeste de Guaduas, y el día de la muerte de Bolívar estaba en la población de Cartago, donde le llegó la noticia. Así lo relata en sus *Memorias*:

> El otro incidente tuvo carácter político: era en 1830 y acabábamos de enterarnos de la muerte del Libertador, la cual me causó grande pena. El partido demagógico se alegró de este triste suceso y sus miembros no tuvieron vergüenza en ofrecer un baile, actitud que me hirió, lo mismo que a uno de mis camaradas, además de que tuvieron la frescura de invitarnos. Por la tarde nos pusimos nuestros uniformes con una banda negra en el brazo para ir a la invitación. Una vez dentro de la sala y habiendo dado francamente nuestra opinión sobre la inconveniencia de esta fiesta en un día de duelo público, desenfundamos nuestras espadas y apagamos las velas. Las mujeres se pusieron a llorar y los caballeros a gruñir, pero en un instante la sala quedó evacuada. ¡Acabábamos de cometer una imprudencia que podía habernos costado la vida, pero no hay nada como la audacia!

Manuela deja pronto Guaduas y regresa a Bogotá, donde su amigo el general Rafael Urdaneta aún se aferraba al poder ilegítimo, que no perdió hasta mayo de 1831. La presidencia de la República pasó entonces a manos de Domingo Caicedo, que no era enemigo personal de Manuela, pero sí estaba rodeado de personas que la odiaban profundamente. Otro enemigo del Libertador, y por consiguiente suyo también, el general Obando, sustituyó a Caicedo. El ambiente para Manuela se hacía irrespirable, aunque todavía quedaba lo peor: el 9 de marzo de 1832, el Congreso elegía presidente interino de la República al general Santander, quien recibió la noticia en su exilio de Nueva York. El 7 de octubre tomaba posesión de su cargo en Bogotá. Con la "bestia negra" de Manuela de presidente de la República, el panorama para ella era sombrío. Y terminó por ensombrecerse del todo cuando Santander nombró secretario de Interior a Vicente Azuero, el más implacable enemigo de Manuela Sin embargo, ella vive aún unos meses de relativa calma, solo alterada por los acuciantes problemas económicos, que le perseguirán hasta la muerte.

El general Santander había sido elegido presidente de Colombia para un mandato de cuatro años. El nombramiento no tranquilizó las revueltas aguas de la convulsionada política que quedó a la muerte de Bolívar. El descontento de los militares era una permanente bomba de relojería, que estuvo a punto de estallar en la noche del 23 de julio contra el gobierno de Santander. La conspiración, dirigida por el general Sardá, se descubrió a tiempo y Santander no se anduvo con contemplaciones: diecisiete de los implicados en el complot fueron fusilados en la plaza Mayor de Bogotá. A Manuela no se le acusó de formar parte de la conspiración; pero, dado que los conspiradores eran afectos a Bolívar, la quiteña quedó bajo sospecha durante un tiempo. El 7 de enero de 1834, Vicente Azuero, como secretario de Interior, firmaba un decreto por el cual Manuela Sáenz era expulsada del territorio de la República de Colombia, diciendo: "La Gobernación de Bogotá, en cumplimiento de disposiciones vigentes, ordena la salida de esta capital de la señora Manuela Sáenz, en destierro perpetuo de todo el territorio del Estado. La señora Sáenz seguirá de inmediato hacia el exterior del país que ella escoja por la vía de Cartagena. Se previene a las autoridades por donde pase que la vigilen estrechamente dada su extrema peligrosidad y atrevimiento. No podrá ser visitada ni por cortesía de oficial alguno del Ejército. La acusada debe ser conducida en silla de manos fuertemente escoltada hasta

Funza, lugar en donde la recibirá la escolta y debe continuar con ella rumbo a Cartagena". Manuela intentó que se anulara el decreto, pero fue en vano: se impuso la fuerza del Estado.

A los dos hermanos Ángel y Rufino José Caro debemos los detalles de la resistencia y expulsión de Manuela. Al recibir la noticia, se fingió enferma para desobedecer la orden. Pero la argucia no funcionó. Al día siguiente, a las tres de la tarde, el alcalde ordinario de Bogotá, acompañado de un alguacil, se presentó en casa de Manuela, donde previamente, en la puerta del edificio, había colocado a diez soldados y a ocho presidiarios, encargados de trasportar a la expulsada fuera de Bogotá. El alcalde y el alguacil entraron en el dormitorio de Manuela, en medio de grandes gritos y amenazas de las negras Nathán y Jonatás, y la conminaron a que se vistiera y saliera de la casa. Manuela armó sus dos pistolas y juró que dispararía a quien se acercara. El alcalde y el alguacil optaron por retirarse para recibir nuevas instrucciones y más refuerzos. En la Secretaría de Interior insistieron en que Manuela tenía que ser doblegada. Finalmente redujeron a la quiteña, y, como ella se negaba a vestirse, la arroparon con una cobija y en una silla de mano la llevaron al Divorcio, como se conocía la cárcel de mujeres. Al día siguiente, 14 de enero de 1834, también en silla de mano, la trasladaron a Funza, donde esperaban unos caballos que la llevarían, a ella y a sus dos criadas negras, a Honda, y desde allí, por el río Magdalena, a Cartagena. Unas semanas más tarde, un barco inglés las desembarcaría en Jamaica.

Han pasado veintidós años. Se aproximan las Navidades de 1856 y la polvorienta Paita sigue igual, aquietada entre los farallones desérticos del levante y el mar. Nunca ocurre nada, solo la arenisca cenicienta se mueve de acá para allá a los impulsos de la brisa, con el calor sofocante de siempre. Una voz de alarma, una mañana, desde el puerto, rompe la aburrida monotonía del poblado: acaba de llegar un barco con varios tripulantes enfermos de gravedad. Y con la misma rapidez corre entre la población la epidemia: el barco traía un brote de difteria. Las muertes se producen en cascada. Nadie está a salvo. Los que pueden, huyen. Los muertos son enterrados en fosas comunes, en la confusión caótica de la muerte. Columnas de humo se elevan de las viviendas de las víctimas, quemadas para evitar el contagio. El 20 de diciembre, la epidemia, la abominable e infernal enfermedad de la garganta, como la llamaban, alcanzó a la fiel sirvienta Juana Rosa. Tres días después, en la víspera de la Nochebuena, a las seis de la tarde, echan el cuerpo tullido de Manuela en el carro de la muerte, camino de la fosa común; sin ninguna ceremonia, con la brutalidad del momento. Después, una columna de humo se alza al cielo, llevándose todos los recuerdos que atesoró Manuela, como una catarsis que purificaba su vida.

Madrid, 6 de octubre de 2011

BIBLIOGRAFÍA

BASADRE, Jorge, *Historia de la República del Perú*, Peruamérica, Lima, 1963.

BAYO, Ciro, *Bolívar y sus tenientes. San Martín y sus aliados*, Rafael Caro Raggio, Madrid, 1929.

BOLÍVAR, Fernando, *Recuerdos*, Boletín de la Academia Nacional de la Historia, vol. 25, Caracas, 1942.

BORJA, L. F., *Epistolario de Manuela Sáenz*, Boletín de la Academia Nacional de la Historia, vol. 116, Caracas, 1946.

BOUSSINGAULT, Jean Baptiste, *Memorias*, José Agustín Catalá, Caracas, 1974.

CARNICELLI, Américo, *La masonería en la independencia de América*, Cooperativa Nacional de Artes Gráficas, Bogotá, 1970.

CARRIÓN, Benjamín, *García Moreno, el santo del patíbulo*, El Conejo, Quito, 1984.

CHIRIBOYA, Ángel Isaac, *Manuela Sáenz, la libertadora del Libertador*, Boletín de la Academia Nacional de la Historia, vol. 139, Caracas. 1952.

CORREA, Luis, *Ensayo sobre psicología amorosa del Libertador*, Boletín de la Academia Nacional de la Historia, vol. 62, Caracas, 1953.

CUERVO, José Rufino, *Obras*, tomo IV, Instituto Caro y Cuervo, Bogotá, 1987.

DUARTE FRENCH, Jaime, *Las Ibáñez*, Fondo Cultural Cafetero, Bogotá, 1982.

DUCODRAY HOLSTEIN, H. L. V., *Memorias de Simón Bolívar y de sus principales generales*, Terra Firme, Bogotá, 2010.

ECHAGÜE, Juan Pablo, *Monteagudo, una vida meteórica*, Guillermo Kraft, Buenos Aires, 1942.

ECHEVERRI, Aquiles, *Bolívar y sus treinta y cinco mujeres*, Eafit, Medellín, 1983.

FERMÍN CEBALLOS, Pedro, *Resumen de la Historia del Ecuador*, Biblioteca Ecuatoriana Mínima, Quito, 1960.

GARCÍA ORTIZ, Laureano, *Estudios históricos*, Academia Nacional de Historia, Bogotá, 1938.

GIL FORTOUL, José, *Historia constitucional de Venezuela*, Carl Heymann, Berlín, 1907.

GÓMEZ HOYOS, Rafael, *La vida heroica del general José María Córdoba*, Canal Ramírez Imprenta, Bogotá, 1969.

GONZÁLEZ, Fernando, *Santander*, Librería Siglo XX, Bogotá, 1940.

HAGEN, Víctor W. von, *Las cuatro estaciones de Manuela*, Carlos Valencia, Bogotá, 1980.

HERRERA TORRES, Juvenal, *Bolívar, el hombre de América*, edición digital de la Agencia Bolivariana de Prensa, Caracas, 2000.

HERRERA-VAILANT, Antonio, *Bolívar empresario*, edición digital.

HISPANO, Cornelio, *Historia secreta de Bolívar*, Ediciones Literarias, Madrid-París, 1924.

–, *El Libro de Oro de Bolívar*, Garnier, París, 1925.

–, *La quinta de Bolívar*, Arboleda y Valencia, Bogotá, 1929.

–, *Los cantores de Bolívar*, Minerva, Bogotá, 1930.

IBAÑEZ, Pedro M., *Crónicas de Bogotá*, Tercer Mundo, Bogotá, 1989.

JUAN, Jorge, y ULLOA, Antonio, *Noticias secretas de América*, Turner, Madrid, 1992.

JURADO NOBOA, Fernando, *Las raíces hispánicas y judías en Manuela Sáenz*, edición digital.

LECUNA, Vicente, *Papeles de Manuela Sáenz*, Boletín de la Academia Nacional de la Historia, vol. 28, Caracas, 1945.

–, *Mamotreto peruano contra el Libertador*, Boletín de la Academia Nacional de la Historia, vol. 134, Caracas, 1951.

–, *Cartas del Libertador*, Boletín de la Academia Nacional de la Historia, vol. 62, Caracas, 1953.

LEMOS GUZMÁN, A. J., *Obando*, Editorial de la Universidad del Cauca, Popayán, Colombia, 1959.

LIÉVANO AGUIRRE, Indalecio, *Bolívar*, Cultura Hispánica, Madrid, 1983.

LOVERA DE SOLA, R. J., *El gran majadero*, Biblioteca de la Academia Nacional de la Historia, Caracas, 1984.

LYNCH, John, *Simón Bolívar*, Crítica, Barcelona, 2010.

MADARIAGA, Salvador de, *Bolívar*, Espasa Calpe, Madrid, 1979.

MASUR, Gerhard, *Simón Bolívar*, Grijalbo, Caracas, 1987.

MILLER, John, *Memorias*, Imprenta de Carlos Wood e hijo, Londres, 1829.

MOGOLLÓN COBO, María, y NARVÁEZ YAR, Ximena, *Manuela Sáenz. Presencia y polémica en la historia*, Corporación Editora Nacional, Quito, 1997.

MORENO DE ÁNGEL, Pilar, *José María Córdoba*, Kelly, Bogotá, 1977.

NIETO CABALLERO, Luis Eduardo, *Escritos escogidos*, Biblioteca Banco Popular, Bogotá, 1984.

NIETO CALDERÓN, Luis Eduardo, *Escritos escogidos*, Biblioteca Banco Popular, Caracas, 1984.

NOGUERA MENDOZA, Aníbal, *Crónica grande del río de la Magdalena*, Sol y Luna, Bogotá, 1980.

NOGUERA MENDOZA, Aníbal, y otros, *Aproximación al Libertador*, Academia Colombiana de Historia, Bogotá, 1983.

O'LEARY, Daniel Florencio, *Memorias*, apéndice del vol. 3, Bogotá, 1914.

–, *Junín y Ayacucho*, Editorial América, Madrid, 1919.

ORTIZ, Juan Francisco, y otros, *Museo de cuadros de costumbres*, Biblioteca Banco Popular, Bogotá, 1973.

PÁEZ, José Antonio, *Autobiografía*, Editorial América, Madrid,1916.

PALMA, Ricardo, *Tradiciones Peruanas*, Espasa Calpe, Madrid, 1952.

PARRA PÉREZ, Caracciolo, *Miranda y la Revolución francesa*, Ediciones Culturales del Banco del Caribe, Caracas, 1966.

PERÚ DE LA CROIX, Luis, *Diario de Bucaramanga*, Ministerio del Poder Popular para la Comunicación y la Información, Caracas, 2009.

POSADA, Eduardo, *Apostillas a la historia colombiana*, Kelly, Bogotá, 1978.

RODRÍGUEZ PLATA, Horacio, ed., *El Libro de Oro de Santander*, Academia Colombiana de Historia, Bogotá, 1983.

RUMAZO GONZÁLEZ, Alfonso, *Manuela Sáenz, la Libertadora del Libertador*, Almendros y Nieto, Buenos Aires, 1945.

–, *Simón Bolívar*, Edime, Madrid, 1955.

–, *O'Leary, edecán del Libertador*, Edime, Madrid, 1956.

–, *Sucre, biografía del gran mariscal*, Presidencia de la República de Venezuela, 1995.

–, *Simón Rodríguez, maestro de América*, Biblioteca Ayacucho, Caracas, 2005.

SÁNCHEZ, Luis Alberto, *La Perricholi*, Francisco de Aguirre, Buenos Aires, 1971.

SAÑUDO, José Rafael, *Estudios sobre la vida de Bolívar*, Cervantes, Pasto, 1949.

SAURAT, Gillette, *Bolívar*, La Oveja Negra, Bogotá, 1987.

SUCRE, Antonio José de, *De mi propia mano*, Biblioteca Ayacucho, Caracas, 1981.

URDANETA, Rafael, *Memorias*, Editorial América, Madrid, 1916.

URDANETA, Ramón, *Los amores de Simón Bolívar*, Panapo, Caracas, 1987.

VERGARA Y VERGARA, José María, y otros, *El libro de Santa Fé de Bogotá, crónicas y leyendas*, Ediciones Colombia, Bogotá, 1929.

VILLALBA FREIRE, Jorge, *Manuela Sáenz. Epistolario*, Banco Central del Ecuador, Quito, 1986.

VV. AA., *Papel Periódico Ilustrado*, ed. facsímil, Cali, 1979.

ÍNDICE ONOMÁSTICO